Poemas

Goethe
Poemas

SELEÇÃO, TRADUÇÃO, NOTAS E COMENTÁRIOS
Paulo Quintela

Poemas

Tradução: Paulo Quintela

Coordenação: António Sousa Ribeiro

Revisão: João Moita

Capa: FBA

Depósito Legal n.º

Biblioteca Nacional de Portugal – Catalogação na Publicação

GOETHE, Johann Wolfgang von, 1749-1832

Poemas. – (Rosa esquerda)
ISBN 978-972-44-2555-9

CDU 821.112.2-1"17/18"

Paginação:
MA

Impressão e acabamento:
???????
para
EDIÇÕES 70
Março de 2022

Todos os direitos reservados

EDIÇÕES 70, uma chancela de Edições Almedina, S.A.
LEAP CENTER – Espaço Amoreiras
Rua D. João V, n.º 24, 1.03 – 1250-091 Lisboa – Portugal
e-mail: editoras@grupoalmedina.net

Esta obra está protegida pela lei. Não pode ser reproduzida,
no todo ou em parte, qualquer que seja o modo utilizado,
incluindo fotocópia e xerocópia, sem prévia autorização do Editor.
Qualquer transgressão à lei dos Direitos de Autor será passível
de procedimento judicial

NOTA PRÉVIA À PRESENTE EDIÇÃO

Paulo Quintela foi um tradutor compulsivo. Não apenas porque via na tradução uma parte insubstituível do ensino de literaturas estrangeiras — no caso, as de expressão inglesa e alemã —, a que se dedicou durante quase cinco décadas, mas também porque a tradução representava para ele, enquanto processo de apropriação criativa, um componente basilar da afirmação de uma atitude cultural cosmopolita. A relação de consubstancial intimidade com a língua alemã, aquela de onde privilegiadamente traduziu, sem prejuízo de incursões episódicas no espaço de língua inglesa, impunha-lhe o desejo de tradução como extensão quase natural de uma relação poética com a língua.

É necessário ter presente que Paulo Quintela se formou como filólogo, na Alemanha dos anos 20, numa escola para a qual a essência do acto crítico consistia num processo de transposição imaginativa capaz de viver de novo toda a escala das emoções plasmadas na obra poética e de, a partir da imersão plena no universo de virtualidades infinitas do poema, viver também uma forma de identificação profunda com um autor concebido como figura em absoluto singular. Por isso, em última análise, a melhor tradução seria, como se lê no texto de uma conferência sua de 1959, intitulada simplesmente «Traduzir», a que desperta «o desejo de reler e gozar de novo o poema no original», isto é, aquela que manifesta, na sua radical imperfeição, a presença latente da plenitude da forma original (coerentemente, sempre que possível, as suas traduções eram apresentadas em edições bilingues). Assim, quando, repetidamente, o tradutor alude à imposição interior que diz estar na origem compulsiva do acto de traduzir, está a dar testemunho daquela identificação profunda a que me referi e que, no tocante aos grandes autores do seu panteão literário, reveste mesmo formas de autêntica devoção, informada por um *pathos* sem dúvida difícil ou mesmo impossível de partilhar à mesma escala por gerações posteriores.

No caso de Johann Wolfgang Goethe, essa devoção é plenamente manifesta. Aos olhos do professor e tradutor, o gigante de Weimar constituía, indubitavelmente, o expoente máximo da grande tradição humanista europeia com que tão profundamente se identificava e de que fazia também a medida do seu posicionamento ético e cívico. Não surpreende, assim, que a primeira publicação, em 1949, da sua selecção de poemas de Goethe — nesse mesmo ano publicaria também a sua versão do fragmento dramático de juventude, *Prometeu* — tivesse por ensejo imediato a comemoração dos duzentos anos do nascimento do escritor, porventura, aos olhos do tradutor, o «último europeu», como pode ler-se no prefácio à primeira edição. À época, como com justeza se reivindica neste mesmo prefácio, o volume constituía a mais abrangente apresentação em português das facetas mais representativas da obra de Goethe, a primeira possibilidade para o leitor português de vislumbrar uma «imagem global» do poeta, não sendo exagero, assim, atribuir-lhe um alcance verdadeiramente epocal. O extenso aparato de notas e comentários, além do evidente propósito didáctico, cumpre nitidamente o objectivo de facilitar a abordagem de uma obra até à altura só muito escassa e fragmentariamente conhecida no espaço de língua portuguesa.

No seio da dialéctica clássica entre «domesticação» e «estranhamento» introduzida nas reflexões sobre a tradução por Friedrich Schleiermacher, a opção de Quintela ia, decididamente, para o segundo termo, mesmo se o escrúpulo filológico e o desígnio de

NOTA PRÉVIA À PRESENTE EDIÇÃO

fazer a máxima justiça possível ao original o faziam correr o risco de rejeição por parte de quem, como foi notoriamente o caso de Jorge de Sena, talvez o seu crítico mais feroz, preferia uma abordagem diferente. Não cabe nesta breve nota revisitar e aprofundar esta discussão. Como qualquer outro texto, também as traduções são sempre contingentes e datadas, sofrendo o desgaste do tempo, e as de Paulo Quintela não são excepção. A verdade é que estas traduções são, há já bastantes decénios, parte de pleno direito do património literário da nossa língua. As grandes traduções podem ser desafiadas por outras propostas, assentes em soluções de leitura divergentes e marcadas pelas inevitáveis dinâmicas geracionais, e é desejável e imprescindível que o sejam, mas não são «superadas» num sentido superficial da palavra, e é isso que justifica reedições como a presente.

A selecção dos *Poemas* de Goethe, na tradução de Paulo Quintela, veio a lume, como referido, em 1949, «por ordem da Universidade», na colecção *Acta Universitatis Conimbrigensis*. Uma segunda edição, «corrigida e ampliada», foi publicada, em 1958, na mesma colecção. Esta edição conheceria duas reedições pela editora Centelha, de Coimbra, em 1979 e 1986. Os Poemas seriam ainda incluídos no segundo volume (*Traduções I*) das *Obras Completas* de Paulo Quintela, publicado em 1997 pela Fundação Calouste Gulbenkian. No quarto volume (*Traduções III*), saído em 1999, incluíram-se as poucas traduções inéditas encontradas no espólio do tradutor e que se publicam igualmente na presente reedição, a qual, contudo, omite os apêndices bibliográficos, dada a sua manifesta desactualização.

António Sousa Ribeiro

AOS MEUS FILHOS

Erfreut euch der lebendig-reichen Schöne!
Goethe, FAUST, 345.

Coimbra, 1949.

P. Q.

NOTA PRÉVIA À 1.ª EDIÇÃO

Além da circunstância que determina o seu aparecimento agora — celebrar o segundo centenário do nascimento de Goethe, com dignidade que simultaneamente possa honrar a alta memória a que vai endereçada e não venha apoucar quem presta a homenagem —, este livro quer ser uma antologia que, por primeira vez, dê nos países de fala portuguesa a imagem global do Poeta. Supomos ser esta a única maneira realmente proveitosa de começar a solicitar a atenção da nossa gente para esta figura de Europeu, talvez a última — pela universal complexidade, largueza e fundura da sua compleição — que o nosso velho Continente pôde modelar com o melhor do seu espírito.

Não serão as escassas versões existentes, há muito esgotadas ou desde o início dispersas e inacessíveis, conhecidas só de meia dúzia de profissionais e de curiosos de raridades, e além disso, na grandíssima maioria dos casos, pouco representativas do valor do Poeta e, tecnicamente, como tais, deficientes, quando não totalmente inaceitáveis, que poderão sequer encaminhar para esse objectivo. Feito o inventário das versões portuguesas de Goethe de que há notícia, mesmo especificando isoladamente cada pequenino poema, a custo conseguimos chegar ao número de três algarismos. Acresce que, sem atender até ao seu duvidoso carácter representativo, elas reflectem os variados temperamentos dos muitos que as vazaram na nossa língua. A unidade poética ficaria de todo ausente, mesmo se elas valessem as honras de uma recolha.

J. W. GOETHE — POEMAS

Isto pelo que aos poemas se refere. Quanto ao resto!... — Sejamos francos e encaremos corajosamente, no sério propósito de remediá-lo dentro das nossas possibilidades, este desprimor nacional: — Não há hoje, em Portugal, uma tradução acessível do Fausto! *A cultura portuguesa, neste essencialíssimo ponto, continua a viver da lembrança vaga de uma polémica célebre e barulhenta, provocada por uma tentativa infeliz. E o pior é que isto acontece por inexplicável incúria nossa, porquanto existe na nossa língua uma versão que, a despeito das suas deficiências, ainda sem receio se pode sujeitar a confronto com as melhores de lá de fora. Refiro-me, claro está, à tradução* completa *da tragédia feita por Agostinho d'Ornellas, cuja reedição, apoiada em elementos novos de que felizmente podemos dispor, em breve empreenderemos nesta série de publicações, por gentil e generosa concessão da família do ilustre diplomata.*

*

Do critério que seguimos na organização desta colectânea damos conta circunstanciada ao longo das notas. Reconhecemos sem custo certa largueza desproporcionada de algumas das suas secções, a que talvez tenhamos sido levados por nelas se tratar de aspectos do Poeta totalmente desconhecidos entre nós. Por outro lado — e com isto me sangro em saúde, adiantando-me à censura que inevitavelmente me virá da parte dos conhecedores —, há nesta antologia uma falha grave: — a de uma boa representação das baladas *de Goethe. Duas apenas estão incluídas, e só uma é bem característica do género —* O Rei de Thule. *Explicação? — Se é necessária, aí vai: — Simplesmente a consideração, que as tentativas existentes, em português e em outras línguas, confirmam, de serem insuperáveis as dificuldades de transposição. Com humildade o confessamos, e esperamos que os entendidos nos compreendam e nos perdoem. Ninguém, mais do que eu, lamenta a ausência de maravilhas como* Der Sänger, Erlkönig, Der Zauberlehrling, Die Braut von Korinth, Der Gott und die

NOTA PRÉVIA À 1.ª EDIÇÃO

Bajadere... *Podia ao menos tentar, mas nem a isso me atrevi, por não me sentir capaz de lhes conservar o ritmo e a musicalidade que lhes são essenciais.*

*

Quanto à técnica — ou técnicas... — das presentes versões, difícil é cristalizá-la em regras e princípios rígidos. Alguma coisa a este respeito encontrará nas notas o leitor paciente.

Tenho presentes duas opiniões de Goethe sobre traduções e tradu-tores. A primeira, de Maximen und Reflexionen, *n.° 299, que não reproduzo — poderá o curioso buscá-la no lugar citado —, não a aceito. A segunda... gostaria de merecê-la, na calma resignação que me dá a certeza das minhas fraquezas. É da célebre carta a Carlyle de 20 de Julho de 1827, e diz assim:*

Wer die deutsche Sprache versteht und studiert, befindet sich auf dem Markte, wo alle Nationen ihre Waren anbieten, er spielt den Dolmetscher, indem er sich selbst bereichert.

Und so ist jeder Übersetzer anzusehen, dass er sich als Vermittler dieses algemein geistigen Handels bemüht und den Wechseltausch zu befördern sich zum Geschäft macht. Denn was man auch von der Unzulänglichkeit des Übersetzens sagen mag, so ist und bleibt es doch eins der wichtigsten und würdigsten Geschäfte in dem allgemeinen Weltwesen.

Der Koran sagt: «Gott hat jedem Volke einen Propheten gegeben in seiner eignen Sprache.» So ist jeder Übersetzer ein Prophet seinem Volke.[1]

---

[1] «Quem compreende e estuda a língua alemã, encontra-se na feira em que todas as nações oferecem os seus produtos: faz de intérprete, ao mesmo tempo que se enriquece. — E assim é que se deve encarar o tradutor; como medianeiro neste trato universal do espírito, fazendo do fomento da permuta a sua ocupação. Pois diga-se o que se disser da insuficiência da arte de traduzir,

J. W. GOETHE — *POEMAS*

*

Devo graças à Comissão Directiva dos Acta Universitatis Conimbrigensis *pela solicitude com que aceitou a ideia desta publicação. A ela, em primeiro lugar, se agradeça que Portugal e a Universidade de Coimbra se não tenham ausentado das celebrações centenárias de Goethe.*

Aos meus amigos Doutor A. E. Beau e Doutor W. Kayser confesso publicamente o aumento da minha gratidão pela ajuda que mais uma vez me deram.

Coimbra, 1949.

PAULO QUINTELA

---

ela é e continuará a ser um dos ofícios mais importantes e mais dignos da vida universal. — Diz o Alcorão: "Deus deu a cada povo um profeta na sua própria língua." O tradutor é assim um profeta para o seu povo.»

NOTA PRÉVIA À 2.ª EDIÇÃO

O favor do público, que nos desvanece, torna necessária a reedição deste livro. — Nascido para celebrar em Portugal o 2.º Centenário do nascimento de Goethe, supomos dever manter-lhe no fundamental as características primitivas. Não tentámos, sequer, a actualização bibliográfica no aparato de notas e comentários, pois ela implicaria necessariamente a sua total remodelação, se fôssemos a levar em conta as centenas de publicações valiosas que a festa suscitou, na Alemanha e fora dela, desde as novas edições das Obras até às grandes análises e revisões críticas. Só excepcionalmente mencionaremos, portanto, uma ou outra espécie recente de particular importância pela novidade da matéria ou pela originalidade do ponto de vista.

Algumas versões novas, que vão devidamente assinaladas na Tábua, *foram agora acrescentadas. As velhas foram todas revistas e limpas de erros de interpretação ou de defeitos de forma. — O apêndice bibliográfico, embora ainda — sabemo-lo bem — muito longe de completo, foi, no entanto, acrescido de algumas dezenas de números.*

Levámos, entretanto, a efeito, nesta mesma série, a publicação da tradução do Fausto *de Agostinho d'Ornellas, em 1953, que já está quase esgotada. Se a* Comissão Directiva *dos* Acta Universitatis Conimbrigensis *o julgar conveniente, em breve publicaremos nova edição.*

Coimbra, Dezembro de 1957.

P. Q.

NOTA PRÉVIA À 3.ª EDIÇÃO

«Por ordem da Universidade» foram impressas, para os Acta Universitatis Conimbrigensis, *as anteriores edições desta antologia bilingue de Poemas de Goethe.*

Passados 30 anos sobre o 2.º centenário do nascimento do Poeta que então se quis celebrar, deixei-me agora persuadir por alguns bons Amigos da necessidade da presente reimpressão.

Aparece sem qualquer alteração substancial, pois não o são o expurgo de algumas gralhas teimosas nem a referenciação, em raros casos, do aparato das notas às edições precedentes. Nem mesmo o apêndice bibliográfico e seu suplemento foram sujeitos a qualquer tentativa de actualização, o que talvez devesse ter sido feito...

Em vez da gravura que representa, nas outras tiragens, o Poeta aos trinta anos, vem agora um belíssimo retrato do Sábio da velhice olímpica.

Aqui entrego o livro à sua sorte. Que ela não desmereça daquela de que as anteriores edições fruíram.

Coimbra, 2 de Abril de 1979.

P. Q.

GOETHE * POEMAS

AN DIE GÜNSTIGEN

DICHTER LIEBEN NICHT ZU SCHWEIGEN,
WOLLEN SICH DER MENGE ZEIGEN.
LOB UND TADEL MUSS JA SEIN!
NIEMAND BEICHTET GERN IN PROSA;
DOCH VERTAUN WIR OFT *SUB ROSA*
IN DER MUSEN STILLEM HAIN.

WAS ICH IRRTE, WAS ICH STREBTE,
WAS ICH LITT UND WAS ICH LEBTE,
SIND HIER BLUMEN NUR IM STRAUSS;
UND DAS ALTER WIE DIE JUGEND,
UND DER FEHLER WIE DIE TUGEND
NIMMT SICH GUT IN LIEDERN AUS.

————————

AOS LEITORES AMIGOS

POETAS NÃO PODEM CALAR-SE,
QUEREM ÀS TURBAS MOSTRAR-SE.
HÁ-DE HAVER LOUVORES, CENSURAS!
QUEM VAI CONFESSAR-SE EM PROSA?
MAS ABRIMO-NOS *SUB ROSA*
NO CALMO BOSQUE DAS MUSAS.

QUANTO ERREI, QUANTO VIVI,
QUANTO ASPIREI E SOFRI,
SÓ FLORES NUM RAMO — AÍ ESTÃO;
E A VELHICE E A JUVENTUDE,
E O ERRO E A VIRTUDE
FICAM BEM NUMA CANÇÃO.

I

RITMOS LIVRES, ODES, HINOS

WANDERERS STURMLIED

Wen du nicht verlässest, Genius,
Nicht der Regen, nicht der Sturm
Haucht ihm Schauer übers Herz.
Wen du nicht verlässest, Genius,
Wird dem Regengewölk,
Wird dem Schlossensturm
Entgegensingen,
Wie die Lerche,
Du da droben.

Den du nicht verlässest, Genius,
Wirst ihn heben übern Schlammpfad
Mit den Feuerflügeln:
Wandeln wird er
Wie mit Blumenfüßen
Über Deukalions Flutschlamm,
Python tötend, leicht, groß,
Pythius Apollo.

Den du nicht verlässest, Genius,
Wirst die wollnen Flügel unterspreiten,

CANÇÃO DO VIANDANTE SOB A TEMPESTADE

Quem não abandonas, Génio,
Não há chuva nem tormenta
Que lhe abale o coração.
Quem não abandonas, Génio,
Vai cantando ao encontro
Das nuvens da chuva,
Da tormenta de saraiva,
Como a cotovia,
Ó tu lá em cima!

Quem não abandonas, Génio,
Erguê-lo-ás sobre a lama do caminho
Com as asas de fogo;
E ele passará
Como com pés floridos
Sobre a lama do dilúvio de Deucalião,
Matador do Píton, leve, grandioso,
Apolo Pítio.

Quem não abandonas, Génio,
Abres-lhe por baixo as asas de lã

Wenn er auf dem Felsen schläft,
Wirst mit Hüterfittichen ihn decken
In des Haines Mitternacht.

Wen du nicht verlässest, Genius,
Wirst im Schneegestöber
Wärmumhüllen;
Nach der Wärme ziehn sich Musen,
Nach der Wärme Charitinnen.

Umschwebet mich, ihr Musen,
Ihr Charitinnen!
Das ist Wasser, das ist Erde
Und der Sohn des Wassers und der Erde,
Über den ich wandle
Göttergleich.

Ihr seid rein wie das Herz der Wasser,
Ihr seid rein wie das Mark der Erde,
Ihr umschwebt mich, und ich schwebe
Über Wasser, über Erde,
Göttergleich.

*

Soll der zurückkehren,
Der kleine, schwarze, feurige Bauer?
Soll der zurückkehren, erwartend
Nur deine Gaben, Vater Bromius,
Und helleuchtend, umwärmend Feuer?
Der kehren mutig?

I — RITMOS LIVRES, ODES, HINOS

Se adormecer sobre a rocha,
Cobri-lo-ás com asas protectoras
Na meia-noite do bosque.

Quem não abandonas, Génio,
No meio da tormenta de neve em pó
O agasalharás;
Ao calor se acolhem as Musas,
Ao calor, as Cárites.

Envolvei-me em vosso voo, ó Musas,
Ó Cárites!
Isto é água, isto é terra
E o lodo filho da água e da terra
Sobre que eu marcho
Como um deus.

Vós sois puras, como o coração das águas,
Vós sois puras, como o tutano da terra,
Envolveis-me em vosso voo, e eu pairo
Sobre a água, sobre a terra,
Como um deus.

*

Há-de então voltar atrás
O pequeno, negro, fogoso camponês?
Há-de então voltar atrás, ele que espera
Só as tuas dádivas, Pai Brómio,
E o fogo claro que o aqueça?
Ele, animoso, voltar?

Und ich, den ihr begleitet,
Musen und Charitinnen alle,
Den alles erwartet, was ihr,
Musen und Charitinnen,
Umkränzende Seligkeit
Rings ums Leben verherrlicht habt,
Soll mutlos kehren?

Vater Bromius!
Du bist Genius,
Jahrhunderts Genius,
Bist, was innre Glut
Pindarn war,
Was der Welt
Phöbus Apoll ist!

Weh! Weh! Innre Wärme,
Seelenwärme,
Mittelpunkt!
Glüh entgegen
Phöb Apollen!
Kalt wird sonst
Sein Fürstenblick
Über dich vorübergleiten,
Neidgetroffen
Auf der Zeder Kraft verweilen,
Die zu grünen
Sein nicht harrt.

I — RITMOS LIVRES, ODES, HINOS

E eu, que vós acompanhais,
Musas e Cárites todas,
Eu, a quem tudo espera o que vós,
Musas e Cárites,
Como grinaldas de bênçãos
Pusestes em volta da fronte da vida,
Hei-de eu, sem ânimo, voltar?

Pai Brómio!
Tu és Génio,
O Génio do século,
És o que a chama interior
Foi para Píndaro,
O que pra o mundo
É Febo Apolo!

Ai! Ai! Calor interior,
Calor da alma,
Centro do ser!
Arde ao encontro
De Febo Apolo!
Senão friamente
Seu olhar de príncipe
Passará rápido por sobre ti,
Ferido de inveja
Irá pousar sobre o cedro robusto
Que pra reverdecer
Não espera por ele.

J. W. GOETHE — *POEMAS*

*

Warum nennt mein Lied dich zuletzt?
Dich, von dem es begann,
Dich, in dem es endet,
Dich, aus dem es quillt,
Jupiter Pluvius!
Dich, dich strömt mein Lied,
Und kastalischer Quell
Rinnt ein Nebenbach,
Rinnet Müßigen,
Sterblich Glücklichen
Abseits von dir,
Der du mich fassend deckst,
Jupiter Pluvius.

Nicht am Ulmenbaum
Hast du ihn besucht,
Mit dem Taubenpaar
In dem zärtlichen Arm,
Mit der freundlichen Ros' umkränzt,
Tändelnden ihn, blumenglücklichen
Anakreon,
Sturmatmende Gottheit.

Nicht im Pappelwald
An des Sybaris Strand,
An des Gebirgs
Sonnebeglänzter Stirn nicht
Fasstest du ihn,
Den blumensingenden,

I — RITMOS LIVRES, ODES, HINOS

*

Porque é que o meu hino te nomeia só no fim?
A ti, de quem começou,
A ti, em quem ele acaba,
A ti, donde ele brota,
Júpiter Plúvio!
Tu, tu é que és a torrente do meu hino,
E Fonte Castália
Faz correr só um regato humilde
Que corre pra os ociosos,
Para os felizes mortais
Longe de ti,
Tu que me cobres abraçando-me,
Júpiter Plúvio!

Não, não foi junto ao olmeiro
Que o visitaste,
Com o par de pombas
Nos braços ternos,
Coroado da rosa amigável,
O folgazão, feliz com suas flores
Anacreonte,
Ó Divindade que respiras tempestades!

Não, não foi no bosque dos choupos
Junto às margens do Síbaris,
Nem na fronte da montanha
Banhada de sol, que tu
O surpreendeste,
O cantor das flores,

Honiglallenden,
Freundlich winkenden
Theokrit.

Wenn die Räder rasselten
Rad an Rad rasch ums Ziel weg,
Hoch flog
Siegdurchglühter
Jünglinge Peitschenknall,
Und sich Staub wälzt'
Wie vom Gebirg herab
Kieselwetter ins Tal,
Glühte deine Seel Gefahren, Pindar,
Mut. — Glühte?
Armes Herz!
Dort auf dem Hügel,
Himmlische Macht!
Nur so viel Glut,
Dort meine Hütte,
Dorthin zu waten!

I — RITMOS LIVRES, ODES, HINOS

O de falas de mel,
O de acenos amigos,
Teócrito.

Quando as rodas estrondeavam
Roda contra roda para lá da meta,
Voava ao céu
O estalar dos chicotes dos jovens
Repassados do ardor do triunfo,
E o pó se revolvia
Como do alto dos montes
O granizo pra o vale,
É que a tua alma ardia perigos, Píndaro,
Coragem. — Ardia?
Pobre coração!
Além na colina,
Ó poder celeste!
Só o ardor bastante
— Lá minha cabana —
Que me arraste até lá!

MAHOMETS GESANG

Seht den Felsenquell,
Freudehell,
Wie ein Sternenblick!
Über Wolken
Nährten seine Jugend
Gute Geister
Zwischen Klippen im Gebüsch.

Jünglingfrisch
Tanzt er aus der Wolke
Auf die Marmorfelsen nieder,
Jauchzet wieder
Nach dem Himmel.

Durch die Gipfelgänge
Jagt er bunten Kieseln nach,
Und mit frühem Führertritt
Reißt er seine Bruderquellen
Mit sich fort.

CÂNTICO DE MAOMÉ

Vede o nascente da rocha,
Alegre e claro
Como olhar de estrela!
Sobre nuvens
Sua infância sustentaram
Bons espíritos
Entre penhascos nas matas.

Fresco de mocidade
Sai dançando das nuvens
Para os rochedos de mármore,
De novo salta exultante
Para o céu.

Pelas gargantas dos cumes
Persegue os seixos de cores,
E em marcha de jovem chefe
Arrasta as fontes irmãs
Consigo.

Drunten werden in dem Tal
Unter seinem Fußtritt Blumen,
Und die Wiese
Lebt von seinem Hauch.

Doch ihn hält kein Schattental,
Keine Blumen,
Die ihm seine Knie umschlingen,
Ihm mit Liebesaugen schmeicheln:
Nach der Ebne dringt sein Lauf
Schlangenwandelnd.

Bäche schmiegen
Sich gesellig an. Nun tritt er
In die Ebne silberprangend,
Und die Ebne prangt mit ihm,
Und die Flüsse von der Ebne
Und die Bäche von den Bergen
Jauchzen ihm und rufen: «Bruder!
Bruder, nimm die Brüder mit!
Mit zu deinem alten Vater,
Zu dem ew'gen Ozean,
Der mit ausgespannten Armen
Unser wartet,
Die sich, ach, vergebens öffnen,
Seine Sehnenden zu fassen!
Denn uns frißt in öder Wüste
Gier'ger Sand, die Sonne droben
Saugt an unserm Blut, ein Hügel
Hemmet uns zum Teiche! Bruder,
Nimm die Brüder von der Ebne,
Nimm die Brüder von den Bergen
Mit, zu deinem Vater mit!» —

I — RITMOS LIVRES, ODES, HINOS

Em baixo, no vale, nascem
Flores sob os seus passos,
E o prado
Vive do seu hálito.

Mas nenhum vale de sombras o detém,
Nem flores
Que lhe enlacem os joelhos
E o afaguem com olhares de amor:
Corre impetuoso para o plaino
Em marcha sinuosa de serpente.

Ribeiros vêm juntar-se-lhe
Humildosos. Eis que entra
Refulgente de prata na planície,
E a planície refulge com ele,
E os rios da planície
E os ribeiros dos montes
Saúdam-no alegres e gritam: «Irmão!
Irmão, leva os irmãos contigo,
Leva-os para o teu velho pai,
Para o Oceano eterno,
Que de braços estendidos
Nos espera,
Os braços que, ai! em vão se abrem
Para estreitar os filhos saudosos;
Pois nos devora em árido deserto
A areia sôfrega; o sol ao alto
Suga-nos o sangue; uma colina
Retém-nos num tanque! Irmão,
Leva os irmãos da planície,
Leva os irmãos dos montes
Contigo, pra teu pai contigo!» —

«Kommt ihr alle!» —
Und nun schwillt er
Herrlicher: ein ganz Geschlechte
Trägt den Fürsten hoch empor!
Und im rollenden Triumphe
Gibt er Ländern Namen, Städte
Werden unter seinem Fuß.

Unaufhaltsam rauscht er weiter,
Lässt der Türme Flammengipfel,
Marmorhäuser, eine Schöpfung
Seiner Fülle, hinter sich.

Zedernhäuser trägt der Atlas
Auf den Riesenschultern; sausend
Wehen über seinem Haupte
Tausend Flaggen durch die Lüfte,
Zeugen seiner Herrlichkeit.

Und so trägt er seine Brüder,
Seine Schätze, seine Kinder,
Dem erwartenden Erzeuger
Freudebrausend an das Herz!

I — RITMOS LIVRES, ODES, HINOS

«Vinde todos!» —
E ei-lo a inchar
Mais magnífico; uma estirpe inteira
Ergue ao alto o seu príncipe!
E no triunfo rolante
Dá nomes a terras, cidades
Nascem-lhe sob os pés.

Segue rugindo em marcha irresistível,
Deixa as torres de cumes chamejantes,
Palácios de mármore, criações
Da sua opulência, atrás de si.

O Atlas traz aos ombros gigantes
Casas de cedro; estrídulas
Panejam sobre a sua fronte
Mil bandeiras ao vento,
Testemunhas da sua glória.

E assim leva ele seus irmãos,
Seus tesouros, os seus filhos,
A espumar de alegria, ao pai que os 'spera
Pra apertá-los contra o peito!

PROMETHEUS

Bedecke deinen Himmel, Zeus,
Mit Wolkendunst
Und übe, dem Knaben gleich,
Der Disteln köpft,
An Eichen dich und Bergeshöhn:
Musst mir meine Erde
Doch lassen stehn
Und meine Hütte, die du nicht gebaut,
Und meinen Herd,
Um dessen Glut
Du mich beneidest.

Ich kenne nichts Ärmeres
Unter der Sonn als euch, Götter!
Ihr nähret kümmerlich
Von Opfersteuern
Und Gebetshauch
Eure Majestät
Und darbtet, wären
Nicht Kinder und Bettler
Hoffnungsvolle Toren.

PROMETEU

Encobre o teu céu, ó Zeus,
Com vapores de nuvens,
E, qual menino que decepa
A flor dos cardos,
Exercita-te em robles e cristas de montes;
Mas a minha Terra
Hás-de-ma deixar,
E a minha cabana, que não construíste,
E o meu lar,
Cujo braseiro
Me invejas.

Nada mais pobre conheço
Sob o sol do que vós, ó Deuses!
Mesquinhamente nutris
De tributos de sacrifícios
E hálitos de preces
A vossa majestade;
E morreríeis de fome, se não fossem
Crianças e mendigos
Loucos cheios de esperança.

J. W. GOETHE — *POEMAS*

Da ich ein Kind war,
Nicht wusste, wo aus noch ein,
Kehrt ich mein verirrtes Auge
Zur Sonne, als wenn drüber wär
Ein Ohr, zu hören meine Klage,
Ein Herz wie meins,
Sich des Bedrängten zu erbarmen.

Wer half mir
Wider der Titanen Übermut?
Wer rettete vom Tode mich,
Von Sklaverei?
Hast du nicht alles selbst vollendet,
Heilig glühend Herz?
Und glühtest, jung und gut,
Betrogen, Rettungsdank
Dem Schlafenden da droben?

Ich dich ehren? Wofür?
Hast du die Schmerzen gelindert
Je des Beladenen?
Hast du die Tränen gestillet
Je des Geängsteten?
Hat nicht mich zum Manne geschmiedet
Die allmächtige Zeit
Und das ewige Schicksal,
Meine Herrn und deine?

Wähntest du etwa,
Ich sollte das Leben hassen,

I — RITMOS LIVRES, ODES, HINOS

Quando era menino e não sabia
Pra onde havia de me virar,
Voltava os olhos desgarrados
Para o sol, como se lá houvesse
Ouvido pra o meu queixume,
Coração como o meu
Que se compadecesse da minha angústia.

Quem me ajudou
Contra a insolência dos Titãs?
Quem me livrou da morte,
Da escravidão?
Pois não foste tu que tudo acabaste,
Meu coração em fogo sagrado?
E jovem e bom — enganado —
Ardias ao Deus que lá no céu dormia
Tuas graças de salvação?!

Eu venerar-te? E porquê?
Suavizaste tu jamais as dores
Do oprimido?
Enxugaste jamais as lágrimas
Do angustiado?
Pois não me forjaram Homem
O Tempo todo-poderoso
E o Destino eterno,
Meus senhores e teus?

Pensavas tu talvez
Que eu havia de odiar a Vida

In Wüsten fliehen,
Weil nicht alle
Blütenträume reiften?

Hier sitz ich, forme Menschen
Nach meinem Bilde,
Ein Geschlecht, das mir gleich sei:
Zu leiden, zu weinen,
Zu genießen und zu freuen sich,
Und dein nicht zu achten,
Wie ich!

I — RITMOS LIVRES, ODES, HINOS

E fugir para os desertos,
Lá porque nem todos
Os sonhos em flor frutificaram?

Pois aqui estou! Formo Homens
À minha imagem,
Uma estirpe que a mim se assemelhe:
Para sofrer, para chorar,
Para gozar e se alegrar,
E pra não te respeitar,
Como eu!

GANYMED

Wie im Morgenglanze
Du rings mich anglühst,
Frühling, Geliebter!
Mit tausendfacher Liebeswonne
Sich an mein Herz drängt
Deiner ewigen Wärme
Heilig Gefühl,
Unendliche Schöne!

Dass ich dich fassen möcht
In diesen Arm!

Ach, an deinem Busen
Lieg ich, schmachte,
Und deine Blumen, dein Gras
Drängen sich an mein Herz.
Du kühlst den brennenden
Durst meines Busens,
Lieblicher Morgenwind!
Ruft drein die Nachtigall
Liebend nach mir aus dem Nebeltal.

GANIMEDES

Como no fulgor da manhã
Me envolves da tua ardência,
Primavera, Amada!
Como com mil delícias de amor
Se estreita ao meu peito
O sentimento sagrado
Do teu calor eterno,
Beleza infinita!

Como eu queria prender-te
Nestes braços!

Ai! no teu seio
Repouso, consumo-me,
E as tuas flores, as tuas ervas
Comprimem-se contra o meu coração.
Refrescas a sede
Ardente do meu seio,
Doce vento da manhã!
E eis também o canto do rouxinol
Que me chama amoroso do vale brumoso.

Ich komm, ich komme!
Wohin? ach, wohin?

Hinauf! Hinauf strebt's.
Es schweben die Wolken
Abwärts, die Wolken
Neigen sich der sehnenden Liebe.
Mir! mir!
In euerm Schoße
Aufwärts!
Umfangend umfangen!
Aufwärts an deinen Busen,
Alliebender Vater!

I — RITMOS LIVRES, ODES, HINOS

Já vou! já vou!
Para onde? Ai, para onde?

Para o alto! É pra o alto que me impele.
As nuvens pairando
Abaixam-se, as nuvens
Inclinam-se ao amor saudoso.
Pra mim! Pra mim!
No vosso seio
Pra o alto!
Enlaçando, enlaçado!
Para o alto ao teu seio,
Pai que tudo amas!

AN SCHWAGER KRONOS

Spude dich, Kronos!
Fort den rasselnden Trott!
Bergab gleitet der Weg:
Ekles Schwindeln zögert
Mir vor die Stirne dein Zaudern.
Frisch, holpert es gleich,
Über Stock und Steine den Trott
Rasch ins Leben hinein!

Nun schon wieder
Den eratmenden Schritt
Mühsam Berg hinauf!
Auf denn, nicht träge denn!
Strebend und hoffend hinan!

Weit, hoch, herrlich der Blick
Rings ins Leben hinein!
Vom Gebirg zum Gebirg
Schwebet der ewige Geist,
Ewigen Lebens ahndevoll.

A CRONOS AURIGA

Apressa-te, Cronos!
Siga o trote estrepitoso!
A estrada resvala monte abaixo;
Náuseas de vertigem me afrontam
Os olhos c'os teus vagares.
Eia! Haja solavancos,
Que importa? — Por trancos e barrancos.
Veloz vida dentro!

E já outra vez
O passo ofegante
Cansado encosta acima!
Eia, pois! nada de preguiças!
Com ânimo e esperança pra o cimo!

Largo, alto, magnífico o olhar
Em volta vida dentro!
De montanha a montanha
Paira o eterno Espírito,
Pressago de eterna vida.

Seitwärts des Überdachs Schatten
Zieht dich an
Und ein Frischung verheißender Blick
Auf der Schwelle des Mädchens da.
Labe dich! — Mir auch, Mädchen,
Diesen schäumenden Trank,
Diesen frischen Gesundheitsblick!

Ab denn, rascher hinab!
Sieh, die Sonne sinkt!
Eh sie sinkt, eh mich Greisen
Ergreift im Moore Nebelduft,
Entzahnte Kiefer schnattern
Und das schlotternde Gebein:

Trunknen vom letzten Strahl
Reiß mich, ein Feuermeer
Mir im schäumenden Aug,
Mich Geblendeten, Taumelnden
In der Hölle nächtliches Tor!

Tone, Schwager, ins Horn,
Rassle den schallenden Trab,
Dass der Orkus vernehme: wir kommen!
Dass gleich an der Türe
Der Wirt uns freundlich empfange!

I — RITMOS LIVRES, ODES, HINOS

Ao lado a sombra do alpendre
Atrai-te,
E um olhar, que promete refrigério,
Da moça acolá à porta.
Regala-te! — «A mim também, moça,
Dessa bebida espumante,
E esse olhar fresco e sadio!»

Pra baixo agora! mais depressa!
Olha, o sol já desce!
Antes que desça, antes que, velho,
Me agarre a névoa do pântano,
As queixadas sem dentes chocalhem
E a ossada trémula:

Bêbado do último raio
Leva-me, um mar de fogo
Inda nos olhos espumantes,
Leva-me cambaleante e deslumbrado
Às portas nocturnas do Inferno!

Toca, cocheiro, a corneta,
Faz rugir o trote ecoante,
Que o Orco saiba: chegámos!
Pra que logo à porta
O dono da casa afável nos receba!

GESANG DER GEISTER ÜBER DEN WASSERN

Des Menschen Seele
Gleicht dem Wasser:
Vom Himmel kommt es,
Zum Himmel steigt es,
Und wieder nieder
Zur Erde muss es,
Ewig wechselnd.

Strömt von der hohen,
Steilen Felswand
Der reine Strahl,
Dann stäubt er lieblich
In Wolkenwellen
Zum glatten Fels,
Und leicht empfangen,
Wallt er verschleiernd,
Leisrauschend,
Zur Tiefe nieder.

Ragen Klippen
Dem Sturz entgegen,

CANTO DOS ESPÍRITOS SOBRE AS ÁGUAS

A alma do homem
É como a água:
Do céu vem,
Ao céu sobe,
E de novo tem
De descer à terra,
Em mudança eterna.

Corre do alto
Rochedo a pino
O veio puro,
Então em belo
Pó de ondas de névoa
Desce à rocha lisa,
E acolhido de manso
Vai, tudo velando,
Em baixo murmúrio,
Lá para as profundas.

Erguem-se penhascos
De encontro à queda,

J. W. GOETHE — *POEMAS*

Schäumt er unmutig
Stufenweise
Zum Abgrund.

Im flachen Bette
Schleicht er das Wiesental hin,
Und in dem glatten See
Weiden ihr Antlitz
Alle Gestirne.

Wind ist der Welle
Lieblicher Buhler;
Wind mischt vom Grund aus
Schäumende Wogen.

Seele des Menschen,
Wie gleichst du dem Wasser!
Schicksal des Menschen,
Wie gleichst du dem Wind!

I — RITMOS LIVRES, ODES, HINOS

— Vai, 'spumando em raiva,
Degrau em degrau
Para o abismo.

No leito baixo
Desliza ao longo do vale relvado,
E no lago manso
Pascem seu rosto
Os astros todos.

Vento é da vaga
O belo amante;
Vento mistura do fundo ao cimo
Ondas 'spumantes.

Alma do Homem,
És bem como a água!
Destino do homem,
És bem como o vento!

MEINE GÖTTIN

Welcher Unsterblichen
Soll der höchste Preis sein?
Mit niemand streit ich;
Aber ich geb ihn
Der ewig beweglichen,
Immer neuen,
Seltsamen Tochter Jovis,
Seinem Schosskinde,
Der Phantasie.

Denn ihr hat er
Alle Launen,
Die er sonst nur allein
Sich vorbehält,
Zugestanden
Und hat seine Freude
An der Törin.

Sie mag rosenbekränzt
Mit dem Lilienstengel
Blumentäler betreten,

A MINHA DEUSA

Qual das Imortais
Merece o mais alto prémio?
Com ninguém disputo,
Mas a quem o dou
É à sempre móvel,
Sempre nova,
Estranha filha de Jove,
À filha sua dilecta,
À Fantasia.

Pois a ela foi
Que ele todos caprichos,
Que de resto reserva
A si sozinho,
Concedeu,
E todo se alegra
Com esta estouvada.

Quer ela passeie
Co'a haste de lírios
Os vales floridos,

J. W. GOETHE — *POEMAS*

Sommervögeln gebieten
Und leichtnährenden Tau
Mit Bienenlippen
Von Blüten saugen,

Oder sie mag
Mit fliegendem Haar
Und düsterm Blicke
Im Winde sausen
Um Felsenwände
Und tausendfarbig
Wie Morgen und Abend,
Immer wechselnd
Wie Mondesblicke,
Den Sterblichen scheinen:

Lasst uns alle
Den Vater preisen,
Den alten, hohen,
Der solch eine schöne,
Unverwelkliche Gattin
Dem sterblichen Menschen
Gesellen mögen!

Denn uns allein
Hat er sie verbunden
Mit Himmelsband
Und ihr geboten,
In Freud und Elend
Als treue Gattin
Nicht zu entweichen.

I — RITMOS LIVRES, ODES, HINOS

Mande às aves de verão,
E sugue das flores
Com lábios de abelha
Orvalho, leve sustento,

Ou quer ela
De cabelos soltos
E olhar turbado
Voe c'o vento
Em volta dos penhascos,
E de mil cores,
Como a manhã e a tarde,
Sempre mutável
Como olhares da lua,
Apareça aos mortais:

Cantemos louvores
Todos nós ao Pai,
Ao velho sublime
Que uma tal esposa
Bela, imarcescível,
Ao homem mortal
Quis associar.

Pois somente a nós
É que ele a ligou
Com laço celeste,
E lhe ordenou
Que em prazer e dor,
Esposa fiel,
Nos não deixasse.

Alle die andern
Armen Geschlechter
Der kinderreichen,
Lebendigen Erde
Wandeln und weiden
In dunkelm Genuss
Und trüben Schmerzen
Des augenblicklichen,
Beschränkten Lebens,
Gebeugt vom Joche
Der Notdurft.

Uns aber hat er
Seine gewandteste,
Verzärtelte Tochter,
Freut euch! gegönnt.
Begegnet ihr lieblich
Wie einer Geliebten!
Lasst ihr die Würde
Der Frauen im Haus!

Und dass die alte
Schwiegermutter Weisheit
Das zarte Seelchen
Ja nicht beleidge!

Doch kenn ich ihre Schwester,
Die ältere, gesetztere,
Meine stille Freundin:
O dass die erst
Mit dem Lichte des Lebens
Sich von mir wende,
Die edle Treiberin,
Trösterin: Hoffnung!

I — RITMOS LIVRES, ODES, HINOS

Todos os outros
Míseros seres
Da prolífera
Terra viva
Vagueiam e pascem
Em gozo inconsciente
E em dores turbas
Da momentânea
Limitada vida,
Curvados ao jugo
Da Necessidade.

Mas foi a nós que ele
Deu — alegrai-vos! —
A sua habilíssima,
Amimada filha.
Tratai-a com amor,
Como a uma amada!
Dai-lhe as honras todas
De dona da casa!

E que a velha
Sogra Sabedoria
Não vá ofender
A terna menina!

Mas eu conheço a sua irmã,
Mais velha, ponderada,
Minha discreta amiga:
Oh! que ela apenas
Com a luz da vida
Se afaste de mim,
A nobre impulsora,
Consoladora: Esperança!

GRENZEN DER MENSCHHEIT

Wenn der uralte,
Heilige Vater
Mit gelassener Hand
Aus rollenden Wolken
Segnende Blitze
Über die Erde sät,
Küss' ich den letzten
Saum seines Kleides,
Kindliche Schauer
Treu in der Brust.

Denn mit Göttern
Soll sich nicht messen
Irgend ein Mensch!
Hebt er sich aufwärts
Und berührt
Mit dem Scheitel die Sterne,
Nirgends haften dann
Die unsichern Sohlen,
Und mit ihm spielen
Wolken und Winde.

LIMITES DA HUMANIDADE

Quando o antiquíssimo
Pai sagrado
Com mão impassível
De nuvens troantes
Semeia sobre a Terra
Relâmpagos de bênção,
Beijo eu a última
Fímbria da sua túnica,
Temor filial
Fiel no peito.

Pois com Deuses
Não deve medir-se
Homem nenhum!
Ergue-se ele ao alto
Até tocar
Co'a cabeça os astros,
Nenhures se prendem
Os pés incertos,
E com ele brincam
Nuvens e ventos.

J. W. GOETHE — *POEMAS*

Steht er mit festen,
Markigen Knochen
Auf der wohlgegründeten,
Dauernden Erde,
Reicht er nicht auf,
Nur mit der Eiche
Oder der Rebe
Sich zu vergleichen.

Was unterscheidet
Götter von Menschen?
Dass viele Wellen
Vor jenen wandeln,
Ein ewiger Strom:
Uns hebt die Welle,
Verschlingt die Welle,
Und wir versinken.

Ein kleiner Ring
Begrenzt unser Leben,
Und viele Geschlechter
Reihen sich dauernd
An ihres Daseins
Unendlichte Kette.

I — RITMOS LIVRES, ODES, HINOS

E se está com ossos
De rijo tutano
Sobre a Terra firme,
Inabalável,
Nem sequer chega
A poder comparar-se
Com o carvalho
Ou com a vide.

O que é que distingue
Os Deuses dos homens?
Que muitas vagas
Ante aqueles vagueiam,
Eterna torrente:
A nós ergue-nos a vaga,
Traga-nos a vaga,
E vamos pra o fundo.

Um estreito anel
Nos limita a vida,
E muitas gerações
Se alinham constantes
À cadeia infinda
Do seu existir.

DAS GÖTTLICHE

Edel sei der Mensch,
Hülfreich und gut!
Denn das allein
Unterscheidet ihn
Von allen Wesen,
Die wir kennen.

Heil den unbekannten
Höhern Wesen,
Die wir ahnen!
Ihnen gleiche der Mensch!
Sein Beispiel lehr uns
Jene glauben!

Denn unfühlend
Ist die Natur:
Es leuchtet die Sonne
Über Bös' und Gute,
Und dem Verbrecher
Glänzen wie dem Besten
Der Mond und die Sterne.

O DIVINO

Nobre seja o homem,
Caridoso e bom!
Pois isso apenas
É que o distingue
De todos os seres
Que conhecemos.

Glória aos incógnitos
Mais altos seres
Que pressentimos!
Que o homem se lhes iguale!
Seu exemplo nos ensine
A crer naqueles!

Pois insensível
É a natureza:
O sol 'spalha luz
Sobre maus e bons,
E ao criminoso
Brilham como ao santo
A lua e as 'strelas.

J. W. GOETHE — *POEMAS*

Wind und Ströme,
Donner und Hagel
Rauschen ihren Weg
Und ergreifen,
Vorüber eilend,
Einen um den andern.

Auch so das Glück
Tappt unter die Menge,
Fasst bald des Knaben
Lockige Unschuld,
Bald auch den kahlen,
Schuldigen Scheitel.

Nach ewigen, ehrnen,
Grossen Gesetzen
Müssen wir alle
Unseres Daseins
Kreise vollenden.

Nur allein der Mensch
Vermag das Unmögliche:
Er unterscheidet,
Wählet und richtet;
Er kann dem Augenblick
Dauer verleihen.

Er allein darf
Den Guten lohnen,
Den Bösen strafen,

I — RITMOS LIVRES, ODES, HINOS

Vento e torrentes,
Trovão e saraiva
Rugem seu caminho
E agarram,
Velozes passando,
Um após outro.

Tal a sorte às cegas
Lança mãos à turba
E agarra os cabelos
Do menino inocente
Ou a fronte calva
Do velho culpado.

Por eternas leis,
Grandes e de bronze,
Temos todos nós
De fechar os círculos
Da nossa existência.

Mas somente o homem
Pode o impossível:
Só ele distingue,
Escolhe e julga;
E pode ao instante
Dar duração.

Só ele é que pode
Premiar o bom,
Castigar o mau,

J. W. GOETHE — *POEMAS*

Heilen und retten,
Alles Irrende, Schweifende
Nützlich verbinden.

Und wir verehren
Die Unsterblichen,
Als wären sie Menschen,
Täten im Großen,
Was der Beste im Kleinen
Tut oder möchte.

Der edle Mensch
Sei hülfreich und gut!
Unermüdet schaff er
Das Nützliche, Rechte,
Sei uns ein Vorbild
Jener geahneten Wesen!

I — RITMOS LIVRES, ODES, HINOS

Curar e salvar,
Unir com proveito
Tudo o que erra e divaga.

E nós veneramos
Os Imortais
Como se homens fossem,
Em grande fizessem
O que em pequeno o melhor de nós
Faz ou deseja.

Que o homem nobre
Seja caridoso e bom!
Incansável crie
O útil, o justo,
E nos seja exemplo
Dos Seres pressentidos.

DAS LIED DER PARZEN

«Es fürchte die Götter
Das Menschengeschlecht!
Sie halten die Herrschaft
In ewigen Händen,
Und können sie brauchen,
Wie's ihnen gefällt.

«Der fürchte sie doppelt,
Den je sie erheben!
Auf Klippen und Wolken
Sind Stühle bereitet
Um goldene Tische.

«Erhebet ein Zwist sich:
So stürzen die Gäste
Geschmäht und geschändet
In nächtliche Tiefen,
Und harren vergebens,
Im Finstern gebunden,
Gerechten Gerichtes.

A CANÇÃO DAS PARCAS

«Que os deuses tema
A raça dos homens!
Têm eles o domínio
Em eternas mãos
E podem usá-lo
Como lhes apraz.

«Que os tema a dobrar
Aquele a quem erguem!
Sobre rochas e nuvens
Há assentos prontos
Às suas mesas áureas.

«Ergue-se disputa —
Eis caem os hóspedes,
Com injúria e ultraje,
A abismos nocturnos,
E esperam em vão,
Ligados nas trevas,
Por justo juízo.

«Sie aber, sie bleiben
In ewigen Festen
An goldenen Tischen.
Sie schreiten vom Berge
Zu Bergen hinüber:
Aus Schlünden der Tiefe
Dampft ihnen der Atem
Erstickter Titanen,
Gleich Opfergerüchen,
Ein leichtes Gewölke.

«Es wenden die Herrscher
Ihr segnendes Auge
Von ganzen Geschlechtern,
Und meiden, im Enkel
Die ehmals geliebten
Still redenden Züge
Des Ahnherrn zu sehn.»

So sangen die Parzen;
Es horcht der Verbannte
In nächtlichen Höhlen,
Der Alte, die Lieder,
Denkt Kinder und Enkel
Und schüttelt das Haupt.

I — RITMOS LIVRES, ODES, HINOS

«Mas eles, eles ficam
Em festins eternos
Às suas mesas áureas.
E passam do monte
Para outros montes:
Das fauces do abismo
Sobe-lhes o hálito
De titãs sufocados,
Qual odor de vítimas:
— Ligeiro vapor.

«Os Senhores desviam
Seu olhar de bênção
De estirpes inteiras,
E evitam ver no neto os traços
De silêncio eloquentes,
Amados outrora,
Do antepassado.»

É o canto das Parcas.
O proscrito, o velho,
Em antros nocturnos,
Escuta as canções,
Pensa em filhos, netos,
E sacode a fronte.

II
CANÇÕES

WILLKOMMEN UND ABSCHIED

Es schlug mein Herz; geschwind zu Pferde!
Es war getan fast eh gedacht.
Der Abend wiegte schon die Erde,
Und an den Bergen hing die Nacht:
Schon stand im Nebelkleid die Eiche,
Ein aufgetürmter Riese, da,
Wo Finsternis aus dem Gesträuche
Mit hundert schwarzen Augen sah.

Der Mond von einem Wolkenhügel
Sah kläglich aus dem Duft hervor,
Die Winde schwangen leise Flügel,
Umsausten schauerlich mein Ohr;
Die Nacht schuf tausend Ungeheuer;
Doch frisch und fröhlich war mein Mut:
In meinen Adern welches Feuer!
In meinem Herzen welche Glut!

Dich sah ich, und die milde Freude
Floss von dem süssen Blick auf mich;
Ganz war mein Herz an deiner Seite
Und jeder Atemzug für dich.

BOAS-VINDAS E DESPEDIDA

O coração palpitou-me: — A cavalo, depressa!
Quase antes de pensado, ei-lo já feito.
A tardinha embalava já a terra,
E a noite reclinava-se nos montes:
O roble, já em vestes de nevoeiro,
Eis se erguia, gigante como torre,
Ali onde as trevas de entre as moitas
Olhavam com um cento de olhos negros.

A lua, duma colina de nuvens,
Das névoas emergia melancólica;
Os ventos agitavam asas brandas,
Cercavam-me os ouvidos de terrores;
Paria a noite monstros aos milhares,
Mas a minh'alma estava alegre e alerta:
Que fogo não ardia em minhas veias!
Que ardor em meu coração!

Eis te vi, e a alegria generosa
Sobre mim do teu doce olhar vertia;
A teu lado todo o meu coração 'stava,
E cada hálito meu só pra ti era.

Ein rosenfarbnes Frühlingswetter
Umgab das liebliche Gesicht,
Und Zärtlichkeit für mich — ihr Götter!
Ich hofft es, ich verdient es nicht!

Doch ach, schon mit der Morgensonne
Verengt der Abschied mir das Herz:
In deinen Küssen welche Wonne!
In deinem Auge welcher Schmerz!
Ich ging, du standst und sahst zur Erden
Und sahst mir nach mit nassem Blick:
Und doch, welch Glück, geliebt zu werden!
Und lieben, Götter, welch ein Glück!

HEIDENRÖSLEIN

Sah ein Knab ein Röslein stehn,
Röslein auf der Heiden,
War so jung und morgenschön,
Lief er schnell, es nah zu sehn,
Sah's mit vielen Freuden.
Röslein, Röslein, Röslein rot,
Röslein auf der Heiden.

Knabe sprach: «Ich breche dich,
Röslein auf der Heiden!»
Röslein sprach: «Ich steche dich,
Dass du ewig denkst an mich,

II — CANÇÕES

Um ar primaveril e cor de rosa
Aureolava o teu formoso rosto;
E tal ternura para mim — ó Deuses!
Se a esperava, não a merecia!

Porém, ai! já ao sol-nascer
Me aperta o coração a despedida:
Nos teus beijos — que delícias!
E que dor no teu olhar!
Parti, tu ficaste a olhar pra o chão,
E teus olhos com lágrimas seguiram-me:
E contudo, que ventura ser amado!
E amar, ó Deuses! que ventura!

ROSINHA DO SILVADO

Viu um rapaz uma rosa,
Rosinha do silvado,
Tão fresquinha, tão formosa,
Que em carreira pressurosa
Salta a vê-la, extasiado,
Linda, linda rosa corada,
Rosinha do silvado.

Vai ele diz: «Vou-te cortar,
Rosinha do silvado!»
Diz ela: «E eu vou-te picar,
Que de mim te hás-de lembrar,

Und ich wills nicht leiden.»
Röslein, Röslein, Röslein rot,
Röslein auf der Heiden.

Und der wilde Knabe brach
's Röslein auf der Heiden;
Röslein wehrte sich und stach,
Half ihm doch kein Weh und Ach,
Musst es eben leiden!
Röslein, Röslein, Röslein rot,
Röslein auf der Heiden.

GEFUNDEN

Ich ging im Walde
So für mich hin,
Und nichts zu suchen,
Das war mein Sinn.

Im Schatten sah ich
Ein Blümchen stehn,
Wie Sterne leuchtend,
Wie Äuglein schön.

Ich wollt es brechen,
Da sagt' es fein:
«Soll ich zum Welken
Gebrochen sein?»

II — CANÇÕES

Se me cortares, malcriado!»
Linda, linda rosa corada.
Rosinha do silvado.

E o maroto cortou
A rosinha do silvado;
Defendeu-se ela, e picou;
Bem se carpiu e gritou...
Sempre a colheu, o malvado!
Linda, linda rosa corada,
Rosinha do silvado.

ACHADO

Ia pela mata
Só comigo, à toa,
Longe de encontrar
Cousa má nem boa.

À sombra avistei
Que linda florinha!
Bela como uns olhos
Ou uma estrelinha.

Quando a quis colher
Ouvi-a chorar:
«Vais então cortar-me
Pra me ver's murchar?»

Ich grubs mit allen
Den Würzlein aus,
Zum Garten trug ichs
Am hübschen Haus,

Und pflanzt es wieder
Am stillen Ort;
Nun zweigt es immer
Und blüht so fort.

GLEICH UND GLEICH

Ein Blumenglöckchen
Vom Boden hervor
War früh gesprosset
In lieblichem Flor;
Da kam ein Bienchen
Und naschte fein:
Die müssen wohl beide
Füreinander sein.

MAILIED

Wie herrlich leuchtet
Mir die Natur!
Wie glänzt die Sonne!
Wie lacht die Flur!

II — CANÇÕES

Raízes e tudo
A arranquei assim,
Pra casa a levei,
Pu-la no jardim.

Plantei-a outra vez
Em sítio de amores:
E agora dá ramos,
Mais folhas, mais flores.

IGUAL COM IGUAL

Brotou uma flor
Do chão temporã,
E pôs-se a brilhar
Formosa, louçã;
Vem uma abelhinha,
Gulosa a provou:
Quem foi que uma à outra
Tão certo as gerou?

CANÇÃO DE MAIO

Natureza aos olhos
Me resplende bela!
Como brilha o sol!
Como ri o campo!

J. W. GOETHE — *POEMAS*

Es dringen Blüten
Aus jedem Zweig
Und tausend Stimmen
Aus dem Gesträuch,

Und Freud und Wonne
Aus jeder Brust.
O Erd, o Sonne!
O Glück, o Lust!

O Lieb, o Liebe!
So golden-schön
Wie Morgenwolken
Auf jenen Höhn!

Du segnest herrlich
Das frische Feld,
Im Blütendampfe
Die volle Welt.

O Mädchen, Mädchen,
Wie lieb ich dich!
Wie blinkt dein Auge!
Wie liebst du mich!

So liebt die Lerche
Gesang und Luft
Und Morgenblumen
Den Himmelsduft,

II — CANÇÕES

Flores rebentam
De cada raminho,
E mil vozes rompem
De entre os silveirais,

E alegria e enlevo
Do peito de todos!
Ó Terra, ó Sol!
Ó ventura, ó volúpia!

Ó Amor, Amor!
Belo como o ouro
Das nuvens da aurora
Sobre aqueles outeiros!

Magnífico benzes
Todo o campo fresco,
Do aroma das flores
Enches todo o mundo!

Ó Amada, Amada,
Como te amo eu!
Como o olhar te brilha!
Como me amas tu!

Qual a cotovia
Ama o canto e o ar,
E as flor's matutinas
A neblina dos céus,

Wie ich dich liebe
Mit warmem Blut,
Die du mir Jugend
Und Freud und Mut

Zu neuen Liedern
Und Tänzen gibst.
Sei ewig glücklich,
Wie du mich liebst!

GLÜCKLICH ALLEIN...

Glücklich allein
Ist die Seele, die liebt.

Freudvoll
Und leidvoll,
Gedankenvoll sein,
Langen
Und bangen
In schwebender Pein,
Himmelhoch jauchzend,
Zum Tode betrübt —
Glücklich allein
Ist die Seele, die liebt.

II — CANÇÕES

Assim te amo eu
Com meu sangue ardente,
Tu, que juventude
E alegria e ânimo

Me dás para novas
Cantigas e danças!
Sê sempre ditosa,
Como me tu amas!

FELIZ SÓ SERÁ...

Feliz só será
A alma que amar.

'Star alegre
E triste,
Perder-se a pensar,
Desejar
E recear
Suspensa em penar,
Saltar de prazer,
De aflição morrer —
Feliz só será
A alma que amar.

J. W. GOETHE — *POEMAS*

AUF DEM SEE

Und frische Nahrung, neues Blut
Saug ich aus freier Welt;
Wie ist Natur so hold und gut,
Die mich am Busen hält!
Die Welle wieget unsern Kahn
Im Rudertakt hinauf,
Und Berge, wolkig himmelan,
Begegnen unserm Lauf.

Aug, mein Aug, was sinkst du nieder?
Goldne Träume, kommt ihr wieder?
Weg, du Traum, so gold du bist!
Hier auch Lieb und Leben ist.

Auf der Welle blinken
Tausend schwebende Sterne,
Weiche Nebel trinken
Rings die türmende Ferne,
Morgenwind umflügelt
Die beschattete Bucht,
Und im See bespiegelt
Sich die reifende Frucht.

II — CANÇÕES

NO LAGO

E fresco pão, novo sangue
Do mundo livre me vêm;
Bela e boa é a Natureza
Que ao seu seio me mantém!
Nosso barco a onda embala
No compassado remar,
E montes, com névoa ao alto,
Vêm pra nós a caminhar.

Olhos, meus olhos, porque vos baixais?
Sonhos dourados, de novo voltais?
Por mais dourado, vai-te, sonho que eu já tive!
Também há amor aqui, também se vive.

Nas ondas cintilam
Mil estrelas puras,
Névoas brandas sorvem
Em volta as alturas,
Na baía em sombra
A aurora a adejar,
E no lago mira-se
O fruto a amadurar.

MUT

Sorglos über die Fläche weg,
Wo vom kühnsten Wager die Bahn
Dir nicht vorgegraben du siehst,
Mache dir selber Bahn!

Stille, Liebchen, mein Herz!
Krachts gleich, brichts doch nicht!
Brichts gleiche, brichts nicht mit dir!

DER BECHER

Einen wohlgeschnitzten vollen Becher
Hielt ich drückend in den beiden Händen,
Sog begierig süßen Wein vom Rande,
Gram und Sorg auf einmal zu vertrinken.

Amor trat herein und fand mich sitzen,
Und er lächelte bescheidenweise,
Als den Unverständigen bedauernd:

«Freund, ich kenn ein schöneres Gefässe,
Wert, die ganze Seele drein zu senken;
Was gelobst du, wenn ich dir es gönne,
Es mit anderm Nektar dir erfülle?»

II — CANÇÕES

ÂNIMO

Animoso por sobre o espelho de gelo,
Onde o caminho inda não vês
Marcado nem pelo mais ousado,
Abre o teu próprio caminho!

Amor do meu coração, calma!
Estale embora, não quebra ainda!
Embora quebre, não quebra contigo!

A TAÇA

Uma taça cheia, bem lavrada,
Segurava e apertava nas mãos ambas,
Ávido sorvia do seu bordo doce vinho
Para, a um tempo, afogar mágoa e cuidado.

Entrou o Amor e achou-me sentado,
E sorriu discreto e sábio,
Como que lamentando o insensato:

«Amigo, eu conheço um vaso inda mais belo,
Digno de nele mergulhar a alma toda;
Que prometes, se eu to conceder
E to encher de outro néctar?»

O wie freundlich hat er Wort gehalten!
Da er, Lida, dich mit sanfter Neigung
Mir, dem lange Sehnenden, geeignet.

Wenn ich deinen lieben Leib umfasse
Und von deinen einzig treuen Lippen
Langbewahrter Liebe Balsam koste,
Selig sprech ich dann zu meinem Geiste:

Nein, ein solch Gefäß hat, ausser Amorn,
Nie ein Gott gebildet noch besessen!
Solche Formen treibet nicht Vulkanus
Mit den sinnbegabten, feinen Hämmern!
Auf belaubten Hügeln mag Lyäus
Durch die ältsten, klügsten seiner Faunen
Ausgesuchte Trauben keltern lassen,
Selbst geheimnisvoller Gärung vorstehn:
Solchen Tank verschafft ihm keine Sorgfalt!

NACHTGEDANKEN

Euch bedaur ich, unglüchsel'ge Sterne,
Die ihr schön seid und so herrlich scheinet,
Dem bedrängten Schiffer gerne leuchtet,
Unbelohnt von Göttern und von Menschen:
Denn ihr liebt nicht, kanntet nie die Liebe!

Unaufhaltsam führen ew'ge Stunden
Eure Reihen durch den weiten Himmel.
Welche Reise habt ihr schon vollendet!
Seit ich weilend in dem Arm der Liebsten
Euer und der Mitternacht vergessen.

II — CANÇÕES

E com que amizade ele cumpriu a palavra!
Pois ele, Lida, com suave vénia
Te concedeu a mim, há tanto desejoso.

Quando estreito o teu amado corpo
E provo dos teus lábios fidelíssimos
O bálsamo de amor longo tempo guardado,
Feliz digo eu então ao meu espírito:

Não, um vaso tal, a não ser o Amor,
Nenhum deus o formou ou possuiu!
Formas assim não as forja Vulcano
C'os martelos finos e sensíveis!
Pode Lieu em frondosos outeiros
P'los seus faunos mais velhos e sagazes
Fazer pisar as uvas escolhidas
E ele mesmo presidir ao fermentar secreto:
Bebida assim não há desvelo que lha dê!

PENSAMENTOS NOCTURNOS

Lastimo-vos, ó estrelas infelizes,
Que sois belas e brilhais tão radiosas,
Guiando de bom grado o marinheiro aflito,
Sem recompensa dos deuses ou dos homens:
Pois não amais, nunca conhecestes o amor!

Continuamente horas eternas levam
As vossas rondas pelo vasto céu.
Que viagem levastes já a cabo!,
Enquanto eu, entre os braços da amada,
De vós me esqueço e da meia-noite.

J. W. GOETHE — *POEMAS*

AN DEN MOND

Füllest wieder Busch und Tal
Still mit Nebelglanz,
Lösest endlich auch einmal
Meine Seele ganz,

Breitest über mein Gefild
Lindernd deinen Blick,
Wie des Freundes Auge mild
Über mein Geschick.

Jeden Nachklang fühlt mein Herz
Froh' und trüber Zeit,
Wandle zwischen Freud und Schmerz
In der Einsamkeit.

Fließe, fließe, lieber Fluss!
Nimmer werd' ich froh:
So verrauschte Scherz und Kuss,
Und die Treue so.

Ich besaß es doch einmal,
Was so köstlich ist!
Dass man doch zu seiner Qual
Nimmer es vergisst!

Rausche, Fluss, das Tal entlang,
Ohne Rast und Ruh!
Rausche, flüstre meinem Sang
Melodien zu,

II — CANÇÕES

À LUA

De novo enches bosque e vale
De bruma luzente, calma,
Também libertas, afinal,
Toda a minh'alma;

Sobre os meus campos estendes,
Como um bálsamo, a vista,
Como amigo que com ternura olhasse
Meu fado que o contrista.

Ecos de dias alegres e sombrios
Ferem-me o coração,
Vagueio assim entre alegria e dor
Por esta solidão.

Corre, corre, amado rio!
Minha alegria acabou:
Como tu, passaram beijos e gracejos,
E a lealdade passou.

Pois não tive outrora eu já
A preciosa graça?!
Oh! o martírio de não poder 'squecer,
Saber que tudo passa!

Corre, rio, sussurrante pelo vale,
Sem parar, noites e dias!
Corre múrmuro, ensina ao meu cantar
Secretas melodias,

J. W. GOETHE — *POEMAS*

Wenn du in der Winternacht
Wütend überschwillst
Oder um die Frühlingspracht
Junger Knospen quillst!

Selig, wer sich vor der Welt
Ohne Hass verschliesst,
Einen Freund am Busen hält
Und mit dem geniesst,

Was, von Menschen nicht gewusst
Oder nicht bedacht,
Durch das Labyrinth der Brust
Wandelt in der Nacht.

WONNE DER WEHMUT

Trocknet nicht, trocknet nicht,
Tränen der ewigen Liebe!
Ach, nur dem halbgetrockneten Auge
Wie öde, wie tot die Welt ihm erscheint!
Trocknet nicht, trocknet nicht,
Tränen unglücklicher Liebe!

WANDRERES NACHTLIED

Der du von dem Himmel bist,
Alles Leid und Schmerzen stillest,
Den, der doppelt elend ist,
Doppelt mit Erquickung füllest,

II — CANÇÕES

Quando em noites de inverno
Bravejante desbordas,
Ou quando o esplendor da primavera
Com teu murmúrio acordas!

Feliz aquele que do mundo vão
Sem ódio deixa a luta,
E aperta um amigo ao coração
E com ele desfruta

O que, sem que o homem sequer saiba
Ou nisso atente,
Através do labirinto da alma
Erra à noite, silente.

DELEITE NA TRISTEZA

Não sequeis, não sequeis,
Lágrimas do eterno amor!
Ai! já aos olhos meio enxutos
Como o mundo parece ermo e morto!
Não sequeis, não sequeis,
Lágrimas de infeliz amor!

CANÇÃO NOCTURNA DO PEREGRINO

Tu, que és celestial
E acalmas toda dor e todo mal,
E a todo o que tem dobrado sofrimento
Dás dobrado lenimento,

Ach, ich bin des Treibens müde!
Was soll all der Schmerz und Lust?
Süßer Friede,
Komm, ach komm in meine Brust!

EIN GLEICHES

Über allen Gipfeln
Ist Ruh,
In allen Wipfeln
Spürest du
Kaum einen Hauch;
Die Vögelein schweigen im Walde.
Warte nur, balde
Ruhest du auch.

EIGENTUM

Ich weiss, dass mir nichts angehört
Als der Gedanke, der ungestört
Aus meiner Seele will fließen,
Und jeder günstige Augenblick,
Den mich ein liebendes Geschick
Von Grund aus lässt geniessen.

II — CANÇÕES

Ai! 'stou tão cansado de andar para diante e pra trás!
Para quê tanta dor, tanto prazer desfeito?
Doce paz,
Entra, ai! entra no meu peito!

OUTRA

Por todos estes montes
Reina paz,
Em todas estas frondes
A custo sentirás
Sequer a brisa leve;
Em todo o bosque não ouves nem uma ave.
Ora espera, suave
Paz vais ter em breve.

PROPRIEDADE

Sei que nada me é pertencente
Além do livre pensamento
Que da alma me quer brotar,
E cada amigável momento
Que um destino bem-querente
A fundo me deixa gozar.

ALLES GEBEN DIE GÖTTER...

Alles geben die Götter, die unendlichen,
Ihren Lieblingen ganz:
Alle Freuden, die unendlichen,
Alle Schmerzen, die unendlichen, ganz.

MEERESSTILLE

Tiefe Stille herrscht im Wasser,
Ohne Regung ruht das Meer,
Und bekümmert sieht der Schiffer
Glatte Fläche ringsumher.
Keine Luft von keiner Seite!
Todesstille fürchterlich!
In der ungeheuern Weite
Reget keine Welle sich.

GLÜCKLICHE FAHRT

Die Nebel zerreißen,
Der Himmel ist helle,
Und Äolus löset
Das ängstliche Band.
Es säuseln die Winde,
Es rührt sich der Schiffer.
Geschwinde! geschwinde!
Es teilt sich die Welle,
Es naht sich die Ferne;
Schon seh ich das Land!

II — CANÇÕES

TUDO OS DEUSES DÃO...

Tudo os Deuses dão, os infinitos,
A quem amam, por inteiro:
Todos os prazeres, infinitos,
Todos os pesares, infinitos, por inteiro.

CALMARIA

N'água reina funda calma,
Parado repousa o mar,
Sobre o liso espelho em volta
O barqueiro inquieto a olhar.
Ar nenhum de lado algum!
Morta calma de aterrar!
Na lonjura desmedida
Nem uma onda a arquejar.

FELIZ VIAGEM

Dissipa-se a névoa,
Aclaram-se os céus
E Eolo solta
O laço que aterra.
Sussurram os ventos,
Mexe-se o barqueiro.
Ligeiro! ligeiro!
Apartam-se as ondas,
O longe aproxima-se;
E já vejo terra!

ELFENLIED

Um Mitternacht, wenn die Menschen erst schlafen,
Dann scheinet uns der Mond,
Dann leuchtet uns der Stern;
Wir wandlen und singen
Und tanzen erst gern.

Um Mitternacht, wenn die Menschen erst schlafen,
Auf Wiesen, an den Erlen,
Wir suchen unsern Raum
Und wandlen und singen
Und tanzen einen Traum.

MENSCHENGEFÜHL

Ach ihr Götter, große Götter
In dem weiten Himmel droben,
Gäbet ihr uns auf der Erde
Festen Sinn und guten Mut,
O wir liessen euch, ihr Guten,
Euren weiten Himmel droben!

II — CANÇÕES

CANÇÃO DOS ELFOS

À meia-noite, quando já os homens dormem,
É então para nós que a lua brilha,
Que para nós a estrela começa a cintilar;
Vagueamos e cantamos
E é então que gostamos de dançar.

À meia-noite, quando já os homens dormem,
Sobre os prados, junto aos alnos,
Buscamos o nosso lugar,
Vagueamos e cantamos
E dançamos um sonho de luar.

SENTIMENTO HUMANO

Vós, ó Deuses, grandes Deuses
No vasto céu lá em cima,
Se vós nos désseis na terra
Mente firme, ânimo bom,
Oh! como vos deixaríamos
O vasto céu lá em cima!

AN SEINE SPRÖDE

Siehst du die Pomeranze?
Noch hängt sie an dem Baume.
Schon ist der März verflossen,
Und neue Blüten kommen.
Ich trete zu dem Baume
Und sage: «Pomeranze,
Du reife Pomeranze,
Du süße Pomeranze,
Ich schüttle, fühl, ich schüttle:
O fall in meinen Schoss!»

SYMBOLUM

Des Maurers Wandel,
Es gleicht dem Leben,
Und sein Bestreben,
Es gleicht dem Handeln
Der Menschen auf Erden.

Die Zukunft decket
Schmerzen und Glücke.
Schrittweis dem Blicke,
Doch ungeschrecket
Dringen wir vorwärts.

Und schwer und ferne
Hängt eine Hülle
Mit Ehrfurcht. Stille
Ruhn oben die Sterne
Und unten die Gräber.

II — CANÇÕES

À AMADA ESQUIVA

Vês aquela laranja?
Ainda está presa à árvore.
Já passou o mês de Março
E vem aí nova flor.
E vou-me chegando à árvore
E digo: — «Ó laranja,
Madura laranja,
Ó doce laranja,
Olha como eu te sacudo:
Anda, cai-me no regaço!»

SÍMBOLO

Do pedreiro o viver
É bem como a vida,
E tudo a que aspira
É o agir do homem
Aqui sobre a terra.

Encobre o futuro
Dores e venturas.
Passo a passo aos olhos,
Mas intimoratos
Vamos avançando.

Grave e longe pende
Um véu, com respeito.
Calmas, lá no alto,
As 'strelas, e, em baixo,
As tumbas repousam.

J. W. GOETHE — *POEMAS*

Betracht sie genauer
Und siehe, so melden
Im Busen der Helden
Sich wandelnde Schauer
Und ernste Gefühle.

Doch rufen von drüben
Die Stimmen der Geister,
Die Stimmen der Meister:
«Versäumt nicht zu üben
Die Kräfte des Guten.

Hier winden sich Kronen
In ewiger Stille,
Die sollen mit Fülle
Die Tätigen lohnen!
Wir heissen euch hoffen.»

DEM AUFGEHENDEN VOLLMONDE

DORNBURG, 25. AUGUST 1828

Willst du mich sogleich verlassen!
Warst im Augenblick so nah!
Dich umfinstern Wolkenmassen
Und nun bist du gar nicht da.

II — CANÇÕES

Olha-as mais de perto
E vê que no peito
Dos heróis se acusam
Tremores vacilantes,
Graves sentimentos.

Mas de além nos chamam
As vozes dos 'Spíritos,
As vozes dos Mestres:
«Não deixeis de usar
As forças do Bem.

Aqui se tecem c'roas
Em eterna calma,
Que opulento prémio
Serão dos que agirem.
Mandamo-vos — ter 'sperança!»

A LUA CHEIA A NASCER

DORNBURGO, 25 DE AGOSTO DE 1828

Pois já queres abandonar-me?!
Tão perto que estavas já!
Massas de nuvens te ensombram,
E agora — já não estás lá.

J. W. GOETHE — *POEMAS*

Doch du fühlst wie ich betrübt bin,
Blickt dein Rand herauf als Stern!
Zeugest mir, dass ich geliebt bin,
Sei das Liebchen noch so fern.

So hinan denn! hell und heller,
Reiner Bahn, in voller Pracht!
Schlägt mein Herz auch schmerzlich schneller,
Überselig ist die Nacht.

II — CANÇÕES

Mas sentes bem que triste estou,
Desponta a tua orla qual estrela!
Mostras-me assim que sou amado,
Por mais longe de mim que esteja ela.

Eia pois! sobe, cada vez mais clara,
Em plena pompa, a tua estrada pura!
Inda que o peito doa e bata mais veloz,
É a noite excessiva de ventura.

III

DO «WILHELM MEISTER»

MIGNON

Heiß mich nicht reden, heiß mich schweigen,
Denn mein Geheimnis ist mir Pflicht;
Ich möchte dir mein ganzes Innre zeigen,
Allein das Schicksal will es nicht.

Zur rechten Zeit vertreibt der Sonne Lauf
Die finstre Nacht, und sie muss sich erhellen;
Der harte Fels schließt seinen Busen auf,
Missgönnt der Erde nicht die tiefverborgnen Quellen.

Ein jeder sucht im Arm des Freundes Ruh,
Dort kann die Brust in Klagen sich ergießen;
Allein ein Schwur drückt mir die Lippen zu,
Und nur ein Gott vermag sie aufzuschließen.

MIGNON

Nur wer die Sehnsucht kennt
Weiß, was ich leide!
Allein und abgetrennt
Von aller Freude,

MIGNON

Não me mandes falar, diz-me que cale,
Pois que guardar segredo é o meu dever;
Gostava de mostrar-te a alma toda,
Mas o Destino não quer.

Vem sempre o instante em que o sol expulsa
A noite escura e a força a abrir-se em dia;
A rocha dura abre o seio — a água brota —,
Já não recusa à terra as fontes que escondia.

Cada qual busca paz entre braços de amigo,
E neles se pode o peito em queixas libertar;
Uma jura porém me cerra os lábios,
E só um deus é que os pode descerrar.

MIGNON

Só quem conhece a nostalgia,
Sabe o meu sofrimento!
Sozinha e sem alegria,
Só c'o tormento

Seh ich ans Firmament
Nach jener Seite.
Ach! der mich liebt und kennt
Ist in der Weite.
Es schwindelt mir, es brennt
Mein Eingeweide.
Nur wer die Sehnsucht kennt
Weiß, was ich leide!

LIED DES HARFNERS

Wer nie sein Brot mit Tränen aß,
Wer nie die kummervollen Nächte
Auf seinem Bette weinend saß,
Der kennt euch nicht, ihr himmlischen Mächte!

Ihr führt ins Leben uns hinein,
Ihr lasst den Armen schuldig werden,
Dann überlasst ihr ihn der Pein:
Denn alle Schuld rächt sich auf Erden.

III — DO «WILHELM MEISTER»

De olhar sempre pra lá, noite e dia,
No firmamento.
Ai! aquele que me conhece e ama
Anda em terras estranhas.
As vertigens que eu sinto! E esta chama
A queimar-me as entranhas!
Só quem conhece a nostalgia
Sabe o meu sofrimento!

CANÇÃO DO HARPISTA

Quem nunca comeu seu pão com lágrimas,
Quem nunca passou noites aflitas
Sentado no seu leito a suspirar,
Não vos conhece, ó Potências benditas!

Fazeis-nos entrar na roda desta vida,
Deixais que o pobre vá culpado ao fundo,
Depois abandonai-lo assim à dor:
Pois toda a culpa se vinga neste mundo.

MIGNON

Kennst du das Land, wo die Zitronen blühn,
Im dunkeln Laub die Goldorangen glühn,
Ein sanfter Wind vom blauen Himmel weht,
Die Myrte still und hoch der Lorbeer steht,
Kennst du es wohl?
                        Dahin! Dahin
Möcht ich mit dir, o mein Geliebter, ziehn.

Kennst du das Haus? Auf Säulen ruht sein Dach,
Es glänzt der Saal, es schimmert das Gemach,
Und Marmorbilder stehn und sehn mich an:
Was hat man dir, du armes Kind, getan?
Kennst du es wohl?
                        Dahin! Dahin
Möcht ich mit dir, o mein Beschützer, ziehn.

Kennst du den Berg und seinen Wolkensteg?
Das Maultier sucht im Nebel seinen Weg;
In Höhlen wohnt der Drachen alte Brut;
Es stürzt der Fels und über ihn die Flut,
Kennst du ihn wohl?
                        Dahin! Dahin
Geht unser Weg! o Vater, lass uns ziehn!

III — DO «WILHELM MEISTER»

MIGNON

Conheces o país onde floresce o limoeiro?
Por entre a rama escura ardem laranjas de ouro,
Do céu azul sopra um arzinho ligeiro,
Eis se ergue a murta calma, olha o altivo louro!
Conheces?
   Oh! Partir! Partir
Pra lá contigo, Amado! Oh! quem me dera ir!

E conheces a casa? — Tecto em pilares assente:
A sala resplandece, o quarto é reluzente;
E estátuas de mármore fixam em mim o olhar:
«Minha pobre menina, quem te fez chorar?»
Conheces?
   Oh! Partir! Partir,
Meu Protector, contigo! Oh! quem me dera ir!

E conheces o monte e, entre nuvens, seu carreiro?
A mula busca o trilho por entre o nevoeiro:
Em grutas mora a velha raça dos dragões;
Despenham-se rochedos e torrentes em cachões.
Conheces?
   Para lá vejo ir
Nosso caminho! Ó Pai, vamos partir!

IV

DO «FAUSTO»

DER KÖNIG IN THULE

Es war ein König in Thule
Gar treu bis an das Grab,
Dem sterbend seine Buhle
Einen goldnen Becher gab.

Es ging ihm nichts darüber,
Er leert' ihn jeden Schmaus;
Die Augen gingen ihm über,
So oft er trank daraus.

Und als er kam zu sterben,
Zählt' er seine Städt im Reich,
Gönnt' alles seinem Erben,
Den Becher nicht zugleich.

Er saß beim Königsmahle,
Die Ritter um ihn her,
Auf hohem Vätersaale
Dort auf dem Schloss am Meer.

O REI DE THULE

Houve em Thule um rei, fiel
Até que a morte o levou;
A sua amada, ao morrer,
Taça de oiro lhe deixou.

Nada amava ele mais na vida;
Consigo sempre a trazia;
Os olhos se lhe toldavam
Sempre que dela bebia.

As cidades do seu reino
Contou, ao chegar-se a morte.
Tudo — só a taça não! —
Deixou ao herdeiro em sorte.

Com seus cavaleiros foi-se
El-rei à mesa assentar,
No salão de seus avós
Do castelo à beira-mar.

Dort stand der alte Zecher,
Trank letzte Lebensglut,
Und warf den heil'gen Becher
Hinunter in die Flut.

Er sah ihn stürzen, trinken
Und sinken tief ins Meer.
Die Augen täten ihm sinken:
Trank nie einen Tropfen mehr.

MATER DOLOROSA

*(In der Mauerhöhle ein Andachtsbild der
Mater dolorosa, Blumenkrüge davor.)*

GRETCHEN *steckt frische Blumen in die Krüge*

Ach, neige,
Du Schmerzensreiche,
Dein Antlitz gnädig meiner Not!

Das Schwert im Herzen,
Mit tausend Schmerzen
Blickst auf zu deines Sohnes Tod.

Zum Vater blickst du,
Und Seufzer schickst du
Hinauf um sein' und deine Not.

IV — DO «FAUSTO»

O rei velhinho bebeu
Ardor último de vida,
E atirou a taça santa
Pra a água, por despedida.

Viu-a cair, e no mar
Se embebeu e mergulhou.
Embaciou-se-lhe o olhar...
Nunca mais vinho provou.

MATER DOLOROSA

*(No nicho da muralha a imagem da Senhora
das Dores, com jarras de flores em frente.)*

MARGARIDA, *pondo flores frescas nas jarras:*

Oh! inclina,
Senhora das Dores divina,
A graça desse olhar à minha triste sorte!

Com a espada no peito,
O coração desfeito,
Contemplas, Lacrimosa, o teu Filho na morte.

Ergues a Deus o olhar,
E com teu suspirar
Pedes piedade pra a sua e tua sorte.

Wer fühlet,
Wie wühlet
Der Schmerz mir im Gebein?
Was mein armes Herz hier banget,
Was es zittert, was verlanget,
Weißt nur du, nur du allein!

Wohin ich immer gehe,
Wie weh, wie weh, wie wehe
Wird mir im Busen hier!
Ich bin, ach! kaum alleine,
Ich wein, ich wein, ich weine,
Das Herz zerbricht in mir.

Die Scherben vor meinem Fenster
Betaut ich mir Tränen, ach!
Als ich am frühen Morgen
Dir diese Blumen brach.

Schien hell in meine Kammer
Die Sonne früh herauf,
Saß ich in allem Jammer
In meinem Bett schon auf.

Hilf! rette mich von Schmach und Tod!
Ach, neige,
Du Schmerzenreiche,
Dein Antlitz gnädig meiner Not!

IV — DO «FAUSTO»

Quem sente
O ardente
Fogo a roer-me as entranhas?
Como este pobre peito anseia,
Como treme e receia,
Só tu o sabes, ó Mãe de dores tamanhas!

Pra onde quer que eu for,
Que dor, que dor, que dor
Aqui, dentro de mim!
E, mal estou sozinha,
Parte-se a alma minha,
Choro, choro sem fim.

Os vasos da janela
De lágrimas reguei
Quando hoje de madrugada
Estas flores te cortei.

E logo que ao nascer
O sol no quarto entrou,
Já sentada na cama
A chorar me encontrou.

Socorro! livra-me da vergonha e da morte!
Oh! inclina,
Senhora das Dores divina,
A graça desse olhar à minha triste sorte!

J. W. GOETHE — *POEMAS*

MATER GLORIOSA

UNA POENITENTIUM *sich anschmiegend. Sonst
Gretchen genannt.*

Neige, neige,
Du Ohnegleiche,
Du Strahlenreiche,
Dein Antlitz gnädig meinem Glück!

Der früh Geliebte,
Nicht mehr Getrübte,
Er kommt zurück.

LIED DES LYNKEUS

Zum Sehen geboren,
Zum Schauen bestellt,
Dem Turme geschworen,
Gefällt mir die Welt.
Ich blick in die Ferne,
Ich seh in der Näh,
Den Mond und die Sterne,
Den Wald und das Reh.
So seh ich in allen
Die ewige Zier,
Und wie mirs gefallen,
Gefall ich auch mir.
Ihr glücklichen Augen,
Was je ihr gesehn,
Es sei, wie es wolle,
Es war doch so schön!

IV — DO «FAUSTO»

MATER GLORIOSA

UMA DAS PENITENTES, *que outrora se chamou Margarida,*
aproximando-se docemente:

Inclina, inclina,
Ó Incomparável, Divina,
Ó Gloriosa, Ó Radiosa,
A graça desse olhar à minha feliz sorte!

O Amado de outrora
Ei-lo regressa agora
Não turbado e liberto já das leis da morte.

CANÇÃO DE LINCEU

Nado para ver,
Para olhar justado,
Consagrado à torre,
O mundo é um agrado.
Olho lá pra o longe,
Vejo aqui pertinho:
A lua, as estrelas,
A mata, o corcinho.
E em todos vejo
O adorno sem fim,
E como me agradou,
Eu me agrado a mim.
Meus felizes olhos,
Tudo o que sentistes,
Fosse como fosse,
Em beleza o vistes!

V

DE «ELEGIAS ROMANAS»

(«RÖMISCHE ELEGIEN»)

RÖMISCHE ELEGIEN

I

Saget, Steine, mir an! o sprecht, ihr hohen Paläste!
    Straßen, redet ein Wort! Genius, regst du dich nicht?
Ja, es ist alles beseelt in deinen heiligen Mauern,
    Ewige Roma; nur mir schweiget noch alles so still.
O wer flüstert mir zu, an welchem Fenster erblick ich
    Einst das holde Geschöpf, das mich versengend erquickt?
Ahn ich die Wege noch nicht, durch die ich immer und immer,
    Zu ihr und von ihr zu gehn, opfre die köstliche Zeit?
Noch betracht ich Kirch und Palast, Ruinen und Säulen,
    Wie ein bedächtiger Mann schicklich die Reise benutzt.
Doch bald is es vorbei: dann wird ein einziger Tempel,
    Amors Tempel, nur sein, der den Geweihten empfängt!
Eine Welt zwar bist du, o Rom; doch ohne die Liebe
    Wäre die Welt nicht die Welt, wäre denn Rom auch nicht Rom.

ELEGIAS ROMANAS

I

Falai-me, ó pedras! oh, falai, vós, altos palácios!
    Ruas, dizei uma palavra! Génio, não te moves?
Sim, tudo tem alma nos teus santos muros,
    Roma eterna; só pra mim tudo se cala ainda.
Quem me diz segredos, em que fresta avisto
    Um dia o ser belo que queimando me alivie?
Não pressinto inda os caminhos, pelos quais sempre,
    Pra ir dela e pra ela, sacrifique o tempo precioso?
Ainda contemplo igrejas, palácios, ruínas, colunas,
    Homem composto, decoroso, que aproveita a viagem.
Mas em breve passa: então haverá um só templo,
    O templo do Amor, que se abra e receba o iniciado!
És um mundo em verdade, ó Roma; mas sem o Amor
    O mundo não era mundo, e Roma não era Roma.

II

Ehret, wen ihr auch wollt! Nun bin ich endlich geborgen!
  Schöne Damen und ihr, Herren der feineren Welt,
Fraget nach Oheim und Vetter und alten Muhmen und Tanten,
  Und dem gebundnen Gespräch folge das traurige Spiel!
Auch ihr übrigen fahret mir wohl, in grossen und kleinen
  Zirkeln, die ihr mich oft nah der Verzweiflung gebracht!
Wiederholet, politisch und zwecklos, jegliche Meinung,
  Die den Wandrer mit Wut über Europa verfolgt!
So verfolgte das Liedchen «Malbrough» den reisenden Briten
  Einst von Paris nach Livorn, dann von Livorno nach Rom,
Weiter nach Napel hinunter; und wär er nach Smyrna gesegelt,
  «Malbrough» empfing ihn auch dort, «Malbrough», im Hafen
                                                    [das Lied!
Und so musst ich bis jetzt auf allen Tritten und Schritten
  Schelten hören das Volk, schelten der Könige Rat.
Nun entdeckt ihr mich nicht so bald in meinem Asyle,
  Das mir Amor der Fürst, königlich schützend, verlieh.
Hier bedecket er mich mit seinem Fittich; die Liebste
  Fürchtet, römisch gesinnt, wütende Gallier nicht;
Sie erkundigt sich nie nach neuer Märe: sie spähet
  Sorglich den Wünschen des Manns, dem sie sich eignete, nach.
Sie ergetzt sich an ihm, dem freien, rüstigen Fremden,
  Der von Bergen und Schnee, hölzernen Häusern erzählt,
Teilt die Flammen, die sie in seinem Busen entzündet,
  Freut sich, dass er das Gold nicht wie die Römer bedenkt.
Besser ist ihr Tisch nun bestellt; es fehlet an Kleidern,
  Fehlet am Wagen ihr nicht, der nach der Oper sie bringt.
Mutter und Tochter erfreun sich ihres nordischen Gastes,
  Und der Barbare beherrscht römischen Busen und Leib.

V — DE «ELEGIAS ROMANAS»

II

Honrai quem quiserdes! Eis-me por fim bem a salvo!
    Belas Damas e vós, Cavalheiros do mundo mais fino,
Perguntai por tios e primos e velhas primas e tias,
    E o triste jogo siga a conversa obrigada.
E passai por lá muito bem, vós nas pequenas e grandes
    Rodas que tantas vezes me levastes quase ao desespero.
Repeti, política e inutilmente, um par'cer qualquer
    Que raivoso persegue o viajante pela Europa fora.
Assim perseguiu a modinha «Malbrough» o britão viajante
    Outrora de Paris pra Livorno, depois de Livorno pra Roma,
E lá baixo até Nápoles; e se navegasse até 'Smirna,
    «Malbrough!» ouviria ele, «Malbrough!» a cantiga no
                                                    [porto!
E assim tive até 'gora em todos os passos que dei
    De ouvir as censuras do povo e as do conselho dos reis.
Porém tão breve me não descobris assim neste asilo
    Que o príncipe Amor, em protecção régia, me deu.
Aqui me cobre ele com suas asas; a Amada,
    Como romana, não receia os gálios raivosos.
Não busca saber novidades, indaga cuidosa
    Os desejos do homem a quem se entregou.
Nele se deleita, no livre e robusto estrangeiro,
    Que conta de montes e neves, casas de madeira,
Partilha das chamas que no peito lhe acende,
    Alegra-se por ele não forrar o ouro como os romanos.
A sua mesa agora é melhor; não faltam vestidos,
    Nem a carruagem pra a levar à ópera.
Mãe e filha se alegram do hóspede nórdico,
    E o Bárbaro domina peito e corpo romano.

III

Lass dich, Geliebte, nicht reun, dass du mir so schnell dich ergeben!
  Glaub es: ich denke nicht frech, denke nicht niedrig von dir!
Vielfach wirken die Pfeile des Amor: einige ritzen,
  Und vom schleichenden Gift kranket auf Jahre das Herz.
Aber mächtig befiedert, mit frisch geschliffener Schärfe,
  Dringen die andern ins Mark, zünden behende das Blut.
In der heroischen Zeit, da Götter und Göttinnen liebten,
  Folgte Begierde dem Blick, folgte Genuss der Begier.
Glaubst du, es habe sich lange die Göttin der Liebe besonnen,
  Als im Idäischen Hain einst ihr Anchises gefiel?
Hätte Luna gesäumt, den schönen Schläfer zu küssen,
  O, so hätt ihn geschwind, neidend, Aurora geweckt.
Hero erblickte Leandern am lauten Fest, und behende
  Stürzte der Liebende sich heiß in die nächtliche Flut.
Rhea Silvia wandelt, die fürstliche Jungfrau, der Tiber
  Wasser zu schöpfen, hinab, und sie ergreifet der Gott.
So erzeugte die Söhne sich Mars! — Die Zwillinge tränket
  Eine Wölfin, und nennt sich die Fürstin der Welt.

V

Froh empfind ich mich nun auf klassischem Boden begeistert;
  Vor- und Mitwelt spricht lauter und reizender mir.
Hier befolg ich den Rat, durchblättre die Werke der Alten
  Mit geschäftiger Hand, täglich mit neuem Genuss.
Aber die Nächte hindurch hält Amor mich anders beschäftigt;
  Werd ich auch halb nur gelehrt, bin ich doch doppelt beglückt.
Und belehr ich mich nicht, indem ich des lieblichen Busens
  Formen spähe, die Hand leite die Hüften hinab?

V — DE «ELEGIAS ROMANAS»

III

Não te arrependas, Amada, porque a mim tão depressa te deste!
    Podes crer, nem por isso de ti penso coisas insolentes e vis!
Vária é a acção das setas do Amor: algumas arranham,
    E do rastejante veneno languesce pra anos o peito.
Mas, com penas potentes e gume afiado de fresco,
    Outras penetram até ao tutano e rápido inflamam o sangue.
Nos tempos heróicos, quando Deuses e Deusas amavam,
    Ao olhar seguia o desejo, ao desejo o prazer.
Crês tu que a Deusa do Amor pensou muito tempo
    Quando no bosque de Ida um dia Anquises lhe agradou?
Se Luna tardasse a beijar o belo dormente,
    Aurora, invejosa, em breve o teria acordado.
Hero descobriu Leandro no festim ruidoso, e ligeiro,
    Ardente saltou o amante pra a corrente nocturna.
Rhea Sílvia, a virgem princesa, vai descuidosa
    Buscar água ao Tibre, e o Deus dela se apossa.
Assim Marte gerou os seus filhos! — Uma loba amamenta
    Os Gémeos, e Roma nomeia-se princesa do mundo.

V

Agora me sinto alegre e inspirado em chão clássico;
    Mundo de outrora e de hoje mais alto e atraente me fala.
Aqui sigo eu o conselho, folheio as obras dos velhos
    Com mão diligente, cada dia com novo prazer.
Mas, noites fora, Amor me mantém noutra ocupação;
    Se apenas meio me instruo, dobrada é minha ventura.
E acaso não é instruir-me, quando as formas dos seios
    Adoráveis espio e a mão pelas ancas passeio?

Dann versteh ich den Marmor erst recht; ich denk und vergleiche,
  Sehe mit fühlendem Aug, fühle mit sehender Hand.
Raubt die Liebste denn gleich mir einige Stunden des Tages,
  Gibt sie Stunden der Nacht mir zur Entschädigung hin.
Wird doch nicht immer geküsst, es wird vernünftig gesprochen;
  Überfällt sie der Schlaf, lieg ich und denke mir viel.
Ofmals hab ich auch schon in ihren Armen gedichtet
  Und des Hexameters Mass leise mit fingernder Hand
Ihr auf den Rücken gezählt. Sie atmet in lieblichem Schlummer,
  Und es durchglühet ihr Hauch mir bis ins Tiefste die Brust.
Amor schüret die Lamp indes und denket der Zeiten,
  Da er nämlichen Dienst seinen Triumvirn getan.

VII

O wie fühl ich in Rom mich so froh, gedenk ich der Zeiten,
  Da mich ein graulicher Tag hinten im Norden umfing,
Trübe der Himmel und schwer auf meine Scheitel sich senkte,
  Farb- und gestaltlos die Welt um den Ermatteten lag
Und ich über mein Ich, des unbefriedigten Geistes
  Düstre Wege zu spähn, still in Betrachtung versank!
Nun umleuchtet der Glanz des helleren Äthers die Stirne;
  Phöbus rufet, der Gott, Formen und Farben hervor.
Sternhell glänzet die Nacht, sie klingt von weichen Gesängen,
  Und mir leuchtet der Mond heller als nordischer Tag.
Welche Seligkeit ward mir Sterblichem! Träum ich? empfänget
  Dein ambrosisches Haus, Jupiter Vater, den Gast?
Ach, hier lieg ich und strecke nach deinen Knieen die Hände
  Flehend aus! O vernimm, Jupiter Xenius, mich!
Wie ich hereingekommen, ich kann's nicht sagen: es fasste
  Hebe den Wandrer und zog mich in die Hallen heran.

V — DE «ELEGIAS ROMANAS»

Compreendo então bem o mármore; penso e comparo,
    Vejo com olhar tacteante, tacteio com mão que vê.
E se a Amada me rouba algumas horas do dia,
    Em recompensa me dá as horas todas da noite.
Nem sempre beijos trocamos; falamos sensatos;
    Se o sono a assalta, fico eu deitado a pensar muitas coisas.
Vezes sem conto eu tenho também poetado em seus braços
    E baixo contado, com mão dedilhante, a medida hexamétrica
No seu dorso. Em sono adorável respira,
    E o seu hálito o peito me acende até à raiz.
O Amor atiça a candeia entretanto e pensa nos tempos
    Em que aos Triúnviros seus o mesmo serviço prestava.

VII

Oh! que alegre me sinto eu em Roma!, ao pensar nos tempos
    Em que o dia pardo me cercava lá pra trás no Norte,
O céu baço e pesado baixava sobre a minha cabeça,
    O mundo sem cor e sem forma jazia em torno a mim, cansado,
E eu mergulhava na meditação do meu Eu,
    Pra descobrir as vias sombrias do 'spírito não-satisfeito!
Agora o brilho do éter mais claro cinge a fronte de luz;
    Febo, o Deus, faz surgir as formas e as cores.
A noite rebrilha de estrelas, ressoa de cânticos brandos,
    E a lua reluz mais clara a meus olhos que o dia do Norte.
Que ventura me caiu, mortal, em sorte! Sonho? Recebe
    Tua casa ambrosíaca, Júpiter Pai, o hóspede?
Ai! aqui jazo e estendo as mãos implorantes
    Pra os teus joelhos! Ouve-me, Júpiter Xénio, oh! ouve-me!
Como aqui entrei, não sei; Hebe tomou pela mão
    O peregrino e arrastou-me para os vestíbulos.

J. W. GOETHE — *POEMAS*

Hast du ihr einen Heroen herauf zu führen geboten?
    Irrte die Schöne? Vergib! Lass mir des Irrtums Gewinn!
Deine Tochter Fortuna, sie auch! die herrlichsten Gaben
    Teilt als ein Mädchen sie aus, wie es die Laune gebeut.
Bist du der wirtliche Gott? O dann so verstoße den Gastfreund
    Nicht von deinem Olymp wieder zur Erde hinab! —
«Dichter! wohin versteigest du dich?» — Vergib mir: der hohe
    Capitolinische Berg ist dir ein zweiter Olymp.
Dulde mich, Jupiter, hier, und Hermes führe mich später,
    Cestius' Mal vorbei, leise zum Orkus hinab!

IX

Herbstlich leuchtet die Flamme vom ländlich-geselligen Herde,
    Knistert und glänzet, wie rasch! sausend vom Reisig empor.
Diesen Abend erfreut sie mich mehr; denn eh noch zur Kohle
    Sich das Bündel verzehrt, unter die Asche sich neigt,
Kommt mein liebliches Mädchen. Dann flammen Reisig und Scheite,
    Und die erwärmete Nacht wird uns ein glänzendes Fest.
Morgen frühe geschäftig verlässt sie das Lager der Liebe,
    Weckt aus der Asche behend Flammen aufs neue hervor;
Denn vor andern verlieh der Schmeichlerin Amor die Gabe,
    Freude zu wecken, die kaum still wie zu Asche versank.

V — DE «ELEGIAS ROMANAS»

Ordenaras-lhe acaso que te trouxesse um herói?
   Errou a bela? Perdoa! Concede-me o lucro do erro!
A tua filha Fortuna, também!, como donzela reparte
   As dádivas mais magníficas, como o capricho lhe vem.
És o Deus hospitaleiro? Então não expulses o hóspede
   Do teu Olimpo outra vez lá pra baixo pra a terra! —
«Poeta! aonde te leva o teu voo?» — Perdoa!: o alto
   Monte Capitolino é para ti um segundo Olimpo.
Sofre-me, Júpiter, aqui, e que Hermes me leve mais tarde,
   Passando pela sepultura de Céstio, de manso pra baixo pra o Orco!

IX

Outonal luz a chama do rústico lar amigável,
   Crepita e brilha, quão rápida! subindo a zunir da carqueja.
Esta noite mais ela me alegra; pois antes que em brasa
   Se consuma o feixe e sob a cinza se incline,
Chega a minha bela Amada. Então ardem achas, carqueja,
   E a noite aquecida faz-se pra nós uma festa brilhante.
Cedinho amanhã diligente ela salta do leito do amor,
   Desperta da cinza, ligeira, labaredas novas.
Pois ante as outras o Amor concedeu à cariciosa
   O dom de acordar alegria que há pouco caíra calma como em
                                             [cinza.

X

Alexander und Cäsar und Heinrich und Friedrich, die Großen,
  Gäben die Hälfte mir gern ihres erworbenen Ruhms,
Könnt ich auf *eine* Nacht dies Lager jedem vergönnen;
  Aber die Armen, sie hält strenge des Orkus Gewalt.
Freue dich also, Lebend'ger, der lieberwärmeten Stätte,
  Ehe den fliehenden Fuß schauerlich Lethe dir netzt.

XI

Euch, o Grazien, legt die wenigen Blätter ein Dichter
  Auf den reinen Altar, Knospen der Rose dazu,
Und er tut es getrost. Der Künstler freuet sich seiner
  Werkstatt, wenn sie um ihn immer ein Pantheon scheint.
Jupiter senket die göttliche Stirn, und Juno erhebt sie;
  Phöbus schreitet hervor, schüttelt das lockige Haupt;
Trocken schauet Minerva herab, und Hermes, der leichte,
  Wendet zur Seite den Blick, schalkisch und zärtlich zugleich.
Aber nach Bacchus, dem weichen, dem träumenden, hebet Cythere
  Blicke der süßen Begier, selbst in dem Marmor noch feucht.
Seiner Umarmung gedenket sie gern und scheinet zu fragen:
  «Sollte der herrliche Sohn uns an der Seite nicht stehn?»

V — DE «ELEGIAS ROMANAS»

X

Alexandre e César e Henrique e Frederico, os Grandes,
  Me dariam de grado metade da glória alcançada,
Se eu por uma só noite a cada um pudesse ceder este leito;
  Mas, pobres deles!, o Orco potente os guarda severo.
Alegra-te, pois, tu que és vivo, c'o leito de amor aquecido,
  Antes que o Lete venha terrífico molhar-te o pé fugidio.

XI

A vós, ó Graças, depõe um poeta estas folhas breves
  No puro altar, e com elas rosas em botão,
E fá-lo confiante. O artista alegra-se co'a sua oficina,
  Quando ela em redor dele sempre parece um Panteão.
Júpiter inclina a fronte divina, e Juno levanta-a;
  Febo avança e sacode o cabelo em anéis;
Seca olha de alto Minerva, e Hermes, o leve,
  Volta os olhos pra o lado, brejeiro e terno a um tempo.
Mas para Baco, o meigo, o sonhador, Citereia
  Ergue os olhos de doce desejo, húmidos inda mesmo no mármore.
Gosta de lembrar-se do abraço dele, e é como se perguntasse:
  «Pois não havia de estar junto a nós o Filho magnífico?»

XVI

«Warum bist du, Geliebter, nicht heute zur Vigne gekommen?
  Einsam, wie ich versprach, wartet ich oben auf dich.» —
Beste, schon war ich hinein; da sah ich zum Glücke den Oheim
  Neben den Stöcken, bemüht, hin sich und her sich zu drehn.
Schleichend eilt ich hinaus! — «O welch ein Irrtum ergriff dich!
  Eine Scheuche nur war's, was dich vertrieb! Die Gestalt
Flickten wir emsig zusammen aus alten Kleidern und Rohren;
  Emsig half ich daran, selbst mir zu schaden bemüht.»
Nun, des Alten Wunsch ist erfüllt: den losesten Vogel
  Scheucht' er heute, der ihm Gärtchen und Nichte bestiehlt.

V — DE «ELEGIAS ROMANAS»

XVI

«Porque não vieste hoje, Amado, ter comigo à vinha?
    Conforme à promessa, sozinha te esperei lá em cima.» —
Querida, tinha já entrado, quando vi teu tio por sorte
    Junto das vides, afadigado a voltar-se pra cá e pra lá.
Surrateiro fugi! — «Oh! como tu foste enganado!
    Um 'spantalho era apenas o que te espantou! A figura
Nós a fizemos zelosas de trapos de velhos vestidos e canas;
    Zelosa ajudei a fazê-lo, e o afã foi só pra meu dano.» —
Cumpriu-se, pois, o desejo do velho; o mais ruim pássaro
    Espantou ele hoje, o que lhe rouba a horta e a sobrinha.

VI

EPIGRAMAS

VENEZA, 1790

1.

Sarkophagen und Urnen verzierte der Heide mit Leben:
    Faunen tanzen umher, mit der Bacchantinnen Chor
Machen sie bunte Reihe; der ziegengefüßete Pausback
    Zwingt den heiseren Ton wild aus dem schmetternden Horn.
Cymbeln, Trommeln erklingen: wir sehen und hören den Marmor.
    Flatternde Vögel, wie schmeckt herrlich dem Schnabel die Frucht!
Euch verscheuchet kein Lärm, noch weniger scheucht er den Amor,
    Der in dem bunten Gewühl erst sich der Fackel erfreut.
So überwältiget Fülle den Tod, und die Asche da drinnen
    Scheint im stillen Bezirk noch sich des Lebens zu freun.
So umgebe denn spät den Sarkophagen des Dichters
    Diese Rolle, von ihm reichlich mit Leben geschmückt!

1.

Sarcófagos e urnas com vida adornou o pagão:
　　Faunos vão dançando em volta, co'as Bacantes em coro
Fazem variada roda; o bochechudo caprípede
　　Expele com força o som rouco do corno estridente.
Címbalos, tambores ressoam: vemos e ouvimos o mármore.
　　Adejantes pássaros, que bem sabe ao bico esse fruto!
Nenhum ruído vos 'spanta, inda menos espanta o Amor
　　Que só no vário tumulto sente bem a alegria do archote.
Assim vence a abundância a morte, e a cinza lá dentro
　　Parece no calmo recinto ainda alegrar-se da vida.
Possa tarde assim envolver do poeta o sarcófago
　　Este rolo, ricamente adornado de vida por ele!

8.

Diese Gondel vergleich ich der sanft einschaukelnden Wiege,
  Und das Kästchen darauf scheint ein geräumiger Sarg.
Recht so! Zwischen der Wieg und dem Sarg wir schwanken und
                                    [schweben
  Auf dem Grossen Kanal sorglos durchs Leben dahin.

14.

Diesem Amboss vergleich ich das Land, den Hammer dem Herrscher,
  Und dem Volke das Blech, das in der Mitte sich krümmt.
Wehe dem armen Blech, wenn nur willkürliche Schläge
  Ungewiss treffen und nie fertig der Kessel erscheint!

17.

Not lehrt beten, man sagt's; will einer es lernen, er gehe
  Nach Italien! Not findet der Fremde gewiss.

28.

Welch ein Mädchen ich wünsche zu haben? ihr fragt mich. Ich
                                  [hab sie,
  Wie ich sie wünsche: das heißt, dünkt mich, mit wenigem viel.

VI — EPIGRAMAS

8.

Comparo esta gôndola ao berço que nos baloiça suave,
   E a caixinha por cima parece espaçoso ataúde.
E 'stá bem! Entre berço e caixão pairamos, vogamos
   No Grande Canal descuidosos pela vida além.

14.

A esta bigorna comparo o país, o martelo, ao senhor,
   E ao povo, a lata que entre ambos se torce.
Ai da pobre lata, quando só despóticos golpes
   A ferem incertos e a caldeira nunca fica pronta!

17.

Miséria ensina a rezar — diz-se; queres tu aprendê-lo,
   Vai à Itália! Miséria encontras ao certo.

28.

Que amada eu desejo? — perguntais-me. Eu tenho-a já
   Como a desejo: e isto diz, parece-me, muito em poucas
                                       [palavras.

An dem Meere ging ich und suchte mir Muscheln. In einer
    Fand ich ein Perlchen: es bleibt nun mir am Herzen verwahrt.

29.

Vieles hab ich versucht: gezeichnet, in Kupfer gestochen,
    Öl gemalt, in Ton hab ich auch manches gedrückt,
Unbeständig jedoch, und nichts gelernt noch geleistet;
    Nur ein einzig Talent bracht ich der Meisterschaft nah:
Deustsch zu schreiben! Und so verderb ich unglücklicher Dichter
    In dem schlechtesten Stoff leider nun Leben und Kunst.

34a.

Oft erklärtet ihr euch als Freund des Dichters, ihr Götter!
    Gebt ihm auch, was er bedarf! Mäßiges braucht er, doch
        [viel:
Erstlich freundliche Wohnung, dann leidlich zu essen, zu trinken
    Gut; der Deutsche versteht sich auf den Nektar wie ihr.
Dann geziemende Kleidung, und Freunde, vertraulich zu schwatzen;
    Dann ein Liebchen des Nachts, das ihn von Herzen begehrt.

VI — EPIGRAMAS

À beira-mar andava à busca de conchas. Numa delas
    Achei uma pérola: trago-a agora junto ao coração.

29.

Tentei muitas coisas: desenhei, gravei em cobre,
    Pintei a óleo, moldei também várias coisas em barro,
Mas sem constância, e não aprendi nem fiz nada;
    Um só talento levei até quase à mestria:
Escrever alemão! E assim estrago, poeta infeliz,
    No pior material agora a vida e a arte.

34a.

Amiúde vos dissestes do poeta amigos, ó Deuses!
    Dai-lhe, pois, também o que precisa! Parcas coisas pede, mas
                                                [muitas:
Primeiro, casa que agrade, depois, comer sofrível e boa
    Bebida; do néctar percebe o alemão como vós.
Depois, roupa decente e amigos pra o cavaco íntimo;
    Depois, uma amante pra a noite, que o ame deveras.

J. W. GOETHE — *POEMAS*

Diese fünf natürlichen Dinge verlang ich vor allem.
  Gebet mir ferner dazu Sprachen, die alten und neu'n,
Dass ich der Völker Gewerb und ihre Geschichten vernehme!
  Gebt mir ein reines Gefühl, was sie in Künsten getan!
Ansehn gebt mir im Volke, verschafft bei Mächtigen Einfluss,
  Oder was sonst noch bequem unter den Menschen erscheint!
Gut — schon dank ich euch, Götter: ihr habt den glücklichsten
                              [Menschen
  Ehstens fertig; denn ihr gönntet das meiste mir schon.

35.

Eines Menschen Leben, was ists? Doch Tausende können
  Reden über den Mann, was er und wie ers getan.
Weniger ist ein Gedicht; doch können es Tausend geniessen,
  Tausende tadeln. Mein Freund, lebe nur, dichte nur fort!

48.

«Böcke, zur Linken mit euch!» so ordnet künftig der Richter,
  «Und ihr Schäfchen, ihr sollt ruhig zur Rechten mir stehn!»
Wohl! Doch eines ist noch von ihm zu hoffen; dann sagt er:
  «Seid, Vernünftige, mir grad gegenüber gestellt!»

VI — EPIGRAMAS

Estas cinco coisas naturais antes de tudo eu peço.
    Dai-me além disso línguas, as velhas e as novas,
Para entender os ofícios dos povos e suas histórias!
    Dai-me um puro sentir do que eles fizeram nas artes!
Valia dai-me entre o povo, alcançai-me prestígio entre os grandes,
    Ou ainda o que possa ser tido entre os homens por cómodo!
Bem — graças vos dou já, Deuses!: breve tendes pronto
    O mais feliz dos homens; pois me destes já disto a mor parte.

35.

A vida de um homem — que é? Porém milhares podem
    Falar desse homem, daquilo que fez e como o fez.
Menos ainda é um poema; contudo, mil podem gozá-lo,
    Milhares, censurá-lo. Amigo, continua, pois, a viver e a fazer
                                    [teus poemas.

48.

«Bodes, para a esquerda!» mandará um dia o Juiz,
    «E vós, Cordeirinhos, ficareis aqui à direita!»
Muito bem! Mas há uma coisa a esperar inda dele; então dirá:
    «A vós, Sensatos, quero-vos mesmo em frente!»

54.

Tolle Zeiten hab ich erlebt und hab nicht ermangelt,
  Selbst auch töricht zu sein, wie es die Zeit mir gebot.

57.

Jene Menschen sind toll, so sagt ihr von heftigen Sprechern,
  Die wir in Frankreich laut hören auf Strassen und Markt.
Mir auch scheinen sie toll; doch redet ein Toller in Freiheit
  Weise Sprüche, wenn, ach, Weisheit im Sklaven verstummt!

59.

«Seid doch nicht so frech, Epigramme!» — Warum nicht? Wir
                                               [sind nur
  Überschriften: die Welt hat die Kapitel des Buchs.

65.

Ist denn so groß das Geheimnis, was Gott und der Mensch und
                                               [die Welt sei?
  Nein! Doch niemand hörts gerne: da bleibt es geheim.

VI — EPIGRAMAS

54.

Loucos tempos vivi e também não deixei
   De ser eu mesmo estouvado, como o tempo mandava.

57.

Aqueles homens são loucos, dizeis vós dos oradores violentos
   Que em França ouvimos gritar nas ruas e praças.
Loucos me parecem também; mas um louco, livre, dirá
   Sábias sentenças, quando, ai! no escravo a sabedoria cala!

59.

«Que descarados, Epigramas!» — Porque não? Somos apenas
   Epígrafes: o mundo é que tem os capítulos do livro.

65.

É, pois, tão grande o mistério do que seja Deus e o Homem e o
                                                          [Mundo?
   Não! Mas ninguém gosta de ouvi-lo: por isso fica em segredo.

71.

Heilige Leute, sagt man, sie wollten besonders dem Sünder
Und der Sünderin wohl. Geht's mir doch eben auch so.

74.

Frech wohl bin ich geworden; es ist kein Wunder! Ihr Götter
Wisst, und wisst nicht allein, dass ich auch fromm bin und treu.

76.

Was mit mir das Schicksal gewollt? Es wäre verwegen,
Das zu fragen; denn meist will es mit vielen nicht viel.
Einen Dichter zu bilden, die Absicht wär ihm gelungen,
Hätte die Sprache sich nicht unüberwindlich gezeigt.

79.

«Alles erklärt sich wohl», so sagt mir ein Schüler, «aus jenen
Theorien, die uns weislich der Meister gelehrt.»
Habt ihr einmal das Kreuz von Holze tüchtig gezimmert,
Passt ein lebendiger Leib freilich zur Strafe daran.

VI — EPIGRAMAS

71.

Diz-se que os santos amavam de amor 'special
    O pecador e a pecadora. E o mesmo acontece comigo.

74.

Fiz-me atrevido decerto; que milagre! Ó Deuses,
    Vós sabeis, e não só vós, que sou também piedoso e fiel.

76.

Que quis fazer o Fado de mim? Atrevido seria
    Perguntar; pois em geral não quer muito de muitos.
Formar um poeta — este intuito teria ele conseguido,
    Se a língua mais dócil se houvesse mostrado.

79.

«Tudo se explica bem», diz-me um discípulo, «por aquelas
    Teorias, que o Mestre sabiamente nos ensinou.»
Uma vez que fizestes a cruz de madeira bem sólida,
    Só falta pregar por castigo um corpo vivo sobre ela.

90.

Welch ein lustiges Spiel: es windet am Faden die Scheibe
  Die von der Hand entfloh, eilig sich wieder herauf.
Seht, so schein ich mein Herz bald dieser Schönen, bald jener
  Zuzuwerfen; doch gleich kehrt es im Fluge zurück.

ZU DEN VENETIANISCHEN EPIGRAMMEN

4.

«Warum willst du den Christen des Glaubens selige Wonne
  Grausam rauben?» — Nicht ich, niemand vermag es zu tun.
Steht doch deutlich geschrieben: «Die Heiden toben vergeblich.»
  Seht, ich erfülle die Schrift, lest und erbaut euch an mir!

8.

Dich betrügt der Staastsmann, der Pfaffe, der Lehrer der Sitten,
  Und dies Kleeblatt, wie tief betest du, Pöbel, es an!
Leider lässt sich noch kaum was Rechtes denken und sagen.
  Das nicht grimmig den Staat, Götter und Sitten verletzt,

VI — EPIGRAMAS

90.

Que jogo engraçado!: o disco, que da mão fugiu,
 De novo se enrola veloz no fio e regressa.
Assim eu pareço atirar ora a uma, ora a outra Bela
 O meu coração; mas breve ele regressa de novo.

SUPLEMENTO AOS *EPIGRAMAS DE VENEZA*

4.

«Porque queres roubar cruel aos Cristãos
 Da fé as delícias?» — Eu não, não o pode ninguém.
Claro está escrito: «Bramam em vão os Pagãos.»
 Só cumpro a Escritura; lede e edificai-vos em mim!

8.

Engana-te o homem de Estado, o padre, o moralista,
 E este lindo trevo, ó Povo, como tu o adoras!
Ai!, mal é possível pensar ou dizer coisa de jeito
 Que feroz não vá ferir Estado, Deuses, Costumes.

13.

«Juden und Heiden hinaus!» so duldet der christliche Schwärmer.
  «Christ und Heide verflucht!» murmelt ein jüdischer Bart.
«Mit den Christen an Spieß und mit den Juden ins Feuer!»
  Singet ein türkisches Kind Christen und Juden zum Spott.
Welcher ist der Klügste? Entscheide! Aber sind diese
  Narren in deinem Palast, Gottheit, so geh ich vorbei.

24.

Immer glaubt ich gut[mütig?] von anderen etwas zu lernen;
  Vierzig Jahr war ich alt, da mich der Irrtum verließ.
Töricht war ich immer, dass andre zu lehren ich glaubte;
  Lehre jeden du selbst, Schicksal, wie er es bedarf!

26.

Wenn du schelten willst, so wolle kein Heiliger scheinen!
  Denn ein rechtlicher Mann schweigt und verzeihet uns gern.

VI — EPIGRAMAS

13.

«Fora Judeus e Pagãos!» — clama a paciência cristã.
  «Maldito o Cristão e o Pagão!» — murmura um barbudo Judeu.
«Os Cristãos ao espeto e os Judeus à fogueira!»
  — Canta um Turquinho troçando Cristãos e Judeus.
Qual é o mais 'sperto? — Decide! Mas se loucos destes
  Há no teu palácio, Divindade, eu passo de largo.

24.

Sempre pensei de bom grado aprender algo de outros;
  Contava quarenta anos quando este erro me deixou.
Tolo fui sempre ao pensar que outros ensinava;
  Ensina tu cada qual, Destino, como ele necessita!

26.

Se queres censurar, não queiras então par'cer santo,
  Pois o homem justo cala e de bom grado perdoa.

J. W. GOETHE — *POEMAS*

28.

Brachtet ihr jene Löwen hierher vom großen Piräus,
Uns zu zeigen, dass hier eben Piräus nicht sei?

31.

«Hat dich Hymen geflohn? hast du ihn gemieden?» — Was sag ich?
Hymen, köstlich ist er, aber zu ernsthaft für mich!
Aus dem Ehbett darf man nicht schwätzen, und Dichter sind
[schwatzhaft;
Freie Liebe, sie lässt frei uns die Zunge, den Mut.

55.

Weit und schön ist die Welt, doch o wie dank ich dem Himmel,
Dass ein Gärtchen, beschränkt, zierlich, mein eigen gehört!
Bringet mich wieder nach Hause! was hat ein Gärtner zu reisen?
Ehre bringt's ihm und Glück, wenn er sein Gärtchen versorgt.

VI — EPIGRAMAS

28.

Trouxestes esses leões para aqui do grande Pireu,
　　Para nos mostrardes que o Pireu não é aqui?

31.

«Fugiu de ti Himeneu? ou fugiste-lhe tu?» — Que direi eu?
　　Himeneu é excelente, mas é sério de mais para mim!
Do leito conjugal não se fala, e os poetas são palradores;
　　O livre amor deixa-nos língua e ânimo livres.

55.

Grande e belo é o mundo; mas — oh! como ao céu agradeço
　　Por ter um jardim pequenino, bonito, meu próprio!
Levai-me de novo pra casa! Pra que há-de um jardineiro viajar?
　　Honra lhe vem e ventura, quando trata do seu jardinzinho.

VII

XÉNIAS MANSAS

(«ZAHME XENIEN»)

«Ein alter Mann ist stets ein König Lear!»
Was Hand in Hand mitwirkte, stritt,
Ist längst vorbei gegangen,
Was mit und an dir liebte, litt,
Hat sich wo anders angehangen;
Die Jugend ist um ihretwillen hier,
Es wäre törig zu verlangen:
Komm, ältele du mit mir.

«Du hast dich dem allverdrießlichsten Trieb
In deinen Xenien übergeben.»
Wer mit XXII den «Werther» schrieb,
Wie will der mit LXXII leben!

Wär nicht das Auge sonnenhaft,
Die Sonne könnt es nie erblicken;
Läg nicht in uns des Gottes eigne Kraft,
Wie könnt uns Göttliches entzücken?

Man könnt erzogene Kinder gebären,
Wenn die Eltern erzogen wären.

«Um velho é sempre um Rei Lear!»
Tudo o que, de mãos dadas, agiu e batalhou,
Há muito já que passou;
O que, contigo e em ti, amou, sofreu,
A qualquer outra coisa se prendeu;
Por seu próprio amor, só, vive a mocidade;
Louco seria, pois, que lhe exigisse a idade:
— Anda, envelhece comigo.

———————

«Ao mais quezilento dos instintos
Em tuas *Xénias* te foste render.»
Quem aos 22 'screveu o *Werther*,
Como há-de aos 72 viver!

———————

Se os olhos não fossem sol,
Jamais nós o Sol veríamos;
Se em nós não estivesse a própria força do Deus,
Como é que o Divino sentiríamos?

———————

Podiam-se parir meninos educados,
    Se os pais já fossem bem-criados.

———————

Vom Vater hab ich die Statur,
Des Lebens ernstes Führen,
Von Mütterchen die Frohnatur
Und Lust zu fabulieren.
Urahnherr war der Schönsten hold,
Das spukt so hin und wieder,
Urahnfrau liebte Schmuck und Gold,
Das zuckt wohl durch die Glieder.
Sind nun die Elemente nicht
Aus dem Komplex zu trennen,
Was ist denn an dem ganzen Wicht
Original zu nennen?

———————

Ihr Gläubigen! rühmt nur nicht euren Glauben
Als einzigen, wir glauben auch wie ihr;
Der Forscher lässt sich keineswegs berauben
Des Erbteils, aller Welt gegönnt — und mir.

———————

Wer in der Weltgeschichte lebt,
Dem Augenblick sollt er sich richten?
Wer in die Zeiten schaut und strebt,
Nur der ist wert, zu sprechen und zu dichten.

———————

Ich habe nichts gegen die Frömmigkeit,
Sie ist zugleich Bequemlichkeit;
Wer ohne Frömmigkeit will leben,

VII — XÉNIAS MANSAS

A estatura herdei-a de meu pai
E isto de encarar a sério a vida;
Esta alegria, que em toda alma me vai,
Co'a fantasia da mãe foi recebida.
Um avô meu era das belas o tesouro,
E o seu fantasma acorda em mim de vez em quando;
Uma avó minha amava o luxo e o ouro,
E o seu sangue em minhas veias vai passando.
Mas, se nada deste vário material
Do todo se consegue separar,
No fim de contas — que há de original
No sujeitinho que em mim vos 'stá a falar?

———————

Ó Crentes! não gabeis a vossa crença
Como única; também cremos, como vós;
Quem investiga não deixa que a herança
Lhe roubem, que é de todos — e de nós.

———————

Quem vive na história do mundo,
Pelo momento se havia de guiar?
Quem olha, quem aspira dos tempos ao fundo,
Só esse é que é digno de falar e de poetar.

———————

Nada tenho contra a piedade,
É ao mesmo tempo comodidade;
Quem sem piedade quer viver,

Muss großer Mühe sich ergeben:
Auf seine eigne Hand zu wandern,
Sich selbst genügen und den andern,
Und freilich auch dabei vertraun,
Gott werde wohl auf ihn niederchaun.

―――――――

Wer Wissenschaft und Kunst besitzt
Hat auch Religion;
Wer jene beiden nicht besitzt
Der habe Religion.

―――――――

Ich kann mich nicht bereden lassen,
Macht mir den Teufel nur nicht klein:
Ein Kerl, den alle Menschen hassen,
Der muss was sein!

VII — XÉNIAS MANSAS

Grandes canseiras tem de sofrer:
Caminhar por sua própria conta,
Bastar-se a si e aos outros — tanto monta —,
E também em verdade confiar
Que Deus lá de cima o há-de olhar.

———————

Quem Ciência e Arte possui,
Tem também Religião;
Quem aquelas duas não possui,
Que tenha Religião.

———————

Não, não me queiram convencer
De que o Diabo tão pequeno seja:
Um sujeito que assim todos odeiam
Há-de ser coisa que se veja!

VIII

DO «DIVÃ OCIDENTAL-ORIENTAL»

(«WEST-ÖSTLICHER DIVAN»)

Zwanzig Jahre ließ ich gehn
Und genoss was mir beschieden;
Eine Reihe völlig schön
Wie die Zeit der Barmekiden.

HEGIRE

Nord und West und Süd zersplittern,
Throne bersten, Reiche zittern,
Flüchte du, im reinen Osten
Patriarchenluft zu kosten,
Unter Lieben, Trinken, Singen
Soll dich Chisers Quell verjüngen.

Dort im Reinen und im Rechten
Will ich menschlichen Geschlechten
In des Ursprungs Tiefe dringen,
Wo sie noch von Gott empfingen
Himmelslehr in Erdesprachen,
Und sich nicht den Kopf zerbrachen.

Vinte anos deixei passar
Gozando o que me foi dado;
Tempo belo, ponta a ponta,
Qual a era dos Barmequidas.

HÉGIRA

Norte, Oeste e Sul rebentam,
Ruem tronos, reinos tremem;
Acolhe-te ao Leste puro,
Goza os ares patriarcais;
Ama, bebe e canta, e a fonte
De Chiser vai remoçar-te.

Lá, entre o que é puro e justo,
Quero entrar até ao fundo
Da origem das raças de homens,
Quando inda Deus saber dava
Celeste em línguas terrenas,
Sem moerem os miolos.

J. W. GOETHE — *POEMAS*

Wo sie Väter hoch verehrten,
Jeden fremden Dienst verwehrten;
Will mich freun der Jugendschranke:
Glaube weit, eng der Gedanke,
Wie das Wort so wichtig dort war,
Weil es ein gesprochen Wort war.

Will mich unter Hirten mischen,
An Oasen mich erfrischen,
Wenn mit Karawanen wandle,
Schal, Kaffee und Moschus handle;
Jeden Pfad will ich betreten
Von der Wüste zu den Städten.

Bösen Felsweg auf und nieder
Trösten, Hafis, deine Lieder,
Wenn der Führer mit Entzücken
Von des Maultiers hohem Rücken
Singt, die Sterne zu erwecken
Und die Räuber zu erschrecken.

Will in Bädern und in Schenken,
Heilger Hafis, dein gedenken;
Wenn den Schleier Liebchen lüftet,
Schüttelnd Ambralocken düftet,
Ja des Dichters Liebeflüstern
Mache selbst die Huris lustern.

Wolltet ihr ihm dies beneiden,
Oder etwa gar verleiden:
Wisset nur, dass Dichterworte
Um des Paradieses Pforte
Immer leise klopfend schweben
Sich erbittend ew'ges Leben.

VIII — DO «DIVÃ OCIDENTAL-ORIENTAL»

Onde eles os pais veneravam,
A estranhos preito negavam;
Gozarei da juventude:
Crença larga, ideia estreita,
E a palavra era pesada,
Por ser palavra falada.

Vou misturar-me aos pastores,
Dessedentar-me em oásis,
Ao andar co'as caravanas,
Vender xailes, café e almíscar;
Palmilharei cada atalho
Desde o deserto às cidades.

Por maus caminhos de fragas,
Teus versos, Hafis, confortam,
Quando o guia, deleitado,
Montado no macho, canta
Para que os astros acordem
E os bandidos se amedrontem.

Em banhos e tascas hei-de,
Santo Hafis, pensar em ti;
Quando a amada o véu levante
E sacuda as tranças de âmbar.
Segredos de amor de poeta
As próprias huris aqueçam.

Se isto vos causar inveja
Ou se o quiserdes 'storvar,
Sabei: — Palavras de poeta
Adejam e batem leves
À porta do Paraíso
A pedirem vida eterna.

IM ATEMHOLEN SIND...

Im Atemholen sind zweierlei Gnaden:
Die Luft einziehen, sich ihrer entladen;
Jenes bedrängt, dieses erfrischt;
So wunderbar ist das Leben gemischt.
Du danke Gott, wenn er dich presst,
Und dank' ihm, wenn er dich wieder entlässt.

LIED UND GEBILDE

Mag der Grieche seinen Ton
Zu Gestalten drücken,
An der eignen Hände Sohn
Steigern sein Entzücken;

Aber uns ist wonnereich
In den Euphrat greifen,
Und im flüss'gen Element
Hin und wider schweifen.

Löscht ich so der Seele Brand,
Lied, es wird erschallen;
Schöpft des Dichters reine Hand,
Wasser wird sich ballen.

SELIGE SEHNSUCHT

Sagt es niemand, nur den Weisen,
Weil die Menge gleich verhöhnet,
Das Lebend'ge will ich preisen
Das nach Flammentod sich sehnet.

VIII — DO «DIVÃ OCIDENTAL-ORIENTAL»

DUAS GRAÇAS HÁ...

Duas graças há no respirar:
Sorver o ar, e dele se libertar;
Isto refresca — aquilo apura;
À maravilha a vida se mistura.
Louva, pois, a Deus quando te aperta,
E louva-o, quando de novo te liberta.

CANÇÃO E FORMA

Deixa que o Grego comprima
Em figuras o seu barro,
E que o seu deleite cresça
C'o filho das próprias mãos;

Que a nossa delícia é
Mergulhar as mãos no Eufrates,
E no fluido elemento
Divagar de cá pra lá.

Apagado assim o incêndio d'alma,
A canção ressoará;
Quando a mão pura do Poeta a colhe,
Bolas da água fará.

NOSTALGIA DE BEM-AVENTURANÇA

Dizei-o, mas só aos Sábios,
Que a turba logo caçoa!
Quero louvar o ser vivo
Que à morte-nas-chamas voa.

185

In der Liebesnächte Kühlung,
Die dich zeugte, wo du zeugtest,
Überfällt dich fremde Fühlung
Wenn die stille Kerze leuchtet.

Nicht mehr bleibest du umfangen
In der Finternis Beschattung,
Und dich reißet neu Verlangen
Auf zu höherer Begattung.

Keine Ferne macht dich schwierig,
Kommst geflogen und gebannt,
Und zuletzt, des Lichts begierig,
Bist du Schmetterling verbrannt.

Und so lang du das nicht hast,
Dieses: Stirb und werde!
Bist du nur ein trüber Gast
Auf der dunklen Erde.

SEI DAS WORT...

Sei das Wort die Braut genannt,
Bräutigam der Geist;
Diese Hochzeit hat gekannt
Wer Hafisen preist.

LESEBUCH

Wunderlichstes Buch der Bücher
Ist das Buch der Liebe;
Aufmerksam hab ich's gelesen:
Wenig Blätter Freuden,

VIII — DO «DIVÃ OCIDENTAL-ORIENTAL»

Nas noites frescas de amor
Que te deram e em que deste vida bela,
Que estranho sentir te assalta,
Ao ver brilhar a mansa vela!

Já não queres ficar cativa
Nas sombras da escuridão,
E ânsia nova te arrebata
Para mais alta união.

E a lonjura não te assusta,
Vens voando, deslumbrada,
E ao fim, ávida de luz,
Borboleta, cais queimada.

E enquanto não entenderes
Isto: — Morre e devém! —,
Serás só turvo conviva
Nas trevas da terra-mãe.

QUE A PALAVRA SEJA...

Que a palavra seja a noiva,
Noivo o 'spírito chamado:
Tal noivado conheceu
Quem Hafis tenha louvado.

LIVRO DE LEITURA

O mais singular livro dos livros
É o Livro do Amor;
Li-o com toda a atenção:
Poucas folhas de alegrias,

Ganze Hefte Leiden;
Einen Abschnit macht die Trennung.
Wiedersehn! ein klein Kapitel,
Fragmentarisch. Bände Kummers
Mit Erklärungen verlängert,
Endlos, ohne Maß.
O Nisami! — doch am Ende
Hast den rechten Weg gefunden;
Unauflösliches wer löst es?
Liebende sich wieder findend.

DSCHELÂL-EDDÎN RUMI SPRICHT

«Verweilst du in der Welt, sie flieht als Traum,
Du reisest, ein Geschick bestimmt den Raum;
Nicht Hitze, Kälte nicht vermagst du fest zu halten,
Und was dir blüht, sogleich wird es veralten.»

SULEIKA SPRICHT

«Der Spiegel sagt mir ich bin schön!
Ihr sagt: zu altern sei auch mein Geschick.
Vor Gott muss alles ewig stehn,
In mir liebt Ihn, für diesen Augenblick.»

VIII — DO «DIVÃ OCIDENTAL-ORIENTAL»

De dores cadernos inteiros.
Apartamento faz uma secção.
Reencontro! um breve capítulo,
Fragmentário. Volumes de mágoas
Alongados de comentários,
Infinitos, sem medida.
Ó Nisami! — mas no fim
Achaste o justo caminho;
O insolúvel, quem o resolve?
Os amantes que tornam a encontrar-se.

———————

DSCHELÂL-EDDÎN RUMI DIZ:

«Paras no mundo — e como um sonho ei-lo a correr;
Viajas — e um Destino determina o espaço.
Calor ou frio, não os consegues deter,
E o que agora te floresce, em breve é velho e lasso.»

———————

ZULEICA RESPONDE:

«Olho-me ao 'spelho — e ele diz-me que sou bela!
Dizeis vós — que o meu fado é também fazer-me velha.
Ante Deus tudo tem de ficar eternamente:
Amai-O em mim, no momento presente.»

———————

HERRLICH IST DER ORIENT...

Herrlich ist der Orient
Übers Mittelmeer gedrungen,
Nur wer Hafis liebt und kennt,
Weiss, was Calderón gesungen.

ISTS MÖGLICH...

Ists möglich, dass ich Liebchen dich kose,
Vernehme der göttlichen Stimme Schall!
Unmöglich scheint immer die Rose,
Unbegreiflich die Nachtigall.

GINGO BILOBA

Dieses Baums Blatt, der von Osten
Meinem Garten anvertraut,
Gibt geheimen Sinn zu kosten,
Wie's den Wissenden erbaut.

Ist es *ein* lebendig Wesen,
Das sich in sich selbst getrennt?
Sind es zwei, die sich erlesen,
Dass man sie als *eines* kennt?

Solche Frage zu erwidern
Fand ich wohl den rechten Sinn:
Fühlst du nicht an meinen Liedern,
Dass ich eins und doppelt bin?

VIII — DO «DIVÃ OCIDENTAL-ORIENTAL»

MAGNÍFICO, O ORIENTE...

Magnífico, o Oriente
O Mediterrâneo atravessou;
Só quem Hafis ama e conhece,
Sabe o que Calderón cantou.

QUE ASSIM TE AFAGUE...

Que assim te afague, ó meu Amor, e te ouça
A voz divina — como é que é possível?!
Impossível parece sempre a rosa,
O rouxinol inconcebível.

GINGO BILOBA

A folha desta árvore que de Leste
Ao meu jardim se veio afeiçoar,
Dá-nos o gosto de um sentido oculto
Capaz de um sábio edificar.

Será *um* ser vivo apenas
Em si mesmo em dois partido?
Serão dois que se elegeram
E nós julgamos *num* unidos?

Pra responder às perguntas
Tenho o sentido real:
Não vês por meus cantos como
Sou uno e duplo, afinal?

———

SULEIKA

Die Sonne kommt! Ein Prachterscheinen!
Der Sichelmond umklammert sie.
Wer konnte solch ein Paar vereinen?
Dies Rätsel wie erklärt sich's? wie?

HATEM

Der Sultan konnt' es, er vermählte
Das allerhöchste Weltenpaar,
Um zu bezeichnen Auserwählte,
Die Tapfersten der treuen Schar.

Auch sei's ein Bild von unsrer Wonne!
Schon seh ich wieder mich und dich,
Du nennst mich, Liebchen, deine Sonne,
Komm, süßer Mond, umklammre mich!

SULEIKA

Volk und Knecht und Überwinder
Sie gestehn, zu jeder Zeit:
Höchstes Glück der Erdenkinder
Sei nur die Persönlichkeit.

Jedes Leben sei zu führen,
Wenn man sich nicht selbst vermisst;
Alles könne man verlieren,
Wenn man bliebe was man ist.

VIII — DO «DIVÃ OCIDENTAL-ORIENTAL»

ZULEICA:

Lá vem o sol! Pomposa aparição!
A lua, em foice, a abraçá-lo.
Quem é que a tal par deu união?
Este enigma — quem poderá explicá-lo?

HATEM:

Foi o Sultão que o fez: casou
Dos mundos o mais alto par;
Pra distinguir eleitos os juntou,
Para os mais valentes premiar.

Seja imagem também do nosso amor!
Já de novo nos vejo a nós assim:
Tu, Amada, chamas-me o teu sol:
Vem, doce lua, abraçar-te a mim!

———————

ZULEICA:

Povo e servo e senhor
O confessam de toda a idade:
Que a sorte melhor dos homens
É só a Personalidade.

E toda a vida é suportável
Se ela fiel se conservar;
E toda a perda é tolerável
Se o que o homem é — ficar.

HATEM

Kann wohl sein! so wird gemeinet;
Doch ich bin auf andrer Spur:
Alles Erdenglück vereinet
Find ich in Suleika nur.

Wie sie sich an mich verschwendet
Bin ich mir ein wertes Ich;
Hätte sie sich weggewendet,
Augenblicks verlör ich mich.

Nun mit Hatem wär's zu Ende;
Doch schon hab ich umgelost:
Ich verkörpre mich behende
In den Holden, den sie kost.

Wollte, wo nicht gar ein Rabbi,
Das will mir so recht nicht ein,
Doch Ferdusi, Motanabbi,
Allenfalls der Kaiser sein.

———————

SULEIKA

Nimmer will ich dich verlieren!
Liebe gibt der Liebe Kraft.
Magst du meine Jugend zieren
Mit gewalt'ger Leidenschaft.
Ach! wie schmeichelt's meinem Triebe,

VIII — DO «DIVÃ OCIDENTAL-ORIENTAL»

HATEM:

Pode ser!... Assim se diz;
Eu, porém, sigo outra pista:
Toda a ventura da terra
Com Zuleica se conquista.

Enquanto ela se me dá
É que o meu Eu tem valia;
Se ela de mim se apartasse
Logo eu me perderia.

Pra Hatem tudo acabava;
Mas já sei sorte melhor:
Vou logo encarnar naquele
Que ela afaga com amor.

Queria — se não Rabi,
Que isso não me é de sabor —
Ser Ferdusi, Motanabbi,
Ao menos Imperador.

————————

ZULEICA

Nunca mais quero perder-te!
Amor dá força ao amor.
Enfeita-me a juventude
Com paixão sempre maior!
Toda eu fico envaidecida,

Wenn man meinen Dichter preist.
Denn das Leben ist die Liebe,
Und des Lebens Leben Geist.

BIST DU VON DEINER GELIEBTEN GETRENNT...

Bist du von deiner Geliebten getrennt
Wie Orient vom Okzident,
Das Herz durch alle Wüsten rennt;
Es gibt sich überall selbst das Geleit,
Für Liebende ist Bagdad nicht weit.

AN VOLLEN BÜSCHELZWEIGEN...

An vollen Büschelzweigen,
Geliebte, sieh nur hin!
Lass dir die Früchte zeigen
Umschalet stachlig grün.

Sie hängen längst geballet,
Still, unbekannt mit sich,
Ein Ast der schaukelnd wallet
Wiegt sie geduldiglich.

Doch immer reift von innen
Und schwillt der braune Kern,
Er möchte Luft gewinnen
Und säh die Sonne gern.

VIII — DO «DIVÃ OCIDENTAL-ORIENTAL»

Se ao meu Poeta dão louvor.
Porque a Vida é o Amor,
E o 'Spírito, vida da Vida.

SE DA AMADA ESTÁS AUSENTE...

Se da Amada estás ausente
Como o Oriente do Ocidente,
O coração transpõe todo o deserto;
Só, por toda a parte acha o seu caminho certo.
Para quem ama, Bagodá é aqui perto.

EM RAMOS TUFADOS, CHEIOS...

Eram ramos tufados, cheios,
Olha, minha Amada, vê!
Deixa que te mostre os frutos
Dentro dos ouriços verdes.

Redondos, há muito pendem,
Calmos, fechados em si,
E um ramo a baloiçar
Os embala paciente.

Mas de dentro amadurece
E incha o fruto castanho;
Gostava de vir pra o ar
E de poder ver o sol.

Die Schale platzt, und nieder
Macht er sich freudig los;
So fallen meine Lieder
Gehäuft in deinen Schoss.

SULEIKA

Ach, um deine feuchten Schwingen,
West, wie sehr ich dich beneide:
Denn du kannst ihm Kunde bringen
Was ich in der Trennung leide!

Die Bewegung deiner Flügel
Weckt im Busen stilles Sehnen;
Blumen, Augen, Wald und Hügel
Stehn bei deinem Hauch in Tränen.

Doch dein mildes sanftes Wehen
Kühlt die wunden Augenlider;
Ach, für Leid müsst ich vergehen,
Hofft ich nicht zu sehn ihn wieder.

Eile denn zu meinem Lieben,
Spreche sanft zu seinem Herzen;
Doch vermeid ihn zu betrüben
Und verbirg ihm meine Schmerzen.

VIII — DO «DIVÃ OCIDENTAL-ORIENTAL»

A casca rebenta, e cai
Alegre pra o chão o fruto;
Tais minhas canções aos montes
Te vão cair no regaço.

ZULEICA:

Ai, vento Oeste, que inveja
Eu tenho às tuas asas húmidas!
Tu podes levar-lhe novas
Do que sofro longe dele.

O bater das tuas penas
Acorda em mim a saudade;
Flores, olhos, mata e montes
Choram com o teu soprar.

Mas aragem suave e calma
Refresca as doridas pálpebras;
Não 'sperasse outra vez vê-lo,
Ai, de dor eu morreria.

Vai depressa ao meu Amado,
Fala-lhe ao coração, manso:
Mas não o vás afligir
E esconde-lhe as minhas dores.

Sag ihm, aber sag's bescheiden:
Seine Liebe sei mein Leben,
Freudiges Gefühl von beiden
Wird mir seine Nähe geben.

WIEDERFINDEN

Ist es möglich! Stern der Sterne,
Drück ich wieder dich ans Herz!
Ach, was ist die Nacht der Ferne
Für ein Abgrund, für ein Schmerz!
Ja, du bist es! meiner Freuden
Süßer, lieber Widerpart;
Eingedenk vergangner Leiden
Schaudr' ich vor der Gegenwart.

Als die Welt im tiefsten Grunde
Lag an Gottes ew'ger Brust,
Ordnet' er die erste Stunde
Mit erhabner Schöpfungslust,
Und er sprach das Wort: «Es werde!»
Da erklang ein schmerzlich Ach!
Als das All mit Machtgebärde
In die Wirklichkeiten brach.

Auf tat sich das Licht: so trennte
Scheu sich Finsternis von ihm,
Und sogleich die Elemente
Scheidend auseinander fliehn.

VIII — DO «DIVÃ OCIDENTAL-ORIENTAL»

Diz-lhe, mas com discrição:
Seu amor é minha vida,
E o sentido alegre de ambos
Me dará co'a sua vinda.

REENCONTRO

Pois pode ser?! Astro dos astros,
Outra vez te aperto contra o peito?!
Ai! a noite da distância
Que abismo não é, que dor!
Sim, és tu! contrapartida
Querida dos meus prazeres;
Ao pensar nas dores passadas
Arrepia-me o presente.

Quando o mundo nas profundas
Do seio de Deus jazia,
A primeira hora ele mandou
Com alto amor criador,
E disse a palavra: «Faça-se!»
Ouviu-se um ai! doloroso
Quando ao forte gesto o Todo
Irrompeu pra as realidades.

Abriu-se a luz: a escuridão
Dela se apartou medrosa,
E a seguir os elementos
Fogem, voando, uns dos outros.

Rasch, in wilden wüsten Träumen
Jedes nach der Weite rang,
Starr, in ungemessnen Räumen,
Ohne Sehnsucht, ohne Klang.

Stumm war alles, still und öde,
Einsam Gott zum erstenmal!
Da erschuf er Morgenröte,
Die erbarmte sich der Qual;
Sie entwickelte dem Trüben
Ein erklingend Farbenspiel,
Und nun konnte wieder lieben
Was erst auseinander fiel.

Und mit eiligem Bestreben
Sucht sich was sich angehört;
Und zu ungemessnem Leben
Ist Gefühl und Blick gekehrt.
Sei's Ergreifen, sei es Raffen,
Wenn es nur sich fasst und hält!
Allah braucht nicht mehr zu schaffen,
Wir erschaffen seine Welt.

So, mit morgenroten Flügeln,
Riss es mich an deinen Mund,
Und die Nacht mit tausend Siegeln
Kräftigt sternenhell den Bund.
Beide sind wir auf der Erde
Musterhaft in Freud und Qual,
Und ein zweites Wort: «Es werde!»
Trennt uns nicht zum zweitenmal.

VIII — DO «DIVÃ OCIDENTAL-ORIENTAL»

Em sonhos ermos, ferozes,
Pra o longe se precipitam,
Rígidos, em 'spaços imensos,
Sem saudade, sem um som.

Tudo mudo, calmo e ermo;
Deus — só, por primeira vez!
Então criou ele a aurora
Que teve dó da sua dor;
E ela do turvo tirou
Sonoro jogo de cores,
E o que antes se separara
De novo se pôde amar.

E com ânsia pressurosa
Se busca o que se pertence;
Voltam-se olhos e sentidos
Pra uma vida desmedida.
Apanhando, arrebatando,
— Que faz? contanto que se unam
Alá não tem de criar:
Nós criamos o seu mundo.

Assim, de asas aurorais,
Voei eu pra a tua boca,
E a noite, com mil selos de astros,
Reforça a nossa união.
Ambos somos sobre a terra
Em prazer e dor perfeitos,
E venha um segundo «Faça-se!»,
Que outra vez nos não separa.

———————

J. W. GOETHE — *POEMAS*

DIE WELT DURCHAUS...

Die Welt durchaus ist lieblich anzuschauen,
Vorzüglich aber schön die Welt der Dichter;
Auf bunten, hellen oder silbergrauen
Gefilden, Tag und Nacht, erglänzen Lichter.
Heut ist mir alles herrlich; wenn's nur bliebe!
Ich sehe heut durchs Augenglas der Liebe.

SULEIKA

In tausend Formen magst du dich verstecken,
Doch, Allerliebste, gleich erkenn ich dich;
Du magst mit Zauberschleiern dich bedecken,
Allgegenwärt'ge, gleich erkenn ich dich.

An der Cypresse reinstem, jungem Streben,
Allschöngewachsne, gleich erkenn ich dich;
In des Kanales reinem Wellenleben,
Allschmeichelhafte, wohl erkenn ich dich.

Wenn steigend sich der Wasserstrahl entfaltet,
Allspielende, wie froh erkenn ich dich;
Wenn Wolke sich gestaltend umgestaltet,
Allmannigfalt'ge, dort erkenn ich dich.

An des geblümten Schleiers Wiesenteppich,
Allbuntbesternte, schön erkenn ich dich;
Und greift umher ein tausendarm'ger Eppich,
O Allumklammernde, da kenn ich dich.

VIII — DO «DIVÃ OCIDENTAL-ORIENTAL»

QUE MARAVILHA É VER...

Que maravilha é ver todo este mundo!
Mais belo que nenhum é o mundo dos poetas;
Variegados, claros ou prateados, ao fundo,
Os campos, dia e noite, têm luzes a brilhar.
Tudo me é belo, hoje; pudesse assim ficar!
Para ver hoje assim, o Amor me deu lunetas.

ZULEICA

Inda que em mil formas te me escondas,
Amada entre as Amadas, logo te reconheço;
Inda que com véus mágicos te cubras,
Ó Omnipresente, logo te reconheço.

No ascender puro e jovem do cipreste,
Esvelta entre as Esveltas, logo te reconheço;
Na pura vida de ondas do canal,
Ó Toda-Carinhosa, que bem te reconheço.

Que o jacto de água ao alto se desdobre,
Ó puro Jogo-de-Água, alegre te conheço;
E que a nuvem se forme transformando-se,
Ó tu de formas mil, nela te reconheço.

No prado em flor do véu todo enflorado,
Constelada de estrelas, bela te reconheço;
Que a hera de mil braços tudo abrace,
Ó tu que tudo abraças, nela te reconheço.

Wenn am Gebirg der Morgen sich entzündet,
Gleich, Allerheiternde, begrüß ich dich;
Dann über mir der Himmel rein sich ründet,
Allherzerweiternde, dann atm ich dich.

Was ich mit äußerm Sinn, mit innerm kenne,
Du Allbelehrende, kenn ich durch dich;
Und wenn ich Allahs Namenhundert nenne,
Mit jedem klingt ein Name nach für dich.

SITZ ICH ALLEIN...

Sitz ich allein,
Wo kann ich besser sein?
Meinen Wein
Trink ich allein,
Niemand setzt mir Schranken,
Ich hab so meine eignen Gedanken.

JENE GARSTIGE VETTEL...

Jene garstige Vettel,
Die buhlerische,
Welt heißt man sie,
Mich hat sie betrogen
Wie die übrigen alle.
Glaube nahm sie mir weg,
Dann die Hoffnung,
Nun wollte sie
An die Liebe,
Da riss ich aus.

VIII — DO «DIVÃ OCIDENTAL-ORIENTAL»

Quando a Aurora se inflama na montanha,
Logo, ó tu que tudo alegras, nela te vou saudar;
E quando o céu por sobre mim se arqueia,
Ó tu que tudo animas, eu te vou respirar.

O que os sentidos de fora e de dentro me ensinam,
Ó tu que tudo ensinas, aprendi-o por ti;
E sempre que nomeio os cem nomes de Alá,
Em cada um ecoa um nome para ti.

SE ESTOU SOZINHO...

Se estou sozinho,
Que melhor cantinho?
O meu vinho
Bebo-o sozinho,
Ninguém me põe impedimentos,
E tenho os meus próprios pensamentos.

AQUELA VIL E LASCIVA...

Aquela vil e lasciva
Marafona
— Mundo lhe chamam —
Enganou-me
Como a toda a gente.
Roubou-me a Fé,
Depois a Esperança,
Agora queria atirar-se-me
Ao Amor,
E eu fugi.

Den geretteten Schatz
Für ewig zu sichern
Teilt ich ihn weislich
Zwischen Suleika und Saki.
Jedes der beiden
Beeifert sich um die Wette
Höhere Zinsen zu entrichten.
Und ich bin reicher als je:
Den Glauben hab ich wieder!
An ihre Liebe den Glauben;
Er, im Becher, gewährt mir
Herrliches Gefühl der Gegenwart;
Was will da die Hoffnung!

EINLASS

HURI

Heute steh ich meine Wache
Vor des Paradieses Tor,
Weiß nicht grade wie ich's mache,
Kommst mir so verdächtig vor!

Ob du unsern Mosleminen
Auch recht eigentlich verwandt?
Ob dein Kämpfen, dein Verdienen
Dich ans Paradies gesandt?

Zählst du dich zu jenen Helden?
Zeige deine Wunden an,
Die mir Rühmliches vermelden,
Und ich führe dich heran.

VIII — DO «DIVÃ OCIDENTAL-ORIENTAL»

Para pôr a seguro para sempre
O tesouro salvo,
Reparti-o sabiamente
Entre Zuleica e Zaqui.
À compita,
Qual dos dois quer
Pagar-me juros mais altos.
E estou mais rico que nunca:
A fé tenho-a outra vez!
A fé no amor dela;
Ele, na taça, propina-me
Sentimento magnífico do presente;
Que vem cá fazer a esperança?!

INGRESSO

A HURI:

Estou hoje de sentinela
Às portas do Paraíso;
Não sei bem que hei-de fazer...
Pareces-me tão suspeito!...

Serás mesmo aparentado
Com os nossos moslemitas?
E são as lutas, os méritos
Que ao Paraíso te trazem?

És tu um daqueles heróis?
Mostra-me cá as feridas
Que contem da tua glória,
E logo te deixo entrar.

DICHTER

Nicht so vieles Federlesen!
Lass mich immer nur herein:
Denn ich bin ein Mensch gewesen
Und das heißt ein Kämpfer sein.

Schärfe deine kräft'gen Blicke!
Hier durchschaue diese Brust,
Sieh der Lebenswunden Tücke,
Sieh der Liebeswunden Lust.

Und doch sang ich gläub'ger Weise:
Dass mir die Geliebte treu,
Dass die Welt, wie sie auch kreise,
Liebevoll und dankbar sei.

Mit den Trefflichsten zusammen
Wirkt ich, bis ich mir erlangt
Dass mein Nam' in Liebesflammen
Von den schönsten Herzen prangt.

Nein! du wählst nicht den Geringern!
Gib die Hand, dass Tag für Tag
Ich an deinen zarten Fingern
Ewigkeiten zählen mag.

VIII — DO «DIVÃ OCIDENTAL-ORIENTAL»

O POETA

Deixa-te de cerimónias!
Dá licença que entre já:
Porque eu fui apenas homem,
Ou — o que é o mesmo — um lutador.

Apura os teus fortes olhos!
Perscruta aqui este peito:
Olha as perfídias da vida,
Olha as volúpias do amor.

Cantei, no entanto, com fé:
Que a amada me era fiel,
Que o mundo, como quer que gire,
Era grato e encantador.

Agi entre os mais ilustres
Até poder alcançar
Que o meu nome ardesse em chamas
De amor das almas mais belas.

Não! não fazes má escolha!
Dá cá a mão, que dia a dia
P'los teus dedos delicados
Contar possa eternidades.

NICHT MEHR AUF SEIDENBLATT...

Nicht mehr auf Seidenblatt
Schreib ich symmetrische Reime;
Nicht mehr fass ich sie
In goldne Ranken;
Dem Staub, dem beweglichen, eingezeichnet
Überweht sie der Wind, aber die Kraft besteht,
Bis zum Mittelpunkt der Erde
Dem Boden angebannt.
Und der Wandrer wird kommen,
Der Liebende. Betritt er
Diese Stelle, ihm zuckt's
Durch alle Glieder.
«Hier! vor mir liebte der Liebende.
War es Medschnun der zarte?
Ferhad der kräftige? Dschemil der daurende?
Oder von jenen tausend
Glücklich-Unglücklichen *einer*?
Er liebte! Ich liebe wie er,
Ich ahnd ihn!»
Suleika, du aber ruhst
Auf dem zarten Polster
Das ich dir bereitet und geschmückt.
Auch dir zuckt's aufweckend durch die Glieder.
«Er ist der mich ruft Hatem.
Auch ich rufe dir, o Hatem! Hatem!»

VIII — DO «DIVÃ OCIDENTAL-ORIENTAL»

SOBRE FOLHA DE SEDA...

Sobre folha de seda
Não escrevo já rimas simétricas;
E já não as enlaço
Com ramagens de ouro;
Desenhadas na poeira móvel,
O vento as apaga, mas a força fica
Presa por magia ao solo
Até ao centro da terra.
E o viandante virá,
O Amante. E mal pise
Este sítio, sentirá um arrepio
Por todos os membros.
«Aqui! antes de mim aqui amou o Amante.
Foi Medschnun, o terno?
Ferhad, o poderoso? Dschemil, o imorredouro?
Ou um de entre aqueles mil
Felizes-infelizes?
Ele amou! Como ele eu amo,
Eu adivinho-o!»
— Mas tu, Zuleica, repousas
Sobre o coxim delicado
Que eu pra ti preparei e enfeitei.
Também os teus membros se arrepiam, e acordas.
«É ele que me chama, Hatem!
Também eu te chamo: Ó Hatem! Hatem!»

IX

PARÁBOLAS, SENTENÇAS, PROVÉRBIOS

PARABEL

Gedichte sind gemalte Fenstercheiben!
Sieht man vom Markt in die Kirche hinein
Da ist alles dunkel und düster;
Und so sieht's auch der Herr Philister:
Der mag denn wohl verdrießlich sein
Und lebenslang verdrießlich bleiben.

Kommt aber nur einmal herein!
Begrüsst die heilige Kapelle;
Da ists auf einmal farbig helle,
Geschicht und Zierat glänzt in Schnelle,
Bedeutend wirkt ein edler Schein;
Dies wird euch Kindern Gottes taugen,
Erbaut euch und ergetzt die Augen!

EIN GLEICHNIS

Jüngst pflückt ich einen Wiesenstrauß,
Trug ihn gedankenvoll nach Haus;
Da hatten von der warmen Hand
Die Kronen sich alle zur Erde gewandt.

PARÁBOLA

Poemas são como vitrais pintados!
Se olharmos da praça para a igreja,
Tudo é escuro e sombrio;
E é assim que o Senhor Burguês os vê.
Ficará agastado? — Que lhe preste!...
E agastado fique toda a vida!

Mas — vamos! — vinde vós cá para dentro,
Saudai a sagrada capela!
De repente tudo é claro de cores:
Súbito brilham histórias e ornatos;
Sente-se um presságio neste esplendor nobre;
Isto, sim, que é pra vós, filhos de Deus!
Edificai-vos, regalai os olhos!

COMPARAÇÃO

Outro dia, num prado, um raminho arranquei
E, perdido a pensar, para casa o levei;
Ao chegar vi que as flores, do calor da mão,
Deixavam pender as coroas pra o chão.

Ich setzte sie in frisches Glas,
Und welch ein Wunder war mir das!
Die Köpfchen hoben sich empor,
Die Blätterstengel im grünen Flor;
Und allzusammen so gesund,
Als stünden sie noch auf Muttergrund.
So war mir's, als ich wundersam
Mein Lied in fremder Sprache vernahm.

UND WENN MICH AM TAG DIE FERNE...

Und wenn mich am Tag die Ferne
Blauer Berge sehnlich zieht,
Nachts das Übermaß der Sterne
Prächtig mir zu Häupten glüht —

Alle Tag' und alle Nächte
Rühm ich so des Menschen Los:
Denkt er ewig sich ins Rechte,
Ist er ewig schön und gross.

BESCHILDETER ARM
gegen ein vorüberziehendes Wetter Bücher beschützend

Manches Herrliche der Welt
Ist in Krieg und Streit zerronnen;
Wer beschützet und erhält,
Hat das schönste Los gewonnen.

IX — PARÁBOLAS, SENTENÇAS, PROVÉRBIOS

Em água fresca então fui-lhes matar a sede,
E — olhai que maravilha! vede agora, vede!
As corolas de novo frescas e perfeitas,
Hastes e folhas outra vez verdes, direitas,
E todo o ramalhete assim sadio, terno,
Como se estivesse inda preso ao chão materno.
É um milagre assim que todo me incendeia
Ao ouvir versos meus em língua alheia.

E QUANDO DE DIA A LONJURA...

E quando de dia a lonjura dos montes
Azuis atrai a minha saudade,
E, de noite, as estrelas desmedidas
Esplendorosas ardem sobre a minha cabeça —

Todos os dias e todas as noites
Assim celebro o destino do homem:
Se ele a pensar alcançar sempre o justo,
Para sempre terá a beleza e a grandeza.

BRAÇO ESCUDADO
(ao proteger livros de uma trovoada que passa)

Coisas do mundo, preciosas,
Em guerras acharam morte;
Quem protege e quem conserva
Ganhou a mais bela sorte.

J. W. GOETHE — *POEMAS*

*

Wie? Wann? und Wo? — Die Götter bleiben stumm!
Du halte dich ans Weil, und frage nicht: Warum?

———

Willst du ins Unendliche schreiten,
Geh nur im Endlichen nach allen Seiten.

———

Willst du dich am Ganzen erquicken,
So musst du das Ganze im Kleinsten erblicken.

———

«Was will die Nadel nach Norden gekehrt?»
Sich selbst zu finden, es ist ihr verwehrt.

———

«Magnetes Geheimnis, erkläre mir das!»
Kein grösser Geheimnis, als Lieb und Hass.

*

Ein Kranz ist gar viel leichter binden,
Als ihm ein würdig Haupt zu finden.

———

Du trägst sehr leicht, wenn du nichts hast;
Aber Reichtum ist eine leichtere Last.

IX — PARÁBOLAS, SENTENÇAS, PROVÉRBIOS

*

Como? Quando? e Onde? — Nenhum dos Deuses que resposta dê!
Apega-te ao Porque..., e não perguntes: Porquê?

———————

Se queres caminhar pra o Infinito,
Anda pra todos os lados no Finito.

———————

Se no Todo te quiseres dessedentar,
No mais pequeno hás-de o Todo buscar.

———————

«Que quer a agulha sempre ao Norte voltada?»
Achar-se a si mesma — é-lhe sorte vedada.

———————

«Mistério do magnete, explica-mo, por favor!»
Nenhum maior mistério do que o Ódio e o Amor.

*

Mais fácil é tecer uma coroa bela,
Do que encontrar cabeça digna dela.

———————

Leve carga levas, se andas sem dinheiro;
Mas a riqueza é fardo mais ligeiro.

———————

«Hat man das Gute dir erwidert?»
Mein Pfeil flog ab, sehr schön befiedert,
Der ganze Himmel stand ihm offen,
Er hat wohl irgendwo getroffen.

———————

Erkenne dich! — Was hab ich da für Lohn?
Erkenn ich mich, so muss ich gleich davon.

IX — PARÁBOLAS, SENTENÇAS, PROVÉRBIOS

«O bem que fizeste, alguém to pagou?»
Mui bem emplumada, a minha seta voou;
Tinha o céu todo aberto pra voar,
Nalgum lado havia de acertar.

———————

Conhece-te a ti mesmo! — De que me há-de servir?
Se a mim me conhecesse, desatava a fugir.

X

ÚLTIMOS POEMAS DO AMOR, DE DEUS E DO MUNDO

TRILOGIE DER LEIDENSCHAFT

AN WERTHER

Noch einmal wagst du, vielbeweinter Schatten,
Hervor dich an das Tageslicht,
Begegnest mir auf neu beblümten Matten
Und meinen Anblick scheust du nicht.
Es ist als ob du lebtest in der Frühe,
Wo uns der Tau auf einem Feld erquickt,
Und nach des Tages unwillkommner Mühe
Der Scheidesonne letzter Strahl entzückt;
Zum Bleiben ich, zum Scheiden du erkoren,
Gingst du voran — und hast nicht viel verloren.

Des Menschen Leben scheint ein herrlich Los:
Der Tag, wie lieblich, so die Nacht, wie groß!
Und wir, gepflanzt in Paradieses Wonne,
Genießen kaum der hocherlauchten Sonne,
Da kämpft sogleich verworrene Bestrebung
Bald mit uns selbst und bald mit der Umgebung,
Keins wird vom andern wünschenswert ergänzt,
Von außen düsterts, wenn es innen glänzt,
Ein glänzend Äußres deckt mein trüber Blick,
Da steht es nah — und man verkennt das Glück.

TRILOGIA DA PAIXÃO

A WERTHER

Inda outra vez, fantasma tão chorado,
Ousas surgir à clara luz do dia,
Em prados de novo em flor me vens achar
E enfrentas sem receio o meu aspecto.
E como se vivesses na alvorada
E ela nos orvalhasse num só campo
E o último raio do sol nos deleitasse
Após a canseira não bem-vinda do dia;
Eu pra ficar, tu pra partir eleitos,
Adiante foste — e não perdeste muito.

Alta sorte parece a vida humana:
Que belo o dia, e a noite, que grande!
E nós, plantados neste Paraíso,
Mal gozamos sequer do sol augusto,
E já uma aspiração confusa luta
Ora connosco mesmo, ora c'o mundo,
Sem que um ao outro possa completar-se,
Trevas lá fora quando há luz cá dentro,
Meu turvo olhar cobre o mundo brilhante,
A fortuna ei-la perto — e não a vemos.

Nun glauben wir's zu kennen! Mit Gewalt
Ergreift uns Liebreiz weiblicher Gestalt:
Der Jüngling, froh wie in der Kindheit Flor,
Im Frühling tritt als Frühling selbst hervor,
Entzückt, erstaunt, wer dies ihm angetan?
Er schaut umher, die Welt gehört ihm an.
Ins Weite zieht ihn unbefangne Hast,
Nichts engt ihn ein, nicht Mauer, nicht Palast;
Wie Vögelschar an Wäldergipfeln streift,
So schwebt auch er, der um die Liebste schweift,
Er sucht vom Äther, den er gern verlässt,
Den treuen Blick, und dieser hält ihn fest.

Doch erst zu früh und dann zu spät gewarnt,
Fühlt er den Flug gehemmt, fühlt sich umgarnt,
Das Wiedersehn ist froh, das Scheiden schwer,
Das Wieder-Wiedersehn beglückt noch mehr,
Und Jahre sind im Augenblick ersetzt;
Doch tückisch harrt das Lebewohl zuletzt.

Du lächelst, Freund, gefühlvoll, wie sich ziemt:
Ein grässlich Scheiden machte dich berühmt;
Wir feierten dein kläglich Missgeschick,
Du ließest uns zu Wohl und Weh zurück;
Dann zog uns wieder ungewisse Bahn
Der Leidenschaften labyrinthisch an;
Und wir verschlungen wiederholter Not,
Dem Scheiden endlich — Scheiden ist der Tod!
Wie klingt es rührend, wenn der Dichter singt,
Den Tod zu meiden, den das Scheiden bringt!
Verstrickt in solche Qualen, halbverschuldet,
Geb ihm ein Gott zu sagen was er duldet.

X — ÚLTIMOS POEMAS DO AMOR, DE DEUS E DO MUNDO

Julgamos vê-la agora! Com violência
Agarra-nos a graça feminina:
Alegre qual na flor da infância, o jovem
Surge na primavera como a própria primavera,
Deleitado, espantado do que lhe acontece.
Olha em volta, e o mundo é todo seu.
Pressa indómita arrasta-o pra a distância,
Nada o detém, nem muro, nem palácio;
Qual bando de aves a roçar os cumes,
Assim ele paira e voa em torno à amada,
Busca o éter, que abandona de grado,
O amado olhar, e este é que o prende.

Mas o aviso é prematuro, ou já tardio;
Sente o voo tolhido, sente-se enredado,
Alegre o reencontro, pesada a despedida,
O novo reencontro fá-lo inda mais feliz.
E o momento compensa anos perdidos;
Mas por fim o adeus traiçoeiro espera.

Sensível me sorris, como convém, Amigo:
Partida horrenda foi que te deu fama;
Celebrámos o teu destino amargo,
Deixaste-nos ficar pra alegria e desgraça;
Depois a estrada incerta das paixões
De novo nos chamou qual labirinto;
Enredados em dores repetidas,
Na partida por fim — partir é a morte!
Como é comovedor quando o poeta canta
Pra evitar a morte que a partida traz!
Enleado em tais dores, meio culpado,
Que um deus lhe dê dizer tudo o que sofre.

J. W. GOETHE — *POEMAS*

ELEGIE

Und wenn der Mensch in seiner Qual verstummt,
Gab mir ein Gott zu sagen, was ich leide.

Was soll ich nun vom Wiedersehen hoffen,
Von dieses Tages noch geschlossner Blüte?
Das Paradies, die Hölle steht dir offen;
Wie wankelsinnig regt sich's im Gemüte! —
Kein Zweifeln mehr! Sie tritt ans Himmelstor,
Zu ihren Armen hebt sie dich empor.

So warst du denn im Paradies empfangen,
Als wärst du wert des ewig schönen Lebens;
Dir blieb kein Wunsch, kein Hoffen, kein Verlangen,
Hier war das Ziel des innigsten Bestrebens,
Und in dem Anschaun dieses einzig Schönen
Versiegte gleich der Quell sehnsüchtiger Tränen.

Wie regte nicht der Tag die raschen Flügel,
Schien die Minuten vor sich her zu treiben!
Der Abendkuss, ein treu verbindlich Siegel:
So wird es auch der nächsten Sonne bleiben.
Die Stunden glichen sich in zartem Wandern
Wie Schwestern zwar, doch keine ganz den andern.

Der Kuss, der letzte, grausam süß, zerschneidend
Ein herrliches Geflecht verschlungner Minnen.
Nun eilt, nun stockt der Fuß, die Schwelle meidend,
Als trieb ein Cherub flammend ihn von hinnen;
Das Auge starrt auf düstrem Pfad verdrossen,
Es blickt zurück, die Pforte steht verschlossen.

X — ÚLTIMOS POEMAS DO AMOR, DE DEUS E DO MUNDO

ELEGIA

E quando o homem emudece em seu tormento
A mim me deu um deus dizer tudo o que sofro.

Que hei-de eu 'sperar agora de tornar a vê-la,
Da flor inda fechada deste dia?
O paraíso, o inferno estão-te abertos;
Que oscilantes sentimentos no teu peito! —
Já não há duvidar! Ei-la à porta do céu,
É Ela que te eleva e te acolhe em seus braços.

Foste assim recebido então no Paraíso,
Como se merecesses vida eterna e bela;
Não te ficou desejo, esperança ou anseio,
Tinha aqui o seu termo a aspiração mais íntima.
E na contemplação desta única Beleza
Logo a fonte secou das lágrimas saudosas.

Como o dia agitava as suas asas céleres
E par'cia levar ante si os minutos!
O beijo da tardinha, selo fiel a unir:
E assim será inda pra o sol de amanhã.
As horas, semelhantes no seu fluir brando,
Como irmãs eram, mas nenhuma igual às outras.

Esse último beijo, doce e cruel, rompeu
Enredo esplêndido de amores entrelaçados.
Meu passo ora se apressa, ora pára, e evita
O limiar, como expulso por anjo de fogo;
O olhar fixa enfadado o caminho sombrio,
Volta-se inda pra trás, vê a porta fechada.

J. W. GOETHE — *POEMAS*

Und nun verschlossen in sich selbst, als hätte
Dies Herz sich nie geöffnet, selige Stunden
Mit jedem Stern des Himmels um die Wette
An ihrer Seite leuchtend nicht empfunden;
Und Missmut, Reue, Vorwurf, Sorgenschwere
Belasten's nun in schwüler Atmosphäre.

Ist denn die Welt nicht übrig? Felsenwände,
Sind sie nicht mehr gekrönt von heiligen Schatten?
Die Ernte, reift sie nicht? Ein grün Gelände,
Zieht sich's nicht hin am Fluss durch Busch und Matten?
Und wölbt sich nicht das überweltlich Grosse,
Gestaltenreiche, bald gestaltenlose?

Wie leicht und zierlich, klar und zart gewoben,
Schwebt, Seraph gleich, aus ernster Wolken Chor,
Als glich es ihr, am blauen Äther droben,
Ein schlank Gebild aus lichtem Duft empor;
So sahst du sie in frohem Tanze walten,
Die lieblichste der lieblichsten Gestalten.

Doch nur Momente darfst dich unterwinden
Ein Luftgebild statt ihrer fest zu halten;
Ins Herz zurück, dort wirst du's besser finden,
Dort regt sie sich in wechselnden Gestalten;
Zu vielen bildet *eine* sich hinüber,
So tausendfach, und immer immer lieber.

Wie zum Empfang sie an den Pforten weilte
Und mich von dannauf stufenweis beglückte;
Selbst nach dem letzten Kuss mich noch ereilte,

X — ÚLTIMOS POEMAS DO AMOR, DE DEUS E DO MUNDO

E sobre si fechado agora, o coração,
Como se jamais se abrira, e horas felizes,
Rivais em brilho dos astros todos do céu,
Não tivesse sentido nunca ao lado dela;
E desgosto, pesar, censura, pesadelo
O carregam nesta atmosfera que o sufoca.

Pois não te resta inda o mundo? Estes rochedos
Não 'stão eles c'roados de sagradas sombras?
Não amadurece a seara? Um campo verde
Não corre à beira-rio entre bosques e prados?
E não se arqueia essa Grandeza além-dos-mundos,
Ora rica de formas, ora em breve sem formas?

Quão leve e grácil, em tecido claro e brando,
Qual serafim, de entre o coro de nuvens graves,
Como que igual a Ela, no éter azul,
Forma esbelta paira de aroma resplendente;
Tal qual tu a viste reinar em dança alegre,
Das formas adoráveis a mais adorável.

Mas é só por momentos que atrever-te podes
A reter em vez dela um aéreo fantasma;
Regressa ao coração! Melhor a encontrarás,
É lá que Ela se move em figuras mudáveis;
Em muitas se converte a Forma Una,
Em milhares delas, cada vez mais qu'rida.

Como pra receber-me Ela esperava à porta,
E, degrau a degrau, me levava à Ventura;
Depois do último beijo me alcançava ainda

J. W. GOETHE — *POEMAS*

Den letztesten mir auf die Lippen drückte:
So klar beweglich bleibt das Bild der Lieben,
Mit Flammenschrift ins treue Herz geschrieben.

Ins Herz, das fest wie zinnenhohe Mauer
Sich ihr bewahrt und sie in sich bewahret,
Für sie sich freut an seiner eignen Dauer,
Nur weiß von sich, wenn sie sich offenbaret,
Sich freier fühlt in so geliebten Schranken
Und nur noch schlägt, für alles ihr zu danken.

War Fähigkeit zu lieben, war Bedürfen
Von Gegenliebe weggelöscht, verschwunden;
Ist Hoffnungslust zu freudigen Entwürfen,
Entschlüssen, rascher Tat sogleich gefunden!
Wenn Liebe je den Liebenden begeistet,
Ward es an mir aufs lieblichste geleistet;

Und zwar durch sie! — Wie lag ein innres Bangen
Auf Geist und Körper, unwillkommner Schwere:
Von Schauerbildern rings der Blick umfangen
Im wüsten Raum beklommner Herzensleere;
Nun dämmert Hoffnung von bekannter Schwelle,
Sie selbst erscheint in milder Sonnenhelle.

Dem Frieden Gottes, welcher euch hienieden
Mehr als Vernunft beseliget — wir lesen's —
Vergleich ich wohl der Liebe heitern Frieden
In Gegenwart des allgeliebten Wesens;
Da ruht das Herz, und nichts vermag zu stören
Den tiefsten Sinn, den Sinn, ihr zu gehören.

X — ÚLTIMOS POEMAS DO AMOR, DE DEUS E DO MUNDO

Pra me premir nos lábios o último de todos:
Tão nítida, tão viva fica a imagem da Amada
Inscrita com chamas no coração fiel.

No coração, firme qual muralha de ameias
Que pra Ela se guarda e dentro em si a guarda,
E por Ela se alegra ao sentir que inda vive,
E só sabe de si quando Ela se revela,
E se sente livre em prisões tão amadas,
E não bate senão de gratidão por Ela.

Se apagadas estavam dentro em mim
A capacidade e a precisão de amar,
O desejo de esp'rança de alegres projectos,
De decisões, de acção veloz, logo voltou!
E se o amor jamais deu ânimo ao amante,
Ficou provado em mim do modo mais amável;

E só graças a Ela! — Que íntimo temor
De importuno peso dentro da alma e do corpo!
O olhar rodeado de imagens horrorosas
Na aridez de um coração deserto e opresso;
Eis que alvorece a 'sperança à porta conhecida,
E Ela mesma aparece à luz de um sol suave.

À paz de Deus, que aqui na terra vos concede
Mais ventura que a razão — dizem os livros —
Comparo eu esta paz serena do amor
Na presença do ser entre todos amado;
Repousa o coração, nada vem pertubar
Este fundo sentir de só lhe pertencer.

J. W. GOETHE — *POEMAS*

In unsers Busens Reine wogt ein Streben,
Sich einem Höhern, Reinern, Unbekannten
Aus Dankbarkeit freiwillig hinzugeben,
Enträtselnd sich den ewig Ungenannten;
Wir heißen's: fromm sein! — Solcher seligen Höhe
Fühl ich mich teilhaft, wenn ich vor ihr stehe.

Vor ihrem Blick, wie vor der Sonne Walten,
Vor ihrem Atem, wie vor Frühlingslüften,
Zerschmilzt, so längst sich eisig starr gehalten,
Der Selbstsinn tief in winterlichen Grüften;
Kein Eigennutz, kein Eigenwille dauert,
Vor ihrem Kommen sind sie weggeschauert.

Es ist als wenn sie sagte: «Stund um Stunde
Wird uns das Leben freundlich dargeboten,
Das Gestrige liess uns geringe Kunde,
Das Morgende, zu wissen ist's verboten;
Und wenn ich je mich vor dem Abend scheute,
Die Sonne sank und sah noch was mich freute.

«Drum tu wie ich und schaue, froh verständig,
Dem Augenblick ins Auge! Kein Verschieben!
Begegn ihm schnell, wohlwollend wie lebendig,
Im Handeln sei's zur Freude, sei's dem Lieben;
Nur wo du bist, sei alles, immer kindlich,
So bist du alles, bist unüberwindlich.»

Du hast gut reden, dacht ich, zum Geleite
Gab dir ein Gott die Gunst des Augenblickes,
Und jeder fühlt an deiner holden Seite

X — ÚLTIMOS POEMAS DO AMOR, DE DEUS E DO MUNDO

No mais puro do peito uma ânsia se agita
De espontâneos nos darmos só por gratidão
A alguma coisa de mais alto, puro, ignoto,
Que em nós resolve o Enigma Inominado;
Chamamos-lhe: piedade! — Esse êxtase feliz
Sinto-o dentro de mim quando estou perante Ela.

Ao seu olhar, como ao do sol que nos governa,
Ao seu hálito, como às brisas primaveris,
Funde, bem rígido de gelo que estivesse,
O egoísmo no fundo de antros hibernais;
Nem int'resse mesquinho ou vontade que durem,
Tudo isso o vento leva quando Ela vem.

É como se Ela dissesse: «Hora após hora
Se nos oferta amigável a vida;
Do que ontem passou bem pouco já sabemos;
O que amanhã virá é vedado sabê-lo;
E sempre que ao cair da noite tive medo,
Ao sol-pôr via eu inda algo que me alegrava.

«Faz pois como eu faço e olha, alegre e sensato,
O momento de frente! Sem qualquer dilação!
Acolhe-o veloz, benévolo e vivaz,
Quer pra a alegria na acção, quer pra o amor;
Onde tu estejas, sê tudo, infantil sempre,
E assim serás tudo, e serás invencível.»

Bem fácil te é falar — pensei eu —; pois um deus
Te deu por companhia a graça do instante,
E cada qual se sente, em tua grácil presença,

J. W. GOETHE — *POEMAS*

Sich augenblicks den Günstling des Geschickes;
Mich schreckt der Wink von dir mich zu entfernen,
Was hilft es mir so hohe Weisheit lernen!

Nun bin ich fern! Der jetzigen Minute
Was ziemt denn der? Ich wüsst es nicht zu sagen;
Sie bietet mir zum Schönen manches Gute,
Das lastet nur, ich muss mich ihm entschlagen;
Mich treibt umher ein unbezwinglich Sehnen,
Da bleibt kein Rat als grenzenlose Tränen.

So quellt denn fort! und fließet unaufhaltsam;
Doch nie gelängs die innre Glut zu dämpfen!
Schon rasts und reißt in meiner Brust gewaltsam,
Wo Tod und Leben grausend sich bekämpfen.
Wohl Kräuter gäbs, des Körpers Qual zu stillen;
Allein dem Geist fehlts am Entschluss und Willen,

Fehlt's am Begriff: wie sollt er sie vermissen?
Er wiederholt ihr Bild zu tausendmalen.
Das zaudert bald, bald wird es weggerissen,
Undeutlich jetzt und jetzt im reinsten Strahlen;
Wie könnte dies geringstem Troste frommen,
Die Ebb und Flut, das Gehen wie das Kommen?

*

Verlasst mich hier, getreue Weggenossen!
Lasst mich allein am Fels, in Moor und Moos;
Nur immer zu! euch ist die Welt erschlossen,
Die Erde weit, der Himmel hehr und groß;
Betrachtet, forscht, die Einzelheiten sammelt,
Naturgeheimnis werde nachgestammelt.

X — ÚLTIMOS POEMAS DO AMOR, DE DEUS E DO MUNDO

Mesmo nesse momento o dilecto dos Fados;
Assusta-me o sinal que me manda afastar-me
De ti — para quê tão alta sabedoria?!

E agora estou longe! Ao minuto presente
O que é que lhe convém? Não sab'ria dizê-lo;
Co'a beleza me of'rece ele muitas cousas boas
Que apenas pesam, e tenho de repeli-las;
Uma ânsia indomável faz-me andar errabundo,
E lágrimas sem fim é tudo o que me resta.

Ora brotai então! e correi sem parar,
Que este fogo interior sufocar não podeis!
Violento furor me dilacera o peito
Onde a vida e a morte ferem luta feroz.
Pra as dores do corpo, sim, ervas encontraria;
Mas ao 'spírito falta a decisão, o querer,

O poder compreender: — Como passar sem Ela?
E vai repetindo mil vezes essa imagem,
Que ora paira hesitante, ora lhe é arrancada,
Ora confusa, ora brilhante em pura luz;
Como poderia dar-me o mínimo conforto
Este fluxo e refluxo, este vir e partir?

*

Abandonai-me aqui, meus fiéis companheiros!
Deixai-me ao pé da fraga, entre o pântano e o musgo;
Segui vosso caminho! Olhai o mundo aberto,
A larguíssima terra, o céu sublime e grande;
Observai, procurai, coleccionai os factos,
Balbuciai o mistério da Natureza.

239

Mir ist das All, ich bin mir selbst verloren,
Der ich noch erst den Göttern Liebling war;
Sie prüften mich, verliehen mir Pandoren,
So reich an Gütern, reicher an Gefahr;
Sie drängten mich zum gabeseligen Munde,
Sie trennen mich, und richten mich zugrunde.

AUSSÖHNUNG

Die Leidenschaft bringt Leiden! — Wer beschwichtigt
Beklommnes Herz das allzuviel verloren?
Wo sind die Stunden, überschnell verflüchtigt?
Vergebens war das Schönste dir erkoren!
Trüb ist der Geist, verworren das Beginnen;
Die hehre Welt wie schwindet sie den Sinnen!

Da schwebt hervor Musik mit Engelschwingen,
Verflicht zu Millionen Tön um Töne,
Des Menschen Wesen durch und durch zu dringen,
Zu überfüllen ihn mit ew'ger Schöne:
Das Auge netzt sich, fühlt im höhern Sehnen
Den Götterwert der Töne wie der Tränen.

Und so das Herz erleichtert merkt behende
Dass es noch lebt und schlägt und möchte schlagen,
Zum reinsten Dank der überreichen Spende
Sich selbst erwidernd willig darzutragen.
Da fühlte sich — o dass es ewig bliebe! —
Das Doppelglück der Töne wie der Liebe.

X — ÚLTIMOS POEMAS DO AMOR, DE DEUS E DO MUNDO

Pra mim perdeu-se o Todo, eu mesmo me perdi,
Eu, que há bem pouco fui o dilecto dos deuses;
À prova me puseram, deram-me Pandora,
De bens tão rica, mais rica inda de p'rigos;
Impeliram-me para a boca dadivosa,
Apartaram-me dela, e assim me aniquilam.

RECONCILIAÇÃO

A paixão traz a dor! — Quem é que acalma
Coração em angústia que sofreu perda tal?
As horas fugidias — para onde é que voaram?
O que há de mais belo em vão te coube em sorte!
Turbado está o espírito, o agir emaranhado;
O mundo sublime — como foge aos sentidos!

Mas eis, com asas de anjo, surge a música,
Entrelaça aos milhões os sons aos sons
Pra varar, lado a lado, a alma humana
E de todo a afogar em eterna beleza:
Marejado o olhar, na mais alta saudade
Sente o preço divino dos sons e o das lágrimas.

E assim aliviado, nota em breve o coração
Que vive ainda e pulsa e quer pulsar,
Pra ofertar-se de vontade própria e livre
De pura gratidão pela dádiva magnânima.
Sentiu-se então — oh! pudesse durar sempre! —
A ventura dobrada da música e do amor.

J. W. GOETHE — *POEMAS*

BEI BETRACHTUNG VON SCHILLERS SCHÄDEL

Im ernsten Beinhaus war's, wo ich beschaute
    Wie Schädel Schädeln angeordnet passten;
    Die alte Zeit gedacht ich, die ergraute.
Sie stehn in Reih geklemmt die sonst sich hassten,
    Und derbe Knochen die sich tödlich schlugen
    Sie liegen kreuzweis zahm allhier zu rasten.
Entrenkte Schulterblätter! was sie trugen
    Fragt niemand mehr, und zierlich tät'ge Glieder,
    Die Hand, der Fuß zerstreut aus Lebensfugen.
Ihr Müden also lagt vergebens nieder,
    Nicht Ruh im Grabe ließ man euch, vertrieben
    Seid ihr herauf zum lichten Tage wieder,
Und niemand kann die dürre Schale lieben,
    Welch herrlich edlen Kern sie auch bewahrte.
    Doch mir Adepten war die Schrift geschrieben
Die heil'gen Sinn nicht jedem offenbarte,
    Als ich inmitten solcher starren Menge
    Unschätzbar herrlich ein Gebild gewahrte,
Dass in des Raumes Moderkält und Enge
    Ich frei und wärmefühlend mich erquickte,
    Als ob ein Lebensquell dem Tod entspränge.
Wie mich geheimnisvoll die Form entzückte!
    Die gottgedachte Spur die sich erhalten!
    Ein Blick der mich an jenes Meer entrückte
Das flutend strömt gesteigerte Gestalten.
    Geheim Gefäß! Orakelsprüche spendend,
    Wie bin ich wert dich in der Hand zu halten,
Dich höchsten Schatz aus Moder fromm entwendend
    Und in die freie Luft, zu freiem Sinnen,
    Zum Sonnenlicht andächtig hin mich wendend.

X — ÚLTIMOS POEMAS DO AMOR, DE DEUS E DO MUNDO

AO CONTEMPLAR O CRÂNIO DE SCHILLER

No severo ossuário foi que eu vi
    Caveiras a caveiras ordenadas;
    Pensei no velho tempo encanecido.
Os que outrora se odiaram, em cerradas
    Filas estão, e ossadas duras, que se f'riram
    De morte, jazem mansas e cruzadas.
Ombros desconjuntados! Quem pergunta
    O que outrora carr'garam? e activos membros gráceis,
    Mãos, pés arrancados das junturas da vida.
Em vão, cansados membros, vos deitastes;
    Nem na cova repouso vos deixaram,
    Expulsos outra vez pra o dia claro;
E ninguém pode amar a casca seca,
    Precioso que fosse o cerne que encerrou.
    Mas a mim, adepto, se revelou a escrita,
Que nem a todos abre o sagrado sentido,
    Quando, no meio de tal turba hirta,
    Uma forma avistei de beleza tão sem preço
Que na angústia e frieza pútrida da câmara
    Eu livre e quente me reanimei
    Qual se de entre a morte brotasse fonte viva.
Como essa forma de mistério me encantou!
    Signo de Deus pensado, que assim se conservou!
    Olhar que me arrastou às praias daquel' mar
Que em maré cheia arroja figuras sublimadas.
    Secreto vaso! que dás sentenças de oráculo,
    Serei eu digno de te ter na mão, a ti,
Tesouro excelso, que piedoso arranco
    Da podridão, devoto me voltando
    Pra o ar livre e livre meditar à luz do sol.

Was kann der Mensch im Leben mehr gewinnen,
   Als dass sich Gott-Natur ihm offenbare?
   Wie sie das Feste lässt zu Geist verrinnen,
   Wie sie das Geisterzeugte fest bewahre.

PROÖMION

Im Namen dessen der Sich selbst erschuf!
Von Ewigkeit in schaffendem Beruf;
In Seinem Namen der den Glauben schafft,
Vertrauen, Liebe, Tätigkeit und Kraft;
In jenes Namen, der, so oft genannt,
Dem Wesen nach blieb immer unbekannt:

So weit das Ohr, so weit das Auge reicht,
Du findest nur Bekanntes, das Ihm gleicht,
Und deines Geistes höchster Feuerflug
Hat schon am Gleichnis, hat am Bild genug;
Es zieht dich an, es reißt dich heiter fort,
Und wo du wandelst schmückt sich Weg und Ort;
Du zählst nicht mehr, berechnest keine Zeit,
Und jeder Schritt ist Unermesslichkeit.

*

Was wär ein Gott, der nur von außen stieße,
Im Kreis das All am Finger laufen ließe!
Ihm ziemt's, die Welt im Innern zu bewegen,

X — ÚLTIMOS POEMAS DO AMOR, DE DEUS E DO MUNDO

Que pode o homem ganhar mais nesta vida,
   Do que se lhe revele a Natureza-Deus?:
   Ao vê-la sublimar a matéria firme em Espírito,
   E firme conservar o que o Espírito criou.

PROÉMIO

Em nome daquele que a Si mesmo se criou!
De toda eternidade em ofício criador;
Em nome daquele que toda a fé formou,
Confiança, actividade, amor, vigor;
Em nome daquele que, tantas vezes nomeado,
Ficou sempre em essência imperscrutado:

Até onde o ouvido e o olhar alcançam,
A Ele se assemelha tudo o que conheces,
E ao mais alto e ardente voo do teu 'spírito
Já basta esta parábola, esta imagem;
Sentes-te atraído, arrastado alegremente,
E, onde quer que vás, tudo se enfeita em flor;
Já nada contas, nem calculas já o tempo,
E cada passo teu é já imensidade.

*

Que Deus seria esse então que só de fora impelisse,
E o mundo preso ao dedo em volta conduzisse!
Que Ele, dentro do mundo, faça o mundo mover-se,

Natur in Sich, Sich in Natur zu hegen,
So dass was in Ihm lebt und webt und ist,
Nie Seine Kraft, nie Seinen Geist vermisst.

*

Im Innern ist ein Universum auch;
Daher der Völker löblicher Gebrauch,
Dass jeglicher das Beste was er kennt,
Er Gott, ja seinen Gott benennt,
Ihm Himmel und Erden übergibt,
Ihn fürchtet, und wo möglich liebt.

URWORTE

ORPHISCH

ΔΑΙΜΩΝ, DÄMON

Wie an dem Tag, der dich der Welt verliehen,
Die Sonne stand zum Gruße der Planeten
Bist alsobald und fort und fort gediehen,
Nach dem Gesetz wonach du angetreten.
So musst du sein, dir kannst du nicht entfliehen,
So sagten schon Sibyllen, so Propheten;
Und keine Zeit und keine Macht zerstückelt
Geprägte Form die lebend sich entwickelt.

X — ÚLTIMOS POEMAS DO AMOR, DE DEUS E DO MUNDO

Manter Natureza em Si, e em Natureza manter-Se,
De modo que ao que nele viva e teça e exista
A Sua força e o Seu génio assista.

*

Dentro de nós há também um Universo;
Daqui nasceu nos povos o louvável costume
De cada qual chamar Deus, mesmo o seu Deus,
A tudo aquilo que ele de melhor em si conhece,
Deixar à Sua guarda céu e terra.
Ter-Lhe temor, e talvez mesmo — amor.

PALAVRAS-MÃES
POEMA ÓRFICO

ΔΑΙΜΩΝ, DEMÓNIO

Como no dia que te fez nascer
O Sol se ergueu pra o saudarem os planetas,
Logo tu começaste e continuaste a crescer
Conforme leis perfeitas e completas.
A ti não fugirás, assim terás de ser,
Assim disseram já Sibilas e Profetas;
Não há Tempo ou Poder capaz de destruir
Forma cunhada que, a viver, quer progredir.

ΤΥΧΗ, DAS ZUFÄLLIGE

Die strenge Grenze doch umgeht gefällig
Ein Wandelndes, das mit und um uns wandelt;
Nicht einsam bleibst du, bildest dich gesellig,
Und handelst wohl so wie ein andrer handelt:
Im Leben ist's bald hin- bald widerfällig,
Es ist ein Tand und wird so durchgetandelt.
Schon hat sich still der Jahre Kreis geründet,
Die Lampe harrt der Flamme die entzündet.

ΕΡΩΣ, LIEBE

Die bleibt nichts aus! — Er stürzt vom Himmel nieder,
Wohin er sich aus alter Öde schwang,
Er schwebt heran auf luftigem Gefieder
Um Stirn und Brust den Frühlingstag entlang,
Scheint jetzt zu fliehn, vom Fliehen kehrt er wieder,
Da wird ein Wohl im Weh, so süß und bang.
Gar manches Herz verschwebt im Allgemeinen,
Doch widmet sich das edelste dem Einen.

ΑΝΑΓΚΗ, NÖTIGUNG

Da ists denn wieder wie die Sterne wollten;
Bedingung und Gesetz und aller Wille
Ist nur ein Wollen, weil wir eben sollten,
Und vor dem Willen schweigt die Willkür stille;
Das Liebste wird vom Herzen weggescholten,
Dem harten Muss bequemt sich Will und Grille.
So sind wir scheinfrei denn nach manchen Jahren
Nur enger dran als wir am Anfang waren.

X — ÚLTIMOS POEMAS DO AMOR, DE DEUS E DO MUNDO

TΥΧΗ, CASUALIDADE

Mas connosco se muda algo que afável
Mudando ilude a fronteira austera;
Não ficas solitário, formas-te sociável,
E tens de agir tal como outro fizera.
O mar da vida flui e reflui, instável,
Fútil como é, assim se leva, e não severa.
Fecha-se, calma, a roda de anos, e a candeia
Espera só a chama que incendeia.

EΡΩΣ, AMOR

E a chama vem! — Do céu se precipita,
De lá onde ele subira do deserto antigo,
Eis se aproxima em asa aérea, e infinita
Primavera traz na fronte e peito amigo;
Parece ora fugir, ora volta, ora hesita,
E na dor há prazer, mel e medo traz consigo.
Muito coração no geral se dissipa,
Mas o mais nobre só a um se dedica.

ΑΝΑΓΚΗ, NECESSIDADE

E eis de novo é como os astros queriam:
Condição e lei; e toda a vontade
É um querer, só porque deviam,
E ante a vontade o arbítrio calar-se há-de;
Com asp'reza tiramos do peito os que nos qu'riam,
Capricho e qu'rer se curva à dura necessidade.
Na aparência livres, eis-nos, após anos,
Mais ligados ainda aos primeiros arcanos.

J. W. GOETHE — *POEMAS*

ΕΛΙΙΣ, HOFPNUNG

Doch solcher Grenze, solcher ehrnen Mauer
Höchst widerwärt'ge Pforte wird entriegelt,
Sie stehe nur mit alter Felsendauer!
Ein Wesen regt sich leicht und ungezügelt:
Aus Wolkendecke, Nebel, Regenschauer
Erhebt sie uns, mit ihr, durch sie beflügelt,
Ihr kennt sie wohl, sie schwärmt durch alle Zonen;
Ein Flügelschlag — und hinter uns Äonen!

VERMÄCHTNIS

Kein Wesen kann zu nichts zerfallen!
Das Ew'ge regt sich fort in allen;
Am Sein erhalte dich beglückt!
Das Sein ist ewig: denn Gesetze
Bewahren die lebend'gen Schätze
Aus welchen sich das All geschmückt.

Das Wahre war schon längst gefunden,
Hat edle Geisterschaft verbunden,
Das alte Wahre fass es an!
Verdank es, Erdensohn, dem Weisen,
Der ihr die Sonne zu umkreisen
Und dem Geschwister wies die Bahn.

Sofort nun wende dich nach innen,
Das Zentrum findest du dadrinnen,
Woran kein Edler zweifeln mag.

ΕΛΙΙΙΣ, ESPERANÇA

Mas da fronteira, de tal brônzeo muro
A aldraba corre o portão inimigo,
Embora firme qual penhasco duro!
Um Ser se move, indómito e ligeiro:
De nuvens, nevoeiro e aguaceiro,
Com asas que nos dá, eis nos ergue consigo.
Sabeis bem quem é, voa em todas regiões;
Um golpe de asas — e atrás de nós eões!

TESTAMENTO

Ser algum pode em nada desfazer-se!
Em todos eles se agita sempre o Eterno.
Confia, alegre e feliz, sempre no Ser!
Que o Ser é eterno: — existem leis
Pra conservar vivos os tesouros
Dos quais o Universo se adornou.

O verdadeiro foi há muito achado,
Uniu em aliança nobres 'spíritos,
O velho verdadeiro — a ele te agarra!
Por ele sê grato, filho da Terra, ao Sábio
Que em torno ao Sol o caminho mostrou
A ela e aos outros seus irmãos.

A seguir volta os olhos pra dentro,
É lá que o centro encontrarás
De que nobre algum poderá duvidar.

Wirst keine Regel da vermissen:
Denn das selbständige Gewissen
Ist Sonne deinem Sittentag.

Den Sinnen hast du dann zu trauen;
Kein Falsches lassen sie dich schauen,
Wenn dein Verstand dich wach erhält.
Mit frischem Blick bemerke freudig,
Und wandle, sicher wie geschmeidig,
Durch Auen reichbegabter Welt.

Genieße mäßig Füll und Segen;
Vernunft sei überall zugegen,
Wo Leben sich des Lebens freut.
Dann ist Vergangenheit beständig,
Das Künftige voraus lebendig,
Der Augenblick ist Ewigkeit.

Und war es endlich dir gelungen,
Und bist du vom Gefühl durchdrungen:
Was fruchtbar ist, allein ist wahr,
Du prüfst das allgemeine Walten,
Es wird nach seiner Weise schalten,
Geselle dich zur kleinsten Schar.

Und wie von alters her im Stillen
Ein Liebewerk nach eignem Willen
Der Philosoph, der Dichter schuf,
So wirst du schönste Gunst erzielen:
Denn edlen Seelen vorzufühlen,
Ist wünschenswertester Beruf.

X — ÚLTIMOS POEMAS DO AMOR, DE DEUS E DO MUNDO

Nenhuma regra ali te falhará:
Pois a consciência independente
É o sol do teu dia moral.

Nos sentidos tens depois de confiar;
Nada de falso eles te fazem ver
Se a tua razão te conservar desperto.
Com vivo olhar observa alegremente,
E percorre, a passo firme e dúctil,
Os espaços de um mundo repleto de riquezas.

Mod'rado goza abundância e bênçãos;
Seja a Razão presente em toda a parte
Onde a Vida se alegra de ser Vida.
Então é o passado duradouro,
O futuro antecipadamente vivo,
E o momento presente é Eternidade.

E se enfim assim o conseguires
E 'stiveres repassado do sentir: —
Só o que é fecundo é que é verdade —,
Vês e pesas então o agir da turba,
Terá ela de andar à sua moda,
Tu, vai juntar-te ao mais pequeno número.

E como desde sempre, em seu secreto,
O Filósofo criou e o Poeta
Obra de amor que eles elegeram,
Assim alcanças tu o bem supremo:
Pois pré-sentir às almas nobres
É o mais desejável dos ofícios.

NOTAS E COMENTÁRIOS

NOTAS E COMENTÁRIOS

A seguir ao título de cada poema, indicamos o lugar em que se pode encontrar nas edições das Obras de Goethe por nós confrontadas; vai primeiro aquela cuja lição reproduzimos.

Só excepcionalmente registamos variantes que afectem fundamentalmente o sentido, que nos pareçam de especial interesse poético ou que possam facilitar a interpretação.

O sistema gráfico e de pontuação adoptado é o das edições mais recentes à nossa disposição, nomeadamente, *WGA*, mesmo naqueles poemas em que tenhamos de preferir, por qualquer motivo, outra lição. Isto já por simples uniformidade de critério. Assim, por exemplo, o apóstrofo é sempre omitido, a não ser nos casos em que a sua supressão pudesse dar lugar a confusões ou ambiguidades.

A história dos textos é feita, normalmente, segundo *SA*.

SIGLAS USADAS:

> *DjG* = *Der junge Goethe*. Neue Ausgabe in sechs Bänden besorgt von *Max Morris*. Insel-Verlag Leipzig, 1909–
> –1912.
>
> > [A seguir à sigla, em numeração romana, indicação do volume; a página em algarismos.]

J. W. GOETHE — *POEMAS*

GW = *Goethes Werke.* Festausgabe zum hundertjährigen Bestehen des Bibliographischen Instituts [...] herausgegeben von *Robert Petsch.* Leipzig, 1926.
[Indicação de vol. e pág. como em *DjG.*]

SA = *Goethes Werke.* Herausgegeben im Auftrage der Grossherzogin Sophie von Sachsen. Weimar, H. Böhlau. — É a chamada *Sophien-Ausgabe.*
[Indicação de vol. e pág. como em *DjG.*]

WGA = *Die Welt-Goethe-Ausgabe* der Gutenbergstadt Mainz und des Goethe- und Schiller-Archivs zu Weimar. Dargebracht zu Goethes hundertstem Todestage am 22. März 1932. *1. Band: Gedichte.* Herausgeber *Max Hecker.*

WÖD = *Goethe. West-Östlicher Divan.* Unter Mitwirkung von Hans Heinrich Schaeder herausgegeben und erläutert von *Ernst Beutler.* Sammlung Dieterich, Band 125, Leipzig, 1943.

Ao citarmos *cartas* de Goethe, indicaremos sempre a data, e só quando esta seja duvidosa damos a referência completa. Seguimos normalmente: *Goethe. Briefe und Tagebucher*, 2 vols., Insel-Verlag, Leipzig.

Recordamos a seguir as várias edições originais das Obras, preparadas e dirigidas pelo próprio Goethe, a que adiante nos reportamos com frequência:
Goethe's Schriften, Leipzig, bei Georg Joachim Göschen. 1787–1790. 8 vols.
Göthe's neue Schriften [...] Berlin. Bei Johann Fiedrich Unger. 1792–1800. 7 vols.

NOTAS E COMENTÁRIOS

Werke. Cotta, Tübingen, 1806–1810. 13 vols.

Werke. Cotta, 1815–1819. 20 vols.

Ausgabe letztet Hand. Cotta, Stuttgart, 1827–1830. 40 vols.

*

AN DIE GÜNSTIGEN [AOS LEITORES AMIGOS]. — (*WGA*, 15–16; *GW*, I,   *Pág. 23*
5–6; *SA*, I, 12.) — Publicado em *Neue Schriften*, vol. VII, pág. 3.
Mantém o mesmo lugar em *Werke*, Tubinga, 1806–1810, vol. I,
pág. 3. — A leitura do poema justifica imediatamente o lugar de
«inscrição» que lhe demos na nossa colectânea. O seu tom lírico
geral e a sua concentração fizeram com que o preferíssemos à longa
alegoria de *Zueignung*, que figura à frente das Poesias Completas de
Goethe, e à *Vorklage*, que se lhe segue. Restituímo-lo assim, aliás, à
função que o próprio Poeta lhe atribuiu ao pô-lo à frente do 7.º vol.
das *Neue Schriften*, que continha as suas produções líricas novas.
— É possivelmente de Agosto de 1799, escrito no *Gartenhäuschen*
das margens do Ilm.

RITMOS LIVRES, ODES, HINOS. — A primeira secção destes Poemas   *Págs. 25–79*
de Goethe é constituída por composições em *ritmos livres*. Suponho
que não ficará mal aqui um brevíssimo excurso sobre a natureza e
evolução de tal maneira poética.

O grande escândalo da poesia portuguesa moderna foi, e
continua a ser em certa medida, embora a brotoeja me pareça
ter já vencido a sua fase aguda e a sua virulência, provocado por
certos seus traços formais, principalmente pela liberdade de ritmo.
O leitor comum, habituado ao cânone métrico tradicional, que
aceitava por único, inultrapassável e inalterável no seu fundo,
reagiu — e com razão — contra o que lhe parecia licença e desa-
foro negadores da compostura e da externa decência da Poesia;
Tomando o hábito pelo monge, vá de recorrer — e agora já sem
razão — ao insulto desabrido e à teimosa incompreensão. Por seu

259

lado, muitos dos cultores da nova (?) forma poética agarraram-se ao exemplo dos seus imediatos antecessores e fizeram da liberdade de ritmo a máxima — quando não a única — característica da sua arte. Daqui o fatal desencontro e o mútuo alheamento de poetas e público, com todas as suas funestas consequências. Pior ainda: — daqui a tendência para ceder, consciente ou inconscientemente, à *facilidade* da nova maneira, e a queda inevitável na mistificação ocasional e na vulgaridade, e também na injustiça da valorização e da arrumação crítica. Certas tentativas esporádicas de exegese da nova maneira provocaram, em determinadas camadas de leitores, um simulacro de aceitação entusiástica que não deixa de estar maculada de presunção *snobbish*.

Ora, a verdade é que, olhado historicamente, o fenómeno poético da liberdade de ritmo é velhíssimo, e só a nossa incultura — que não está em mínima parte do lado daqueles que a praticam e da crítica «esclarecida» — pode justificar a escandalosa contenda.

Façamos desde já notar que, em nosso entender, a própria índole das línguas germânicas, que faz da sílaba radical — normalmente a primeira da palavra — a portadora da tonicidade, de certo modo predispõe e parcialmente condiciona a nova rítmica. Lembremos que foi isto mesmo que determinou o primitivo sistema poético germânico do verso em *Stabreim* ou aliterado. — No fenómeno apontado reside, ao que nos quer parecer, o máximo obstáculo que se opõe à transplantação destes ritmos, com a plena validade expressional que possuem nas germânicas, para as línguas românicas, e à sua definitiva aclimatação ao nosso sistema tónico, com a sua tendência predominante para a acentuação final, — o que, aliás, não quer significar da nossa parte desconhecimento do valor das novas tentativas e experiências rítmicas na nossa poesia moderna. Bem ao contrário! — O problema, que aqui mal podemos aflorar, requer, porém, mais largo tratamento e não cabe no nosso propósito presente. Retomemos, pois, o fio.

NOTAS E COMENTÁRIOS

Dentro da litertura de expressão inglesa, o processo, que aqui radica principalmente na linguagem bíblica, não se inicia, como vulgarmente se supõe, com Walt Whitman, o grande mestre de Fernando Pessoa-Álvaro de Campos, seu introdutor e até agora mais hábil cultor entre nós. Basta recordar apenas o exemplo de ritmo libérrimo dos *Livros Proféticos* de William Blake.

Mas, atendendo à literatura alemã que de momento nos importa, deixando a outros o cuidado de ascender aos modelos clássicos, principalmente a Píndaro, a que os alemães do século XVIII se encostaram, verifiquemos que foi Klopstock quem, em 1754, com a ode *Die Genesung*, e sobretudo em 1758, com a ode *Dem Allgegenwärtigen*, lançou por primeira vez mão dos ritmos livres para exprimir uma nova situação poética. Essa exaltação hínica — de funda raiz religiosa, portanto — encontrou, em Klopstock, a sua mais bela expressão na ode *Die Frühlingsfeier*, de 1759.

Convém notar que o lirismo de Klopstock, pela rejeição definitiva da rima e pelo regresso aos modelos métricos clássicos, tendia naturalmente para a liberdade rítmica a que foi finalmente levado, não tanto por sugestão de Píndaro e dos poetas ditirâmbicos, como pelos versículos curtos e anestróficos dos *Salmos*.

Embora a iniciasse, não foi Klopstock quem levou a nova forma ao máximo da sua força expressiva. Isso ficou reservado a poetas de mais funda capacidade de identificação com as forças telúricas — ao jovem Goethe, a Novalis, a Hölderlin sobretudo, e a Nietzsche nos seus *Dionysos Dithyramben*; mais modernamente a R. M. Rilke (nas *Elegias de Duíno*) e a G. Trakl.

Assim se vai, com relativa rapidez, atingindo a concordância morfológica do poema com a exaltação ditirâmbica do cantor, fixando-se, para não mais se perder, o novo género lírico do *hino*. Saído da concentração anímica da ode, transcende-a, porém, no ardor e no delírio báquico do *entusiasmo* — *entusiasmo* bem no seu sentido etimológico de transporte ou arrebatamento divino. Aqui já não é só o devoto que louva ou implora, é o próprio deus que pelo poeta canta ou se exalta.

Mas — cautela! — não vamos disto concluir precipitadamente a necessidade da pura e simples relaxação formal, do desbordamento verbal incontrolado. A *aparente* liberdade rítmica não é licença, é, no fundo, uma suprema *necessidade* de expressão. Será agora que se exigirá o máximo de disciplina e domínio para apreensão das mais vivas e profundas virtualidades da língua, do seu recôndito génio. A estrofe perde totalmente a sua regularidade rígida, desaparece a articulação rimática com todos os valores melódicos que dela dependem, o verso individualiza-se e chama a si a independência, a soberania rítmica. Mais ainda: — a palavra readquire toda a sua densidade de sentido e a sua virginal força evocativa de múltiplas relações; pura, tensa, concentrada, astral, é ela que verdadeiramente passa a dominar. Isto traz, inevitavelmente, a quebra dos moldes rítmicos tradicionais e também, muitas vezes, a subversão sintáctica. Esta *liberdade* é, ao cabo, uma atroz e torturante subordinação a todas as forças expressionais da língua, conjuntamente com uma sublimação do sentido da responsabilidade ética do seu culto. E é claro que a transposição artificial e impertinente destes processos para a expressão de disposições líricas de tom menor só pode ser prejudicial e ineficaz. Aí são a melodia, o doce e brando fluir de sons e cores, o inapreensível deslizar, o *Schmelz*, enfim, de que fala E. Staiger[1], que devem imperar. Por isso, a lírica fundamentalmente amorosa é canção, é *Lied*, e, originariamente gémea da música, a ela se vem casar facilmente. Subjectiva por pessoal e individualmente circunscrita, não lhe irá bem um conjunto de processos atinente à conquista da pura objectividade poética. A emoção *individual*, predominantemente amorosa — repetimos —, será o seu domínio próprio, ao passo que ao *hino*, com a sua amplitude de movimentação rítmica, com a sua sobreposição

---

[1] *Grundbergriffe der Poetik*, Zurique, 1946, pág. 75.

NOTAS E COMENTÁRIOS

polifónica — digamos assim—, estará reservado o *mito* e tudo o que ele implica de colectivo e de supra-individual. Se aquela é uma arte da solidão — e mesmo assim só de certas horas pudicas de graciosa e gratuita conjunção anímica de poeta e leitor —, se, para comunicar-se, requer o canto individual perante auditório reduzido em ambiente discreto e recatado, e dificilmente aguenta a declamação em público, nas grandes salas ou perante numerosas assembleias — (quem é que se atreve a recitar versos de amor sem receio do ridículo?) —; o hino, pelo contrário, dirige-se às massas, pede a declamação vibrante perante uma comunidade que se quer captar e aliciar, é intrínseca e potencialmente córico e apostrófico.[2]

Todas estas considerações teóricas não podem destruir, aliás, o facto bem patente das tentativas de adaptação dos ritmos livres a modalidades líricas diferentes da ode e do hino. O próprio Goethe — como podemos verificar, por exemplo, nas composições atrás transcritas nas págs. 206 e 212 — ocasionalmente os empregou na lírica amorosa. Os exemplos da moderna literatura portuguesa são também numerosos e bem conhecidos. Devemos, no entanto, notar — seja qual for o grau de beleza formal que aqui se consiga atingir — que o processo dos ritmos livres, para poder ser eficiente, sofre então um *abrandamento*, um *abaixamento de tom* que, de certo modo, vem trair a necessidade de compromisso com a melodia e a rítmica tradicionais.

---

[2] Sobre *Ritmos Livres* v.: *Reallexikon der deutschen Literaturgeschichte...* herausg. von *P. Merker und W. Stammler, s. v. Freie Rhythmen; Deutsches Literaturlexikon* de W. Kosch, em publicação (A. Francke Verlag, Berna), *s. v. Freie Rhythmen*, onde se encontrará a bibliografia essencial; v. também: W. Kayser, *Das sprachliche Kunstwerk*, Berna, pág. 97 (ou a trad. portuguesa *Fundamentos da Interpretação e da Análise Literária*, Coimbra, 1948, I, pág. 126); W. Kayser, *Kleine deutsche Versschule*, Berna, 1946, *passim;* A. Closs, *Die freien Rhythmen in der deutschen Lyrik (Versuch einer übersichtlichen Zusammenfassung ihrer entwicklungsgeschichtlichen Eigengesetzlichkeit)*, 1947.

J. W. GOETHE — *POEMAS*

O que atrás fica — e muito mais que não cabe aqui dizer — pode documentar-se com toda esta primeira secção da nossa colectânea de *Poemas* de Goethe, de que damos versões portuguesas que, embora infelizmente o não alcancem, se esforçam por fazer o máximo de justiça às características formais dos originais, com absoluto respeito pelo conteúdo.

Além dos hinos e odes atrás transcritos e traduzidos, e poucos mais, Goethe usou os ritmos livres também em todo o drama fragmentário da juventude *Prometheus*, e em certos passos do *Fausto* em que a emoção desbordante rebentou as cadeias métricas tradicionais: — na fala de Fausto ao pressentir a aproximação do Espírito da Terra (vv. 467–478), e, conjugados com a rima, na cena da confissão de Fausto a Margarida (vv. 3426–3458). Já na velhice, no *West-Östlicher Divan* — e como isto é característico dessa fase de *renovada puberdade!* —, Goethe retoma, em certos poemas, como já fizemos notar, os ritmos livres da juventude.

Págs. 26–35   WANDERERS STURMLIED [CANÇÃO DO VIANDANTE SOB A TEMPESTADE]. — (*WGA*, 261–264; *GW*, I, 245–248; *DjG*, II, 124–127; *SA*, II, 67–71.) — Publicado em *Nordische Miscellen*, vol. XIII, Hamburgo, 1810. — É o primeiro de uma longa série de poemas em ritmos livres, quase todos — os que reputamos mais importantes e acessíveis ao leitor português — aqui incluídos. Foram escritos, na sua maioria, entre 1772–1780. Este é de Março ou Abril de 1772, e o próprio Goethe, no XII Livro de *Dichtimg und Wahrheit*, nos refere as circunstâncias em que nasceu: —

De regresso a Francoforte, depois da dolorosa experiência da despedida da amada de Sesenheim, Friederike Brion, Goethe «sem poder perdoar a si mesmo a infelicidade» que provocara, vê-se possuído de um forte sentimento de culpa. Salva-se na comparticipação e no alívio das dores alheias, e faz-se o confidente de muitos infelizes. O desassossego íntimo faz dele, por muitos anos, um andarilho incansável. O círculo de amigos conhecia-o então por *der*

NOTAS E COMENTÁRIOS

Wanderer, ...der gutherzige Wanderer, ...notre cher pélerin, ...der liebe Pilgrim... (v. *DjG*, VI, 186). Habituou-se a «viver na estrada e a vaguear, como um recoveiro, entre a montanha e a planície». Mais que nunca voltado «para o mundo aberto e para a Natureza livre», vai a pé de Francoforte a Homburgo, de Francoforte a Darmstadt. Vai cantando, nessas longas caminhadas de libertação, «estranhos hinos e ditirambos», dos quais se salvou este. «Ia cantando», — escreveu ele — «com veemência esta meia-tolice, quando, no meio do caminho, uma terrível tempestade me surpreendeu, sem me poder furtar a ela.»

M. Morris (*DjG*, VI, 185) reporta a este poema o passo da carta de Goethe a F. Jacobi de 31 de Agosto de 1774: «Aqui vai uma ode, para a qual só o viandante em perigo pode inventar melodia e comentário.»

Todo o hino é feito sob o signo dos Gregos: Anacreonte, Teócrito e, principalmente, Píndaro, cujas *Olímpicas* lia ao tempo e traduziu em parte (*DjG*, III, 83). Dele tirou, sobretudo, o impulso ditirâmbico e o carácter rapsódico do poema.

Altamente elucidativa neste conjunto é a carta a Herder, de Wetzlar, por volta de 10 de Julho de 1772, em que se lê:

«Moro agora em Píndaro, e se a magnificência do palácio pudesse dar a felicidade, eu tinha de ser feliz. [...]

«Desde que não recebo notícias vossas, têm sido os Gregos o meu único estudo. Primeiro limitei-me ao Homero; depois, por causa do Sócrates, entrei no Xenofonte e no Platão; só então se me abriram os olhos para a minha indignidade, topei com Teócrito e Anacreonte; por fim, alguma coisa me atraiu a Píndaro, a que ainda estou preso. De resto, não fiz mais nada, e ainda anda tudo cá dentro em terrível confusão. Também o bom espírito me descobriu finalmente o fundo do meu ser de pica-pau[3]. Revelou-se-me ao

---

[3] Em carta a Herder, da Primavera ou do Verão de 1771, Goethe escreve: «Vi um pica-pau empalhado. Não é um pássaro vulgar.» V. *DjG*, II, 21.

J. W. GOETHE — *POEMAS*

ler as palavras de Píndaro ἐπικρατεῖν δύνασθαι[4]. Quando estás animoso no carro, e quatro novos cavalos se empinam sem obedecer às rédeas, e tu vais dirigindo a sua força, metendo na linha com o chicote o que sai para o lado, fazendo baixar o que se empina, e corres e guias e voltas, chicoteias, paras, e de novo disparas, até que todas as dezasseis patas levam compassadas à meta — isso é que é mestria, ἐπικρατεῖν, virtuosidade. Mas quando eu passeei apenas por toda a parte, só por toda a parte espreitei. Em parte alguma agarrei. Agarrar, deitar a mão é que é a essência da mestria. [...] eu acho que todo o artista nada é enquanto as suas mãos não trabalharem plasticamente. [...] Quereria rezar como Moisés no Corão: Senhor, abre-me espaço no meu peito estreito.»[5] — Este passo pode ficar aqui também como exemplo da prosa Goetheana da fase do *Sturm und Drang*, galopada, ofegante, cheia de elipses e de suspensões. —

As três partes em que o poema externamente se divide correspondem a três movimentos internos bem marcados. O ritmo de marcha, resoluto e audaz, domina toda a primeira peça, com as suas apóstrofes às Musas e às Cárites (Graças) que o acompanham e o protegem, enquanto ele, fustigado pela chuva e pelo granizo da tempestade primaveril, avança, como um deus, por sobre a lama da terra. — Na segunda parte surge-nos a figura crestada do camponês, possivelmente companheiro casual do Poeta; invocação ao Pai Brómio (o Baco «rugidor»), «Génio do século» que encontra no vinho a fonte do seu entusiasmo, enquanto em Píndaro ele brotava da «chama interior», do «calor da alma»; exaltação da fúria poética e desse ardor íntimo de Píndaro a que o Poeta aspira para ir ao

---

[4] ἐπικρατεῖν δύνασθαι — é o final da 1.ª estrofe da 8.ª *Nemeia* de Píndaro: «saber dominar».

[5] Cf. *Alcorão*, Cap. 20, vers. 26. — Nos *Excertos do Corão* feitos pelo jovem Goethe da tradução alemã de Megerlin, encontra-se também este passo (*DjG*, III, 134).

encontro — não para ficar passivamente à espera — dos fulgores de Febo Apolo; surpreende-se já uma breve nota de desânimo e de incerteza. — Finalmente, a imploração a Júpiter Plúvio, que o envolve, o protege e o anima; repúdio da poesia anacreôntica e da disposição idílica de Teócrito; a verdadeira poesia só se abre, como a Píndaro, no meio dos perigos das corridas vertiginosas dos jogos olímpicos (cf. a carta a Herder atrás traduzida); então é que a chama divina visita os poetas. E o poema acaba, humilde e desfalecido, com o cantor exausto implorando ao deus, em ritmo ofegante, que lhe conceda apenas o ardor bastante para poder atravessar ainda o mar de lama que o separa da choupana que finalmente o acolhe.

V. 34. — *Das Herz der Wasser* («o coração das águas»). — Nota E. Staiger (*Goethes Gedichte mit Erläuterungen von...*, Manesse Verlag, Zurique, 1949, II vol., pág. 348) que é assim que Jakob Böhme chama ao céu. — Quando, de futuro, recorramos a esta esplêndida edição, citaremos apenas o nome do comentador, seguido da indicação de volume e página.

Vv. 52–58. — O passo ficou já explicado na página anterior. — E. Staiger (II, 348) recorda, muito a propósito, os versos do *West-Östlicher Divan* em que o que aqui se diz da poesia dos velhos e dos novos tempos é aplicado à velhice e à juventude do indivíduo:

> *Trunken müssen wir alle sein!*
> *Jugend ist Trunkenheit ohne Wein;*
> *Trinkt sich das Alter wieder zu Jugend,*
> *So ist es wunderbare Tugend.*

> *[Ébrios todos nós temos de ser!*
> *Juventude é ebriedade sem beber;*
> *Se, bebendo, o velho volta à juventude,*
> *É isso então admirável virtude.]*

J. W. GOETHE — POEMAS

V. 86. — *Taubenpaar* («o par de pombas»), atribuído por Klopstock a Anacreonte na ode *Der Lehrling der Griechen*, v. 3 e segs. (cf. E. Staiger, II, 350):

Wen als Knaben, ihr einst Smintheus Anakreons
   Fabelhafte Gespielinnen,
Dichterische Tauben, umflogt...

   [Quem vós, ó outrora fabulosas companheiras
     De Anacreonte Smintheu,
   Poéticas pombas, em menino envolvestes de vosso voo...]

V. 97. — *Den blumensingenden.* — *WGA* e *DjG* dão *Den bienensingenden*, que é o que se lê no manuscrito. Semelhantemente *HD*(6), II, 65, que diz que a expressão quer significar ser «o seu canto tão doce como se as abelhas lhe tivessem sagrado os lábios, como se conta de Píndaro». Opina ainda que *blumensingend* é simples erro de impressão ocasionado por *blumenglücklichen* do v. 89. — *GW* e *SA*, embora a última registe a variante constante de manuscritos, dão a lição que nós seguimos. — Na 1.ª impressão lê-se *bienensaugenden*.

V. 108. — *DjG*, VI, 187, e *HD*, I, *cit.*, dão *Kieselwetter* como forma dialectal equivalente a *Hagelwetter*, «saraivada».

V. 109. — Cf. a nota de Staiger (II, 351): «*Die Seele Pindars glühte den Gefahren Mut entgegen*» — «a alma de Píndaro ardia coragem ao encontro dos perigos». — A ser exacta esta interpretação, a tradução que proporíamos seria: «*É que a tua alma, Píndaro, ardia corajosa / De encontro aos perigos.*» — Mantenho, porém, a

---

(6) Por inadvertência, não incluímos no lugar próprio, pág. 257, esta sigla que passamos a usar para indicar os vols. de *Gedichte* de Goethe em *Deutsche National-Literatur... herausgegeben von J. Kurschner*, vols. 82 (I), 83 (II) e 84 (III), editados por *Heinrich Düntzer*.

NOTAS E COMENTÁRIOS

minha interpretação: «glühte» rege os dois acusativos «Gefahren» e «Mut». Cf., no entanto, vv. 62–63. — Fundamental para a interpretação de toda a ode é o passo de vv. 59–70: O deus não assiste a quem passivamente o aguarda, mas a quem vai activamente ao seu encontro, levado do próprio calor interior. Daqui a condenação da poesia anacreôntica e idílica, e a exaltação da poesia pindárica, que arranca corajosa dos perigos das carreiras olímpicas.

A presente versão de *Wanderers Sturmlied* é, com algumas correcções, a que publicámos em *Confronto*, II, Coimbra, 1946.

MAHOMETS GESANG [CÂNTICO DE MAOMÉ]. — (*WGA*, 251–253; *GW*, I, 236–237; *SA*, II, 53–55; cf. *DjG*, III, 138–141.) — Publicado sob o título *Gesang* e assinado E. O. no *Musen-Almanach* de Gotinga para o ano de 1774, sob a forma originária de canto alternado (*Wechselgesang*) entre Ali e Fátema. Sob a forma e com o título actual, publicado no vol. VIII, págs. 183–186, de *Goethe's Schriften*, Leipzig, 1787–1790. — Foi tudo o que o Poeta directamente aproveitou e incorporou na sua obra, do esboço de drama da juventude sobre a vida do Profeta, escrito provavelmente entre o Verão de 1772 e a Primavera do ano seguinte (v. *DjG*, VI, 294). Os fragmentos do drama que se conservaram podem ler-se, p. ex., em *DjG*, III, 136–141, e *GW*, VIII, 388–392. Constam de um hino de abertura dito por Maomé, seguido de uma cena em prosa entre Halima (sua mãe adoptiva — *Pflegemutter*) e o herói, e do *Wechselgesang*, de que foi tirado o poema. Notável como peça lírica é o hino inicial, paráfrase poética dos versículos 75–79 do Cap. VI (*Os Rebanhos*) do Alcorão, que Goethe traduziu para alemão da versão latina de Maracci (v. *DjG*, III, 133–134). No manuscrito que Goethe deu a Frau von Stein, o hino está dividido em estrofes, mas não ordenado em versos. Ei-lo como ele se lê em *GW*, VIII, 388:

Págs. 36–41

J. W. GOETHE — *POEMAS*

MAHOMET (ALLEIN)

Teilen kann ich euch nicht dieser Seele Gefühl.
Fühlen kann ich euch nicht allen ganzes Gefühl.
Wer, wer wendet dem Flehen sein Ohr?
Dem bittenden Auge den Blick?

Sieh, er blinket herauf, Gad der freundliche Stern.
Sei mein Herr du! Mein Gott. Gnädig winkt er mir zu!
Bleib! Bleib! Wendst du dein Auge weg?
Wie? Liebt ich ihn, der sich verbirgt?

Sei gesegnet, o Mond! Führer du des Gestirns,
Sei mein Herr du, mein Gott! Du beleuchtest den Weg.
Lass! lass nicht in der Finsternis
Mich! irren mit irrendem Volk.

Sonn, dir glühenden weiht sich das glühende Herz.
Sei mein Herr du, mein Gott! Leit, allsehende, mich.
Steigst auch du hinab, herrliche?
Tief hüllet mich Finsternis ein.

Hebe, liebendes Herz, dem Erschaffenden dich!
Sei mein Herr du, mein Gott! Du allliebender, du,
Der die Sonne, den Mond und die Stern
Schuf, Erde und Himmel und mich.

NOTAS E COMENTÁRIOS

Tradução:

MAOMÉ (só):

Não posso repartir por vós o sentir desta alma.
Não posso fazer-vos sentir a todos o meu sentir.
    Quem, quem é que presta ouvido à oração?
        Quem volta os olhos pra o olhar suplicante?

Olha, eis que surge e brilha Gad(7), *o astro amável.*
Sê tu o meu Senhor, o meu Deus! Gracioso eis que me acena.
Detém-te! Detém-te! Voltas de mim o olhar?
        Pois como? Amei-o eu, a ele que se esconde?

Sê bendita, ó Lua! Tu, que és guia das estrelas,
Sê tu o meu Senhor, o meu Deus! Tu alumias-me o caminho.
    Oh! não me deixes! não me deixes nas trevas
        Errar com o povo errante!

Ó Sol, a ti, ardente, se vota o coração ardente.
Sê tu o meu Senhor, o meu Deus! Guia-me tu, tu que tudo vês!
    Também tu desapareces, ó magnificente!
        Fundas trevas me envolvem.

Eleva-te, coração amante, até ao Criador!
Sê tu o meu Senhor, o meu Deus! Ó amantíssimo, tu
    Que criaste o sol, a lua e as estrelas,
        A terra, o céu e a mim mesmo.(8)

---

(7) *Gad* — O planeta Júpiter (v. *Dichtung und Wahrheit*, Livro XIV, *GW*, XVI, 176).

(8) Eis o passo respectivo do Corão: — «Mostrámos a Abraão o reino dos céus e da terra, para tornar a sua fé inabalável. — Logo que a noite o cercou das suas sombras, viu ele uma estrela e exclamou: Eis o meu Deus!

271

J. W. GOETHE — *POEMS*

O que atrás dissemos poderia já dispensar-nos de chamar a atenção para o equívoco do título do poema: originariamente um canto dialogado entre o fiel general de Maomé, Ali, e a sua esposa Fátema, filha dilecta daquele, em louvor do Profeta, na forma que Goethe lhe deu ao incluí-lo entre as suas poesias deverá interpretar--se — não, como à primeira vista poderá parecer, como cântico que Maomé entoe, mas sim como cântico de que Maomé é objecto; canta-se Maomé, não é ele *quem* canta.

O complexo de problemas que o fragmento dramático suscita não tem aqui que preocupar-nos, nem nomeadamente o de saber qual o lugar que caberia ao *Cântico* dentro do plano do drama. Ao escrever, 40 anos depois, em 1813, o XIV Livro de *Dichtung und Wahrheit* (v. GW, XVI, 174–177), Goethe, recorrendo apenas às suas reminiscências, «reconstruiu» um plano do drama que dificilmente se conjuga com os fragmentos que mais tarde vieram a ser descobertos e com as circunstâncias cronológicas que os viram nascer. A questão, como disse, está fora do nosso propósito presente. Foi estudada na monografia de Minor, *Goethes Mahomet* (Iena, 1907) e por Saran, *Goethes Mahomet und Prometheus* (Halle, 1914). Importa, contudo, fixar que a tragédia de Maomé ressaltará da necessidade de, para dar execução à sua doutrina, lançar mão de meios terrenos, inclusivamente da violência e da astúcia. *Das Irdische wächst und breitet sich aus, das Göttliche tritt zurück und wird getrübt*[9]. — Quando Ali e Fátema erguem o seu cântico de

---

Desaparecida a estrela, disse ele: Eu não adorarei deuses que desaparecem. — Ao ver a lua erguer-se, disse: Eis o meu Deus! Quando a lua se pôs, acrescentou: Se o Senhor me não tivesse iluminado, estaria no erro. — Tendo aparecido o sol no oriente, exclamou: É este o meu Deus; ele é maior do que os outros. Quando o sol acabou a sua carreira, continuou: Ó meu povo, eu não partilho no culto das vossas divindades. — Ergui a minha fronte para aquele que formou os céus e a terra. Adoro a sua unidade. A minha mão não oferecerá incenso aos ídolos.»

[9] «O elemento terrestre cresce e expande-se, o divino recua e tolda-se.» — *Loc. cit.* de *Dichtung und Wahrheit*, pág. 176.

NOTAS E COMENTÁRIOS

louvor e profecia, Maomé está «no auge do seu êxito», imedia-
tamente antes da fatídica viragem para o terreno, que levará à
catástrofe do envenenamento e da morte.

Como muito bem nota Max Morris (*DjG*, VI, 295), a imagem
da torrente impetuosa e irresistível, aqui aplicada à expansão de
uma alta ideia indomável e avassaladora, sobre que todo o poema
é construído, é o desenvolvimento da que se lê na *Geschichte
Gottfriedens von Berlichingen mit der eisernen Hand dramatisirt*
(*DjG*, II, 230). Fala Weislingen, que diz de Sickingen:

*Ich hass ihn sein Ansehn nimmt zu wie ein Strom der nur einmal
ein Paar Bäche gefressen hat, die übrigen geben sich von selbst.*[10]

V. 27. — Schlangenwandelnd — «Em marcha sinuosa de serpente.»
— Conscientemente mantemos a redundância da tradução.

V. 28-29. — Bäche schmiegen Sich gesellig an. Tentámos na
tradução reproduzir a ideia de «associação» expressa em *gesellig*
e a de «humildade» implícita no verbo. Este, contudo, transmite
também o seu quê de afectividade ou necessidade de carinho e, ao
mesmo tempo, de insinuação, que é preciso pôr em relevo.

V. 44-45. — ...ein Hügel hemmet uns zum Teiche! — É impos-
sível — ou nós não conseguimos... — dar por um só verbo transitivo
português toda a força do verbo alemão. A versão presente parece-
-nos, contudo, preferível à que demos em *Seara Nova*, n.º 1000,
pág. 104: *«Uma colina Detém-nos e faz de nós tanques!»*

*V. 57. — der Türme Flammengipfel — «as torres de cumes chame-
jantes»* dos raios do sol.

V. 60-61. — Zedernhäuser — «Casas de cedro»: navios (*HD*, II, 52).

PROMETHEUS [PROMETEU]. — (*WGA*, 268–269; *GW*, I, 251–252;   *Págs. 42–47*
DjG, IV, 38–40; *HD*, II, 69–71; *SA*, II, 76–78). — Publicado em *Über
die Lehre des Spinoza in Briefen an den Herrn Moses Mendelsohn,*

---

[10] «Odeio-o; a sua reputação cresce como uma torrente que apenas
precisou de devorar um par de regatos: os restantes entregam-se-lhe por si.»

J. W. GOETHE — *POEMAS*

de F. H. Jacobi, Breslau, 1785, sem nome do autor. Incorporado em *Goethe's Schriften*, VIII, 207–209. — Sobre a história do texto e o lugar que ocupa no drama da juventude e na obra de Goethe v. o prefácio à nossa tradução: *Prometeu (Fragmento dramático da juventude)*, Seara Nova, Lisboa, 1949; 2.ª ed., Coimbra, 1955.

A versão primitiva reproduzida em *DjG* difere consideravelmente da definitiva no arranjo estrófico, na divisão métrica e em vários pormenores de linguagem e pontuação. A variante mais digna de registo é dos versos 49–50:

Weil nicht alle Knabenmorgen
Blütenträume reifften.

M. Morris (*DjG*, VI, 350) considera as duas expressões substantivas como um só composto: *Knaben-Morgen-Blüten-Träume* ou *Knaben--Morgen-Bluten-Träume*. — *HD* dá, em vez de *Knabenmorgen*, *Knabenmärchen*.

Vv. 3–4. — A tradução literal, que não aceitamos por pouco eufónica, seria: «...*qual menino / que decapita cardos*». — A imagem, segundo M. Morris, é tirada de *Ossian*, I, 57: «*Warriors fell by thy sword as the thistle by the staff of a boy*» — «Guerreiros abatidos pela tua espada como o cardo pela vara de um menino.» Cf., no entanto, *HD*, I, *cit.*

A presente versão, agora corrigida, foi publicada por primeira vez, sem nome do tradutor, na revista *Manifesto*, n.º 2, Coimbra, 1936.

Págs. 48–51   GANYMED [GANIMEDES]. — (*WGA, 270; GW*, I, 253; *DjG*, IV, 40–41; *HD*, II, 72–73; *SA*, II, 79–80.) — Publicada em *Goethe's Schriften*, VIII, 210–211, logo a seguir à composição anterior de que é, de certa maneira, o complemento, pelo mesmo sentido do *Allgöttliches*, a Divindade omnipresente e amantíssima, que age em todas as coisas e em todos os seres, os solicita e lhes estende os braços, *umfangend umfangen*. Além do mito clássico de Ganimedes,

NOTAS E COMENTÁRIOS

o menino que a águia de Zeus vem arrebatar da terra para o convívio dos deuses, que às mãos do Poeta sofre significativa e genial alteração, é preciso ter bem presente a situação concreta e momentânea do jovem que, deitado sobre a relva primaveril, mergulha e se perde na contemplação da vida que enxameia à sua volta, para depois, voltando-se a olhar o céu, ver pairar as nuvens que nele despertam o desejo alado de se identificar, de se fundir com as forças da Natureza, alargando a todo o Universo a intensidade incomportável do seu sentir, incorporando em si tudo o que o envolve, o chama e finalmente o arrebata para uma eternização do momento e um alargamento até ao infinito da realidade espacial directamente vivida. É aqui, e em algumas mais composições deste período, que o panteísmo do jovem Goethe atinge a concentração e força máxima da sua expressão lírica, alargando a todo o Universo o abalo do sentir individual. Por aqui se compreende que as líricas de Goethe sejam para o próprio Poeta *Gelegenheitsgedichte*, «poesias de ocasião», não no sentido da condescendência e da exploração premeditada do favor das circunstâncias externas, mas sim no da perda absoluta, da entrega total e incondicional à vivência do momento que o abala, para se lhe sobrepor e o transcender em beleza definitiva, universal, eterna.

Este mesmo desejo de voar se exprime no *Fausto*, logo no primeiro grande monólogo, quando o herói desalentado se dirige à lua (*Ach! könnt ich doch auf Bergeshöhn In deinem lieben Lichte gehn, Um Bergeshöhle mit Geistern schweben, Auf Wiesen in deinem Dämmer weben...*([11])), e na cena *Vor dem Tor*, quando, perante o espectáculo do sol poente, Fausto exclama: *O dass kein Flügel mich vom Boden hebt, Ihr nach und immer nach zu streben!*([12]), e assim

---

([11]) «*Pudesse ao menos, À tua cara luz, nos altos montes Correr, ir com espíritos em torno Das grutas revoar das serranias, Ao crepúsculo teu, vagar nos prados...*» — Trad. de A. de Ornelas.

([12]) «*Oh! não me erguer da terra asa nenhuma, Para seguir trás dele sempre, sempre!*» — Trad. de A. de Ornelas.

J. W. GOETHE — *POEMAS*

até final da fala, num sonho fúlgido que o transporta por sobre montes, vales e mares, levado do sentimento inato que *hinauf- und vorwärtsdringt*([13]). — Semelhantemente no *Werther* — e o paralelo é já clássico —, o mesmo sentir se exprime nas cartas de 10 de Maio e de 18 de Agosto, que extractamos nas partes essenciais para o nosso propósito. —

... Wenn das liebe Tal um mich dampft, und die hohe Sonne an der Oberfläche der undurchdringlichen Finsternis meines Waldes ruht, und nur einzelne Strahlen sich in das innere Heiligtum stehlen, ich dann im hohen Grase am fallenden Bache liege, und näher an der Erde tausend mannigfaltige Gräschen mir merkwürdig werden; wenn ich das Wimmeln der kleinen Welt zwischen Halmen, die unzähligen, unergründlichen Gestalten der Würmchen, der Mückchen näher an meinem Herzen fühle, und fühle die Gegenwart des Allmächtigen, der uns nach seinem Bilde schuf, das Wehen des Allliebenden, der uns in ewiger Wonne schwebend trägt und erhält; mein Freund! wenn's dann um meine Augen dämmert, und die Welt um mich her und der Himmel ganz in meiner Seele ruhn wie die Gestalt einer Geliebten; dann sehne ich mich oft und denke: «Ach könntest du das wieder ausdrücken, könntest du dem Papiere das einhauchen, was so voll, so warm in dir lebt, dass er würde der Spiegel deiner Seele, wie deine Seele ist der Spiegel des unendlichen Gottes!»...

... — Vom unzugänglichen Gebirge über die Einöde, die kein Fuß betrat, bis ans Ende des unbekannten Ozeans weht der Geist des Ewigschaffenden und freut sich jedes Staubes, der ihn vernimmt und lebt. — Ach damals, wie oft habe ich mich mit Fittichen eines Kranichs, der über mich hin flog, zu dem Ufer des ungemessenen Meeres gesehnt, aus dem schäumenden Becher des Unendlichen jene schwellende Lebenswonne zu trinken und nur einen Augenblick in der eingeschränkten Kraft meines Busens einen Tropfen der

---

([13]) «...acima e avante o leve» — *Id.*

NOTAS E COMENTÁRIOS

Seligkeit des Wesens zu fühlen, das alles in sich und durch sich hervorbringt.[14]

A versão original de *Ganymed* reproduzida em *DjG* difere da definitiva na divisão métrica e na pontuação. A variante mais notável é a do 1.º verso, em que se lê *Morgenroth* em vez de *Morgenglanze*.

A presente versão portuguesa foi por primeira vez publicada na nossa colectânea de *Poemas* de Hölderlin, Lisboa, 1945, págs. 138–139.

AN SCHWAGFR KRONOS [A CRONOS AURIGA]. — *WGA*, 260–261; *GW*, I, 243–244; *DjG*, IV, 165–167; *HD*, II, 60–61; *SA*, II, 65–66.) — Publicado em *Goethe's Schriften*, VIII, 198–200. — Em começos de Outubro de 1774, de viagem para Karlsruhe, parou Klopstock em Francoforte-do-Meno; Goethe acompanhou-o depois possivelmente

Págs. 52–55

---

[14] *... Quando à minha volta se ergue a névoa deste vale amado, e o sol se detém à superfície da obscuridade impenetrável do meu bosque, e apenas um ou outro raio a custo consegue entrar no íntimo do santuário, e eu estou deitado no meio da alta relva junto ao regato que se vai despenhando, e a meus olhos, mais próximos da terra, se revelam mil ervinhas diferentes; quando sinto mais junto ao coração o formigar do pequeno mundo entre os cálamos, as inúmeras e insondáveis figuras dos pequenos vermes e insectos, e sinto a presença do Omnipotente, que nos criou à sua imagem, o hálito do Amantíssimo que nos traz e mantém pairando em delícia eterna; ó meu amigo! quando então tudo é crepúsculo a meus olhos, e o mundo à minha volta e todo o céu repousam dentro da minha alma como a imagem de uma amada; então sinto muitas vezes em mim uma saudade e penso: «Oh! se tu pudesses dar expressão a isto, se tu pudesses insuflar no papel o que com tal plenitude e tal calor vive dentro de ti, de modo que isso fosse o espelho da tua alma, como a tua alma é o espelho do Deus infinito!»...*

... — Da montanha inacessível sobre o deserto que pé algum jamais pisou, até aos confins do oceano ignoto, sopra o espírito do Criador eterno e rejubila com cada grão de poeira que o sente e o vive. — Oh! outrora, quantas vezes não senti eu a ânsia de me elevar nas asas do grou, que por cima de mim voava, até às praias do mar ilimitado, de beber da taça espumante do Infinito aquela túrgida delícia da vida, e de sentir, apenas por um momento, na limitada força do meu peito, uma só gota da ventura daquele Ser que em si e por si tudo cria.

até Mannheim (v. *DjG*, VI, 401). Foi ao regressar a Francoforte, a 10 de Outubro, na mala-posta, como se lê na cópia de Frau von Stein (*HD*, II, 60), que o poema nasceu.

A sublimação da modesta situação real às alturas de símbolo da carreira da vida é característica do poder de poetização de Goethe. Como bem nota M. Morris (*DjG*, I, págs. XL-XLI), o motivo do movimento físico elevado a símbolo da vida brota do sentimento da alegre plenitude corpórea e anímica que impele o Poeta. Exemplos deste processo de transposição simbólica de situações triviais da vida real são *Wanderers Sturmlied, Seefahrt, Mut, Ganymed...*

O cocheiro da mala-posta, ei-lo se transforma em Cronos, o deus do tempo, a guiar o carro da vida.[15] A ascensão difícil e ofegante encosta acima, a chegada ao cume do monte e o descortinar do vasto panorama, o breve descanso na estalagem e a bebida servida pela moça fresca e sadia que os recebe à porta, depois a descida vertiginosa monte abaixo enquanto o sol declina, e, finalmente, a chegada às portas da cidade ao cair da noite — tudo isto se transforma e ganha valor simbólico. Desejo de morte na plenitude da força e da beleza, para fugir ao triste destino de uma decrepitude trémula e desdentada[16] e poder entrar no reino dos mortos com impetuosidade juvenil que chame à porta o próprio Plutão a dar afável as boas-vindas ao novo hóspede.

---

[15] Como se lê na nota de *GW*, I, 377, tal ideia do Poeta faz lembrar o passo de *Egmont*: «*Wie von unsichtbaren Geistern gepeitscht, gehen die Sonnenpferde der Zeit mit unsers Schicksals leichtem Wagen durch...*» — «*Como que açoitados por espíritos invisíveis, os cavalos-de-sol do tempo arrastam desenfreados o leve carro do nosso destino...*»

[16] M. Morris (*DjG*, VI, 402) recorda o passo da carta de Goethe a Frau von Stein de 19 de Maio de 1778: «*Ich habe die Götter gebeten dass sie mir meinen Muth und grad seyn erhalten wollen biss ans Ende, und lieber mögen das Ende vorrücken als mich den lezten Theil des Ziels lausig hinkriechen lassen.*» — «*Eu pedi aos Deuses que me mantenham até ao fim a coragem e o aprumo, e que antes apressem o fim do que me façam arrastar miseravelmente na última parte do caminho para a meta*».

NOTAS E COMENTÁRIOS

Todo o poema está cheio de fortes onomatopeias que se casam felicissimamente com a variedade de ritmos para dar a sugestão dos obstáculos que roubam o fôlego na subida e da vertigem da descida. Atendeu-se a tudo isto, dentro do que nos foi possível sem cair no virtuosismo e no artifício, na passagem ao português, mesmo no uso de expressões populares nossas aproximadas das do original.

A primeira versão, que é a reproduzida em *DjG*, acaba com uma imagem mais poderosa do que a definitiva:

Dass der Orkus vernehme: ein Fürst kommt,
Drunten von ihren Sizzen
Sich die Gewaltigen lüfften.

[Que o Orco saiba: é um Príncipe que chega,
E que lá em baixo dos seus assentos
Os Poderosos se ergam.]

Não são apenas imagens e representações da escatalogia nórdica que aqui nos surgem, mas também reminiscências clássicas e bíblicas, nomeadamente de Isaías, 14,9, que damos, para se poderem ver as coincidências verbais, na tradução alemã de Lutero: — *Die Hölle drunten erzitterte vor dir, da du ihr entgegenkamst. Sie erwecket dir die Toten, alle Gewaltigen der Welt, und heisst alle Könige der Heiden von ihren Stühlen aufstehen...»* — (Leia-se, sobre este assunto, o magnífico *Exkurs über den Schluss des 'Schwager Kronos' und den Ausgang des Urfaust*, de K. Burdach, em *Vorspiel*, II, págs. 324 e segs.).

V. 1. — Conservamos a forma dialectal *spude dich*, correspondente a *spute dich*.

V. 5. — *Zaudern*, originariamente *Haudern*, «andar devagar».

A nossa versão foi publicada no n.º 1019 da *Seara Nova*, de 8 de Fevereiro de 1947.

J. W. GOETHE — *POEMAS*

Págs. 56–59   GESANG DER GEISTER ÜBER DEN WASSERN [CANTO DOS ESPÍRITOS SOBRE AS ÁGUAS]. — (*WGA*, 253–254; *GW*, I, 238; *HD*, II, 52–53; *SA*, II, 56–57.) — Publicado em *Goethe's Schriften*, VIII, 187–188. — Escrito durante a segunda viagem de Goethe à Suíça, entre 9 e 11 de Outubro de 1799, sob a impressão imediata que lhe causou o espectáculo do Staubbach (assim chamado certamente pela «poeira» em que a água se transforma ao despenhar-se em cascata dos altos rochedos — cf. vv. 11–13) junto de Interlaken. Na carta de 9 de Outubro a Frau von Stein, lê-se:

«... *Wir haben den Staubbach bei gutem Wetter zum erstenmal gesehen die Wolken der Obern Luft waren gebrochen und der blaue Himmel schien durch. An den Felswänden hielten Wolken, selbst das Haupt wo der Staubbach herunter kommt, war leicht bedekt. Es ist ein sehr erhabener Gegenstand. Und es ist vor ihm, wie bei allem grossen so lang es Bild ist so weis man doch nicht recht was man will. Es lässt sich von ihm kein Bild machen [...]. Jezo sind die Wolken herein ins Thal gezogen und deken alle die heitern Gründe. Auf der rechten Seite steht die hohe Wand noch hervor über die der Staubbach herab kommt...* ([17])

Do final da carta de 14 de Outubro à mesma destinatária, depreende-se que Goethe lhe enviara o poema e lhe pedia que o copiasse e o mandasse a Knebel.([18])

([17]) «... *Vimos pela primeira vez o Staubbach com bom tempo; as nuvens lá no alto tinham-se rasgado e o céu azul aparecia por entre elas. Havia nuvens reclinadas nas escarpas, mesmo o cume donde desce o Staubbach estava ligeiramente coberto. É uma coisa sublime. E acontece com ele o que se dá com tudo o que é grande: enquanto o vemos apenas em pintura, não sabemos bem o que queremos. É impossível desenhá-lo [...]. As nuvens invadiram agora o vale e cobrem todos os terrenos risonhos. Do lado direito ergue-se ainda a alta escarpa por sobre a qual se despenha o Staubbach...*» — *V*. Goethes Briefe an Charlotte von Stein *(ed. da* Deutsche Bibliothek in Berlin), *vol. 1*, pág. *134.*

([18]) «*Von dem Gesange der Geister hab ich noch wundersame Strophen gehört, kann mich aber kaum beyliegender erinnern. Schreiben Sie doch sie für*

NOTAS E COMENTÁRIOS

O título original era *Gesang der lieblichen Geister in der Wüste* e estava escrito, como a primeira versão do *Cântico de Maomé*, na forma de canto alternado entre dois espíritos; ao primeiro pertenciam os versos 1–4, 8–17, 23–24, 28–29, 32–33, os restantes ao segundo.[19]

Faz parte de um grupo de hinos de novo tom lírico, a que pertencem também *Harzreise im Winter*, *Meine Göttin*, *Grenzen der Menschheit*, *Das Göttliche*. Está ultrapassada a fase do titanismo indómito do *Sturm und Drang* com o seu intransigente e genial individualismo a desafiar os deuses; agora há repousada circunspecção e meditada mestria, e é bem patente a influência moral de Frau von Stein. Manifestam-se preocupações religiosas de novo carácter. Ideia e imagem centrais são o homem e a sua alma, enquadrados na marcha da Natureza e regidos por potências superiores. Entre céu e terra se desdobra o amplo jogo do seu destino, em constante alternância. A água, que no *Cântico de Maomé* nos aparece em carreira impetuosa e indomável como a vida do Profeta e a ideia que a anima, deixa-se agora prender já num lago liso, espelho tranquilo dos astros todos. A partir de agora, a atitude de Goethe é a de submissão humilde às altas forças que soberanas determinam o destino do homem.

V. 25. — Emendamos a 1.ª versão — *lago liso* — para desfazer a aliteração e fugir à proximidade do *desliza* do verso anterior. A lisura do lago implica, aliás, a ideia de mansidão.

Knebeln ab, mit einem Grus von mir.» — *«Do Canto dos Espíritos ouvi ainda estrofes admiráveis, mas mal me posso recordar das que vão juntas. Copie-as e mande-as a Knebel, com cumprimentos meus.»* Id., pág. 137. — Deve ter-se perdido, ao que nos quer parecer, outra carta em que se falava do mesmo assunto.

[19] V. *Goethes Briefe an Charlotte von Stein*, 1, 142–143. — Está entre as páginas de diário que vão até 15 de Outubro e a carta datada de Payerne, 20 de Outubro.

J. W. GOETHE — *POEMAS*

Págs. 60-65

MEINE GÖTTIN [A MINHA DEUSA]. — (*WGA*, 254-257; *GW*, I, 239-241; *HD*, II, 54-56; *SA*, II, 58-60.) — Publicado em *Goethe's Schriften*, VIII, 189-192. — Durante uma viagem de inspecção na companhia do duque de Weimar, escrevia Goethe a Frau von Stein, de Kaltennordheim, na noite de 14 de Setembro de 1780:

O thou sweet Poetry ruf ich manchmal und preise den Marck Antonin glücklich, wie er auch selbst den Göttern dafür danckt, dass er sich in die Dichtkunst und Beredsamkeit nicht eingelassen. Ich entziehe diesen Springwercken und Caskaden soviel möglich die Wasser und schlage sie auf Mühlen und in die Wässerungen aber eh ichs mich versehe zieht ein böser Genius den Zapfen und alles springt und sprudelt. Und wenn ich dencke ich sizze auf meinem Klepper und reite meine pflichtmässige Station ab, auf einmal kriegt die Mähre unter mir eine herrliche Gestalt, unbezwingliche Lust und Flügel und geht mit mir davon.[20]

Isto dá bem a situação do Poeta desviado da sua natural vocação para as ocupações absorventes dos negócios administrativos; e foi de semelhante disposição de ânimo que brotou o poema à Fantasia, a caprichosa filha dilecta de Júpiter, que Goethe enviou no dia imediato a Frau von Stein, como agradecimento pela carta recebida dela e «em vez de tudo o mais que do dia de hoje teria a

---

[20] «*O thou sweet Poetry* — exclamo eu muitas vezes e considero feliz Marco Antonino quando agradece mesmo aos deuses por não se ter dado à poesia e à retórica. Eu tiro quantas águas posso destas fontes e cascatas para as guiar para os moinhos e para as regas; mas mal me precato, vem um génio mau e tira o batoque, e lá salta e jorra tudo. E quando imagino que vou bem montado no meu sendeiro a percorrer o caminho da ordem, eis que de repente a pileca toma uma figura magnífica, ardor indomável e asas, e lá parte comigo à desfilada» (*Goethes Briefe an Charlotte von Stein*, 1, 208-209.) — O passo em inglês é do final do poema de Goldsmith «The Deserted Village». Leio no meu exemplar: *And thou, sweet Poetry, thou lovesliet maid...* — O passo de Marco Aurélio é dos *Pensamentos*, Livro 1, 17.

NOTAS E COMENTÁRIOS

dizer»[21]. — Os versos finais apresentam-nos a Esperança como irmã mais velha da Fantasia. Ainda tão longe de *Urworte. Orphisch*, já aqui se anuncia a *Elpis* que, com um simples golpe de asas, nos faz transpor eternidades.[22]

A versão original do poema pode ler-se na cit. ed. das cartas a Frau von Stein, págs. 210–212.

V. 16. — A nova versão — *estouvada* em vez de *louca* — parece-me corresponder melhor à intenção do original.

V. 66. — *Frauen* é um genitivo do singular.

GRENZEN DER MENSCHHEIT [LIMITES DA HUMANIDADE]. — *WGA*, 271–272; *GW*, I, 254–255; *HD*, II, 73–74; *SA*, II, 81–82.) — Publicado em *Goethe's Schriften*, VIII, 212–214. — Tom e tema do hino colocam-no à volta de 1780, e é possivelmente a ele que se refere o bilhete a Frau von Stein, de 1 de Maio desse ano: — *Ich schicke Ihnen das höchste und das tiefste eine Hymne und einen Schweinstall. Liebe verbindet alles.*[23]

Págs. 66–69

De novo se impõe o confronto com os hinos de Francoforte, especialmente *Prometheus*[24]. À desbordante obstinação prometeica opõe-se agora a limitação e a atitude de humildade em face da dependência e nulidade da vida humana perante a impossibilidade das potências divinas que assistem indiferentes às nossas lutas e vãs aspirações. A atenção do Poeta concentra-se exclusivamente nesta ideia que vai desdobrando e aprofundando anaforicamente em três imagens sucessivas. — Solicitações alternadas de céu e

---

[21] *Briefe an Charlotte von Stein*, 1, 212.

[22] *V.* atrás, págs. 232–233.

[23] «Mando-lhe o mais alto e o mais baixo: um hino e uma pocilga. O amor tudo liga.» (*Briefe an Charlotte von Stein*, 1, 183). — A «pocilga» deve ser um desenho do Poeta.

[24] Von Loeper (cf. *HD*, II, 73) considera o nosso hino «simultaneamente uma palinódia do *Prometeu* e do *Ganimedes*». Semelhantemente, e pelas mesmas palavras, Gundolf (*Goethe*, Berlim, 1922, pág. 280) alarga este carácter de retratação da atitude de *Prometeu*, ao hino seguinte, *Das Göttliche*.

J. W. GOETHE — *POEMAS*

terra: — joguete de nuvens e ventos quando tenta erguer-se aos astros, insignificância radical quando se prende à terra, a vida individual do homem é espacial e temporalmente limitada por um anel estreito, e só encontra justificação na sucessão intérmina da cadeia de gerações, com os deuses calmos e imóveis a verem, da margem, passar por eles a torrente eterna do existir.

V. 40. — Na cópia de Herder lê-se *sie* em vez de *sich*. É a versão aceite por *WGA*. — A adoptarmos esta lição, a interpretação da última estrofe terá de ser totalmente diversa: — o pronome só poderá então referir-se aos deuses que irão ligando os vários «anéis» das gerações humanas à «cadeia infinita» do seu próprio existir. Isto, no entando, está em desacordo com a ideia nodal da impassibilidade dos deuses. *V.* sobre este assunto: E. Ermatinger, *Die deutsche Lyrik*, I, Berlim, 1921, pág. 165.

A nossa versão foi publicada em *Poemas* de Hölderlin, pág. 175–176, onde chamámos a atenção para a semelhança de tema com a *Canção do Destino de Hypérion*.

Págs. 70–75   DAS GÖTTLICHE [O DIVINO]. — (*WGA*, 272–274; *GW*, I, 255–256; *HD*, II, 74–77; *SA*, II, 83–85.) — Publicado, como *Prometheus*, mas agora com indicação de autor, sem título, em *Über die Lehre des Spinoza in Briefen an den Herrn Moses Mendelsohn*, Breslau, 1785, de F. H. Jacobi. Incorporado em *Goethes Schriften*, VIII, 215–218. — As circunstâncias e a época em que o hino foi escrito não foram ainda indiscutivelmente esclarecidas; indubitável é, porém, pertencer ele ao período que vai de 1780 a 1783. Muito provavelmente, é a ele que se refere o bilhete de 19 de Novembro de 1783 a Frau von Stein, em que se lê: — *«Schicke mir doch die Ode wieder ich will sie in's Tiefurter Journal geben du kannst sie immer wieder haben»*[25]. Com efeito, no número 40 deste jornal

---

[25] «Peço-te que me mandes outra vez a ode, que a quero mandar ao Jornal de Tiefurt. Podes reavê-la sempre que queiras.» *(Briefe an Charlotte von Stein*, II, 40.)

NOTAS E COMENTÁRIOS

manuscrito, o último que contém colaboração de Goethe, foi incluído o hino, sem título (v. *HD*, II, 74). — Menos legítimo me parece querer concluir da carta a Lavater de 22 de Junho de 1781 (e não de Janeiro, como se lê em *GW*) qualquer espécie de ligação cronológica com o nosso poema, como faz o anotador de *GW*, I, 378. A relação que Ermatinger (*op. cit.*, 166) estabelece entre o poema e a carta escrita do Harz a Frau von Stein a 20 de Setembro de 1783 parece-me mais aceitável.

Se olharmos em sucessão os hinos *Prometheus*, *Grenzen der Menschheit* e *Das Göttliche*, poderemos verificar três fases notáveis da posição religiosa de Goethe em progressão: sentimento intransigente da liberdade individual e obstinação titânica contra a tirania dos deuses velhos, humildade radicada no sentimento da nulidade da vida humana, e, finalmente, ascensão ao sentido da nobreza e da liberdade moral que individualiza o homem, o distingue de todos os outros seres e o irmana aos deuses que pressente e cria dentro de si.

Enquadrados no Cosmos e submetidos à rigidez brônzea das leis da Natureza insensível, sujeitos ao arbítrio da Fortuna cega, todos os seres — e o homem entre eles — têm de fechar o círculo da sua existência de criaturas. (Até aqui, como se vê, nada se adiantou ainda sobre *Grenzen der Menschheit*.) Só o homem, porém, consegue o que é impossível para todos os outros seres: distinguir, escolher, julgar, buscar eternizar o momento fugaz — ascender à liberdade moral, progredir na sua humanidade, enfim, agindo em competição com a imagem ideal dos imortais que criou à sua semelhança[26] e

---

[26] Cabe aqui o passo da carta a Lavarter atrás referida sobre a sua imagem do Cristo: — «... *das du alle köstliche Federn, der tausendfachen Geflügel unter dem Himmel, ihnen, als wären sie usurpirt, ausraufst, um deinen Paradiesvogel ausschliesslich damit zu schmüken, dieses ist, was uns nothwendig verdriessen und unleidlich scheinen muss, die wir uns einer ieden, durch Menschen, und dem Menschen offenbarten, Weisheit zu Schülern hingeben, und als Söhne Gottes ihn in uns selbst, und allen seinen Kindern anbeten.*»

J. W. GOETHE — *POEMAS*

em que concentrou «tudo aquilo que de melhor em si conhece» e a que chama «Deus, mesmo o *seu* Deus» (cf. atrás *Proömion*, págs. 228–229). O homem nobre, que é o homem caridoso e bom, será, pois, o *Vorbild* — o exemplo e o modelo — dos seres incógnitos que pressentimos; e a sua acção será fundamento da crença na real existência deles.

V. 10. — Certamente por descuido, este verso não foi incluído na ed. das *Schriften* e nas posteriores. Só em *SA* foi restituído. Figura, contudo, no texto de Jacobi. Sem ele não se compreenderia, aliás, o resto da estrofe.

Págs. 76–79   DAS LIED DER PARZEN [A CANÇÃO DAS PARCAS]. — (*GW*, VII, 90–91.) — É extraída do final do 4.º acto de *Iphigenie auf Tauris.* — Posta na contingência, pelas instâncias de Pílades, de se tornar infiel ao rei Thoas que a protegera sempre, e de assim pôr em perigo a sua pureza, único garante de vir a limpar de vez a maldição dos Deuses que pesa sobre a descendência de Tântalo, Ifigénia é assaltada por pensamentos de revolta contra a Necessidade (*Not*) que parece querer impor-lhe a injustiça da mácula de tal resolução; recorda a velha canção das Parcas que na meninice a ama lhe cantava a ela e aos irmãos, lembrando a velha história do infeliz fundador da dinastia dos Tantálidas:

> *Vor meinen Ohren tönt das alte Lied —*
> *Vergessen hatt ichs und vergass es gern —*
> *Das Lied der Parzen, das sie grausend sangen,*

«... que tu arranques todas as plumas preciosas às milhentas aves que há debaixo do céu, como se fossem usurpadas, para com elas enfeitares exclusivamente a tua ave do paraíso, isso é o que necessariamente tem de nos desgostar e de nos parecer intolerável, a nós que nos dedicamos como discípulos a toda a sabedoria revelada por homens, e ao homem, e que como filhos de Deus o adoramos em nós mesmos e em todos os seus filhos.»

NOTAS E COMENTÁRIOS

Als Tantalus vom goldnen Stuhle fiel:
Sie litten mit dem edeln Freund; grimmig
War ihre Brust, und furchtbar ihr Gesang.
In unsrer Jugend sang's die Amme mir
Und den Geschwistern vor, ich merkt es wohl.

[A meus ouvidos soa a canção velha —
Esquecera-me dela, e de bom grado —
Das Parcas a canção, que horríveis a cantaram
Quando da áurea cadeira caiu Tântalo:
C'o nobre amigo sofriam; 'stava irado
Seu peito, terrível era o canto.
Cantou-ma a ama a mim e a meus irmãos,
Na nossa juventude, e na mente a guardei.]

E segue a canção que reproduzimos. O que ela exprime já não é, como vemos pela produção anterior, válido para a situação subjectiva do Poeta, nem mesmo para a posição fundamental da heroína do drama, cuja acção é exactamente determinada pela liberdade e beleza morais que subjugam e purificam as próprias maldições dos deuses. A sua inclusão na nossa colectânea justifica-se, pois, pela sua intrínseca beleza poética, não pelo seu valor como testemunho lírico de Goethe, que já ultrapassara ao tempo a posição expressa, coincidente com a de *Grenzen der Menschheit*.

Vv. 32-33. — A nova versão portuguesa destes dois versos, embora ritmicamente inferior à primeira, faz, no entanto, justiça a certas subtilezas do original que na anterior se perdiam.

CANÇÕES. — Neste segundo grupo de poemas, juntámos canções que vão desde o período de Estrasburgo, com *Willkommen und Abschied* e *Heidenröslein*, até *Dem aufgehenden Vollmond*, de 1828, da última velhice, portanto. Só esta constância do género através de

Págs. 81–115

J. W. GOETHE — *POEMAS*

toda a vida do Poeta justifica o pecadilho cronológico da colocação de algumas delas, como as três primeiras, depois dos hinos e das outras composições em ritmos livres que lhes são posteriores. Arbitrariedades desta ordem são inevitáveis em colectâneas da natureza da presente, em que o agrupamento por géneros tem de ir ao lado do agrupamento por obras ou ciclos. A cronologia, de resto, é estabelecida nas notas, sempre que possível, para cada composição individualmente.

Ao começar a escrever esta nota introdutória às canções de Goethe, mais uma vez me oprime gravemente a consciência o ousio da publicação das minhas traduções. Sendo, como são, simples tentativas de apropriação *pessoal* de poemas em língua estranha que tiveram o condão de mover-me, a sua revelação pública aumenta a responsabilidade de quem a comete; e nem a consciência nítida das suas deficiências minora essa responsabilidade. O próprio Poeta, no entanto, me poderá talvez salvar...

O facto, geralmente aceite e frequentemente afirmado, da intransponibilidade de uma voz profundamente lírica para qualquer outra língua, repousa na indissolúvel união da essência poética com a sua vestidura verbal. A palavra adquire, no poema lírico, uma vida específica para lá do seu sentido corrente. Fica como que repassada da alma do verso, da sua musicalidade, do seu ritmo, do seu colorido, de tal maneira que, havendo coragem de proceder à bárbara operação, a substituição por outra do mesmo conteúdo lógico e do mesmo valor métrico actua imediatamente, num poema perfeito, como arrepiante mutilação. Ora, se a transposição para outra língua for apenas o resultado da ponderação analítica das características verbais do poema original e da sua dissecação formal, toda a vivência imediata que lhe é essencial se perderá irremediavelmente, e a tentativa redundará, no melhor dos casos, em desenxabido e sábio artifício ou foguetório de virtuosismo. Uma rima rebuscada laboriosamente para salvar uma característica formal, a preferência

NOTAS E COMENTÁRIOS

de uma palavra a outra para manter caprichosamente uma aliteração ou uma gradação vocálica, uma torção sintáctica só significativa pela correspondência com outra existente no original — qualquer destes recursos, se for apenas produto de uma vontade de transposição, bastará para matar o *quid* lírico indefinível que faz o encanto do poema primitivo. Isto, evidentemente, não quer significar que todo o trabalho de reflexão e de aturado estudo crítico do poema haja de ser eliminado. Bem ao contrário... Mas, terminado ele, há-de haver uma segunda fase — ou melhor, o regresso à fase preliminar que será sempre a do primeiro contacto — de entrega *ingénua*, de abandono incondicional e desprevenido ao sortilégio do poema. O tradutor ideal será, pois, aquele que consiga uma identificação anímica com a situação do poeta e o motivo do poema, e tenha a felicidade de poder exprimi-los imediata, espontânea e *naturalmente*. Quer dizer: — o tradutor ideal deverá ser um *re-criador*. E quem consegue sê-lo plenamente? — *Conseguir* implica já esforço voluntário — e a coisa exclui liminarmente o simples *querer*, porque repousa num natural *poder*.

Mas — disse eu atrás — o Poeta poderá salvar-nos neste apuro... pelo menos em parte. — Disse ele um dia que só uma versão em prosa poderia dar a medida real da vida autêntica contida num poema. (Não posso agora identificar o passo, mas a ideia é bem esta.) Tomemos a declaração de Goethe pelo que ela vale, reconhecendo a falsidade da sua posição. Mas aproveitemo-la, na diminuta parte válida, transportando-a para o caso da tradução para língua estranha, e ponhamo-la à prova no caso das suas próprias canções para vermos se, mesmo deficientemente transpostas, podem conservar, pela pureza do motivo e a verdade da situação, algo do seu poder mágico. Para o valor formal... há sempre o recurso ao confronto com o original. A tradução será tão-somente — e mais não quer ser — um triste remedeio interpretativo e uma aventura exegética. Neste propósito se usou do maior escrúpulo de fidelidade ao conteúdo e se teve em vista, persistentemente, a maior exactidão que nos foi possível. Nunca, por amor da forma, quisemos sacrificar o fundo, certo como estávamos da impossibilidade de manter intacta a beleza original. Sempre que a rima surja naturalmente, aproveita-se; mas não se sacrifica a interpretação à habilidade formal, sobretudo quando esta implique traição das intenções do texto. Um ou outro desvio encontrará quase sempre nas notas que se seguem a sua justificação.

Não cabem aqui — nem seriam possíveis por haverem de ser longas para serem convincentes — a definição e a demonstração da primazia de Goethe dentro da história de todo o lirismo de canção em língua alemã. Quem conheça a língua, fácil lhe será verificar a justeza do asserto; quem a não conheça, terá de contentar-se com a afirmação, que ninguém contesta, e de se entregar à vivência imediata dos poemas.

Págs. 82–85 WILLKOMMEN UND ABSCHIED [BOAS-VINDAS E DESPEDIDA]. — (*WGA*, 49; *GW*, I, 35–36; *HD*, I, 45–47; *DjG*, II, 59–60; *SA*, I, 68–69.) — Publicada na I*ris*, 3.º fascículo do 2.º vol., Março de 1775, págs. 244–245, sem título, em versão defeituosa, reproduzida de memória; nova publicação em *Goethe's Schriften*, VIII, 115–116, com o título *Willkomm und Abschied*; com novas alterações e o título definitivo em *Goethe's Werke*, Tubinga, I, 42–43. — A acidentada transmissão do texto torna difícil a restituição da versão original. Há, porém, cópia dos 10 primeiros versos no espólio de Friederike Brion. Com base nesta e nas impressões da I*ris* e das *Schriften*, resconstitui-a assim *DjG*:

> *Es schlug mein Herz, geschwind zu Pferde,*
> *Und fort! wild wie ein Held zur Schlacht.*
> *Der Abend wiegte schon die Erde*
> *Und an den Bergen hieng die Nacht.*

NOTAS E COMENTÁRIOS

Schon stund im Nebelkleid die Eiche
Wie ein gethurmter Riese da,
Wo Finsterniss aus dem Gesträuche
Mit hundert schwarzen Augen sah.

Der Mond von einem Wolkenhügel,
Sah schläfrig aus dem Duft hervor;
Die Winde schwangen leise Flügel,
Umsausten schauerlich mein Ohr;
Die Nacht schuf tausend Ungeheuer
Doch tausendfacher war mein Muth;
In meinen Adern welches Feuer!
In meinem Herzen welche Gluth!

Dich sah ich, und die milde Freude
Floss von dem süssen Blick auf mich.
Ganz war mein Herz an deiner Seite,
Und ieder Atemzug für dich.
Ein rosenfarbes Frühlings Wetter
Umgab das liebliche Gesicht,
Und Zärtlichkeit für mich — Ihr Götter!
Ich hofft' es, ich verdient' es nicht!

Doch ach! schon mit der Morgensonne
Verengt der Abschied mir das Herz:
In deinen Küssen welche Wonne!
In deinem Auge welcher Schmerz!
Ich gieng, du standst und sahst zur Erden,
Und sahst mir nach mit nassem Blick;
Und doch, welch Glück! geliebt zu werden,
Und lieben, Götter, welch ein Glück!

J. W. GOETHE — *POEMAS*

As versões da *Iris* e das *Schriften* podem ler-se em *DjG*, VI, 163–165. Digna de registo é, pela inversão da situação, a versão de *Iris* nos versos 30–31:

Du giengst, ich stund, und sah zur Erden,
Und sah dir nach mit nassem Blick...

Deve ser da primavera de 1771, no auge do idílio de Sesenheim. Descreve a ida de Goethe de Estrasburgo, a cavalo, de noite, para a aldeia de visita à filha do pastor Brion, a ventura do encontro e a dor da despedida. É o primeiro grande poema de amor de Goethe. Predomínio do ardor sentimental, viveza de fantasia que o faz encher a noite de personificações monstruosas, ossiânicas. — *V.* análise do poema em Ermantinger, *op. cit.*, págs. 112–113.

V. 17. — Die milde Freude: Mild está aqui, segundo Staiger (I, 440), ainda no sentido antigo de *«reichlich spendend, freigebig».* — Nesta conformidade se emenda a tradução que tem a seu favor, além da exactidão, também a vantagem de não antecipar a expressão de «ternura» que surge no v. 23. — No mesmo sentido de Staiger v. também *Goethes Werke, Hamburger Ausgabe, Textkritisch durchgesehen und mit Anmerkungen versehen von Erich Trunz*, Hamburgo, 1948, vol. I, pág. 425. Aqui recomendamos ao estudioso de Goethe esta esplêndida edição que de futuro citaremos abreviadamente como «Hamburger Ausgabe», com indicação de volume e página.

Págs. 85–87   HEIDENRÖSLEIN [ROSINHA DO SILVADO]. — (*WGA*, 182, *GW*, I, 7–8; *HD*, I, 11; *DjG*, II, 61–62; *SA*, I, 16.) — Publicada em *Von deutscher Art und Kunst*, Hamburgo, 1773, de Herder, sob a epígrafe *Fabelliedchen*, e interpretada como canção popular infantil; Herder repetiu a publ. nos seus *Volkslieder* (1779), com o título *Röschen auf der Heide* e com a nota *Aus der mündlichen Sage* («da tradição oral»); como produção própria reivindicou-a Goethe finalmente pela inclusão no vol. VIII das *Schriften*, págs. 105–106. — A aventura

NOTAS E COMENTÁRIOS

da transmissão do texto explica já por si que a crítica se tenha preocupado durante muito tempo com o problema de saber se se trata verdadeiramente de uma composição de Goethe ou de simples recolha de canção popular. O assunto está largamente tratado por M. Morris em *DjG*, VI, 166–172. Pode agora dizer-se que na base da canção de Goethe está efectivamente a canção popular de nove estrofes de oito versos com o refrão *Röslein auff der Heyden*, que se lê na colecção *Blumm und Aussbund Allerhandt Ausserlesener Weltlicher, Züchtiger Lieder und Rheymen*, de Paul von Aelst, 1602. Uma das estrofes já se encontra num cancioneiro de Nuremberga de 1586. Trata-se, portanto, de um *Volkslied* do séc. XVI. É uma canção de amor, e dela teria recebido Goethe a sugestão para a sua, aproveitando-lhe o refrão e uma ou outra expressão, e reduzindo-a à extrema concentração dramática das três estrofes que lemos. Tendo-a comunicado a Herder (que lhe chamara a atenção para as belezas do *Volkslied* e o entusiasmara à sua recolha), possivelmente sem lhe dizer que se tratava de elaboração própria, este tomou-a por uma autêntica canção popular e reproduziu-a (de memória, como confessa —, e daí determinadas falhas da sua lição) no seu artigo, e mais tarde na colectânea de *Volklieder*. O mesmo Herder fabricou sobre ela a sua canção infantil moralizante *Die Blüthe*, expurgando o tema de todo o erotismo, que se encontra no *Silbernes Buch* manuscrito de Carolina Flachsland, de Junho de 1771. Daqui a possibilidade de datar com probabilidade a canção de Goethe da Primavera do mesmo ano. *Heidenröslein* não é, portanto, uma canção popular, mas sim uma canção que Goethe, fundamente identificado com a alma do povo, vazou nos moldes e no tom do *Volkslied*, como de resto aconteceu com outras produções suas, por exemplo a balada *Das Veilchen* (v. *GW*, I, 87).

Reproduzimos a seguir a versão do *Fabelliedchen* que Herder publicou (*DjG*, VI, 169–170):

J. W. GOETHE — *POEMAS*

FABELLIEDCHEN

Es sah' ein Knab' ein Rösslein stehn
Ein Rösslein auf der Heiden.
Er sah, es war so frisch und schön
Und blieb stehn, es anzusehn
Und stand in süssen Freuden.
Rösslein, Rösslein, Rösslein roth,
Rösslein auf der Heiden!

Der Knabe sprach: ich breche dich!
Rösslein etc.
Das Rösslein sprach: ich steche dich!
Dass du ewig denkst an mich
Dass ichs nicht will leiden!
Rösslein etc.

Jedoch der wilde Knabe brach,
Das Rösslein etc.
Das Rösslein wehrte sich und stach,
Aber er vergass darnach
Beym Genuss das Leiden!
Rösslein etc.

Repare-se no 5.º verso da 1.ª estrofe, possivelmente o que Goethe de princípio adoptou, mais perto de outro do *Volkslied* do séc. XVI, *«so steht mein hertz in frewden»*, e mais belo que o da versão final. O fecho da 3.ª estrofe *Aber er vergass darnach / Beym Genuss das Leiden* é grosseiro e impossível de aceitar como de Goethe. Deve ter resultado de outra falha de memória de Herder.

Heideröschen não tem nome popular entre nós e é rara na nossa flora, segundo me informam os nossos botânicos. Cientificamente

NOTAS E COMENTÁRIOS

chama-se *Helianthemum fumana*. A nossa tradução quer apenas conservar ao nome da flor o seu sabor popular.

Na tradução do refrão afastámo-nos um pouco do original que literalmente diz: *Rosinha, rosinha, rosinha vermelha, / Rosinha do silvado*.

V. 18. — Em vez de *ihm*, gramaticalmente mais correcto mas que pode suscitar equívocos, lê-se em todas as edições da vida de Goethe, excepto na *Ausgabe letzter Hand,* — *ihr* (à rosinha).

Heidenröslein popularizou-se posteriormente durante o séc. XIX. Foi musicada mais de um cento de vezes, mas as melodias mais conhecidas são as de Schubert e de Schumann.

GEFUNDEN [ACHADO]. — (*WGA*, 23–24; *GW*, I, 13; *HD*, I, 18; *SA*, I, 25.) — Publicado em *Goethe's Werke*, I, 26. — Esta maravilha de frescura, de graciosa simplicidade e de sadio erotismo, que só parece compatível com a plenitude juvenil, é obra dos 64 anos de Goethe. A 26 de Agosto de 1813, numa estação do percurso de Weimar para Ilmenau, pensou o velho (?) Goethe na ventura conjugal que tinha vindo gozando ao lado da esposa, aquele simples *Naturwesen* Christiane Vulpius que há 35 anos, num momento de grande solidão, viera alegrar-lhe a vida, que lhe dera o filho e de quem finalmente, em 1806, fizera sua mulher legítima. E com esta canção celebrou as bodas de prata da feliz união. Dois dias mais tarde, no seu próprio aniversário, escrevia à esposa, depois de lhe relatar a festa de anos que lhe tinham feito: — *«Dass ich unterwegs heiter war saht ihr aus den Verslein.»*[27] Efectivamente, tudo no pequeno poema ressuma são alegria, paixão fremente, amor profundo da vida. É mais uma «poesia de ocasião» (*Gelegenheitsgedicht*) que se ergue em símbolo que ultrapassa as circunstâncias pessoais e momentâneas que a suscitaram para adquirir valor universal.

Pág. 87–89

---

[27] «Como vim alegre pelo caminho viste-lo vós pelos versinhos.»

J. W. GOETHE — *POEMAS*

Relacionados com este, estão mais dois pequeninos poemas, possivelmente nascidos na mesma altura, mas só impressos em 1827: *Im Vorübergehn*, e uma breve quintilha sem título que lhe anda apensa, ambos no mesmo metro leve de *Gefunden*. Podem ler-se em *GW*, II, 104–105.

Gefunden foi musicada, entre outros, por Zelter e por R. Strauss.

Págs. 88–89 GLEICH UND GLEICH [IGUAL COM IGUAL]. — (*WGA*, 24; *GW*, I, 13; *HD*, I, 19; *SA*, I, 25.) — Publicada em *Goethe's Werke*, I, 27. — A carta de Goethe a Zelter, de 22 de Abril de 1814, continha cópia desta pequenina canção, que o amigo mais tarde musicou. Motivo e tom levam a admitir que tenha sido escrita na mesma altura da anterior.

Págs. 88–93 MAILIED [CANÇÃO DE MAIO]. — (*WGA*, 51–52; *GW*, I, 38–39; *HD*, I, 49–50; *DjG*, II, 60–61; *SA*, I, 72–73). — Publicado em *Iris*, 1.º fascículo do 2.º vol., Janeiro de 1775, com o título *Mayfest* e a assinatura P.; incorporado em *Goetheis Schriften*, VIII, 126–127. — Parece não haver hoje quem conteste pertencer esta canção ao período dos amores de Sesenheim e ter sido escrita na primavera de 1771. A carta de 1 de Dezembro de 1774 a J. G. Jacobi, em que Goethe lhe envia várias poesias para a revista, entre elas esta, não pode ser invocada, como parece querer *HD*, para determinação da data; muito ao invés, Goethe fala aí do «sentimento de tempos passados e simultaneamente da lembrança de algumas canções que o acompanhavam». — O título primitivo *Mayfest* quadra muito melhor ao sentimento primaveril de júbilo amoroso que abraça toda a Natureza. É uma situação puramente lírica, e puramente lírica é também a sua expressão exclamativa de sentimento exaltado que dispensa todos os recursos narrativos que encontramos ainda, por exemplo, em *Willkommen und Abschied*. Emoção estreme, não sabemos bem se é a amada que a suscita, ou se é simplesmente o

NOTAS E COMENTÁRIOS

amor, um amor universal que se estende à Natureza em festa, ao mundo e à vida, enfim. E. Ermatinger (*op. cit.*, 114) escreve:

Das Mailied stellt nicht nur innerhalb der Goetheschen Lyrik, sondem in dem Werdegang der deutschen Lyrik überhaupt etwas völlig Neues dar, zu dem nur Klopstocks Oden Ansätze zeigen: die All-Einheit des lyrischen Gefühls. Die Lyrik hat hier ihren symbolischen Stil gefunden. In dem Einen spiegelt sich das Ganze, also auch unser eigenes Gefühl und Leben. Daher die Innigkeit. Das All-Einheitsgefühl, dem nichts Gewordenes fremd ist, das «überall im Innern» ist, erfasst auch uns selber und reisst uns unaufhaltsam als Gleiches zu Gleichem, als Welle zu Wellen hin in den einen Strom des Lebens. Das Mailied leitet so, nach Inhalt und Ausdruck, zu den Hymnen des Stürmers und Drängers über.[28]

A canção foi musicada repetidas vezes, entre outros, por Beethoven, E. d'Albert, H. Pfitzner, F. Lehár...[29]

V. 23. — Com *WGA*, preferimos, por mais expressivo, o primitivo *blinkt* («brilha») ao *blickt* («olha») das edições posteriores.

GLÜCKLICH ALLEIN... [FELIZ SÓ SERÁ...]. — (*GW*, VI, 474.) — Não figura nos volumes de *Gedichte* de Goethe. Fomos buscá-la ao

Págs. 92–93

---

[28] «O *Mailied* representa, não só dentro da lírica goetheana, mas em toda a evolução da lírica alemã, algo de completamente novo que as Odes de Klopstock apenas prenunciam: a unidade total do sentimento lírico. A lírica encontrou aqui o seu estilo simbólico. No objecto isolado, espelha-se o Todo, portanto, também o nosso próprio sentimento e a nossa própria vida. Daqui o seu carácter de interioridade. O sentimento da unidade do Todo a que nada do que deveio é estranho, que existe «por toda a parte cá dentro», apodera-se também de nós e arrasta-nos irresistivelmente como de igual para igual, como onda para as ondas da torrente única da vida. Assim o *Mailied* conduz, pelo conteúdo e pela expressão, aos hinos do Goethe *Stürmer und Dränger*».

[29] As indicações sucintas que damos sobre as ligações da lírica de Goethe com a música são normalmente extraídas do apêndice a *GW*, II, 515 e segs. sobre o assunto.

J. W. GOETHE — POEMAS

3.º acto de *Egmont*, onde é cantada por Klärchen, a amante do herói, passeando no quarto. Quando a mãe a manda acabar com a cantilena (*Heiopopeia* — canção de embalar), responde: — «Não me digais mal dela [...], que já muitas vezes me ajudou a embalar e a adormecer um menino grande.» — Foi musicada por Beethoven.

Vv. 6–7. — Langen no sentido de *verlangen. Langen und bangen* exprime não só o desejo, mas também a saudade apreensiva, receosa.

Págs. 94–95   AUF DEM SEE [NO LAGO]. — (*WGA*, 55–56; *GW*, I, 41–42; *HD*, I, 53–54; *DjG*, V, 257; *SA*, I, 78.) — Publicado em *Goethe's Schriften*, VIII, 144–145. — Na sua versão original, o poema nasceu a 15 de Junho de 1775, na primeira viagem de Goethe à Suíça, durante um passeio no lago de Zurique. Para medir a sua altura não teremos necessidade de recorrer à chateza enumerativa da descrição que Friedrich Stolberg, um dos excursionistas, faz do passeio à irmã Henriette em carta do dia seguinte.[30] A situação pessoal do Poeta é que precisa de ser recordada. —

Esta viagem de Goethe à Suíça teve, de certo modo, carácter de fuga às intrigas e complicações que vinham rodeando os seus amores com Lili Schönemann, a formosíssima e caprichosa burguesinha rica de Francoforte. A vida postiça de sociedade a que as novas relações o obrigavam não era condicente com o seu natural, e a quebra

---

[30] Eis, no entanto, a tradução dos passos de interesse: — «*Na quinta-feira de manhã cedo pusémo-nos a caminho e fomos para o lago [...]. Fizémo-nos levar a remos por espaço de duas horas sobre o lago; estava completamente calmo; então as belas margens atraíram-nos e resolvemos caminhar a pé. As margens do lago de Zurique são belíssimas; o caminho corre mesmo à beira da água, sempre sombreado das mais belas nogueiras. Nogueiras tão altas e fortes como carvalhos velhos, muitas delas inclinam-se para a água e dão ao nadador a mais fresca sombra. Ao meio-dia comemos em casa de um padre de aldeia [...]. Dali continuámos sempre à beira do lago; casas graciosas ficavam-nos à direita, vinhas erguiam-se acima das casas, e acima das vinhas altas montanhas. [...] Já tarde de noite, depois de andarmos durante sete horas, chegámos ao mosteiro de Santa Maria de Einsiedeln [...].*» — *V. DjG*, V, 270–271.

NOTAS E COMENTÁRIOS

tornara-se inevitável.([31]) — É a lembrança da amada que o assalta em pleno passeio.

O poema desenvolve-se, por assim dizer, em três andamentos, já bem marcados pela diferença de ritmos. A situação objectiva domina o primeiro: — a Natureza, mãe amantíssima e bela, sustenta o Poeta ao seu seio livre; tudo é movimento feito expressão directa — a onda que embala o barco, os montes coroados de névoa que *vêm ao encontro* dos remadores. — Muda o ritmo com a situação: — largo, íntimo, interrogativo, nele se reflecte a lembrança da amada e o sonho da felicidade perdida, afastado e trocado agora resolutamente por outro amor mais alto, outra vida mais livre — o amor e a vida da Natureza. — Novo salto rítmico para um regresso final à contemplação da Natureza presente que o envolve na sua tranquilidade embaladora.

O tríplice movimento — sendo o intermédio repassado de angústia interior — funde-se numa unidade perfeita que faz da composição um dos exemplos artisticamente mais acabados de toda a lírica juvenil de Goethe.

A versão original do diário de viagem, que é a que nos dá *DjG*, contém, logo de entrada, uma imagem violenta que merece registo e exame:

> *Ich saug an meiner Nabelschnur*
> *Nun Nahrung aus der Welt.*
> *Und herrlich rings ist die Natur*
> *Die mich am Busen hält.*

> *[Pelo cordão umbilical eu sugo*
> *Agora sustento do mundo.*
> *E magnífica em volta é a Natureza*
> *Que ao seu seio me mantém.]*

([31]) Os poemas *Neue Liebe neues Leben* e *An Belinden* (*CW*, I, 36–37) exprimem bem a reacção de Goethe.

J. W. GOETHE — *POEMAS*

Regressado à vida intra-uterina, o Poeta sente-se aconchegado no calor do ventre da Mãe-Natureza.

A versão definitiva começa logo por um *Und* que nos coloca de repente no desenrolar de um processo que vem de trás.

Certas ousadias de linguagem são absolutamente intransponíveis na sua sugestão poética para a nossa língua, embora susceptíveis de exegese lógica: *...Berge, wolkig himmelan, ...schwebende Sterne* («estrelas boiantes» na água do lago), *...die türmende Ferne* («o longe em torres»)...

V. 13–14. — O fulgir da água aos raios do sol é que a faz cintilar de mil estrelas que nela ficam a boiar.

Págs. 96–97   MUT [ÂNIMO]. — (*WGA*, 48; *GW*, I, 35; *HD*, I, 45; *DjG*, VI, 514; *SA*, I, 67.) — Publicado em *Der Teutsche Merkur* de 1776, 1.º trimestre, Weimar, pág. 128, com o título *Eis-Lebens-Lied*; com o título actual em *Goethe's Schriften*, VIII, 161. — O título originário exprime melhor a situação real do patinador sobre o gelo, que nós quisemos dar, explicitando-a na tradução de *Fläche* do v. 1 por «espelho de gelo». — A data de composição é duvidosa, e dela depende fundamentalmente um pormenor importante de interpretação. Se, com M. Morris (*DjG*, VI, 515), aceitarmos ser ela ainda de Francoforte, o v. 5 deverá ser, ao que nos parece, literalmente entendido como indo o poeta patinador acompanhado da amada a quem quer incutir ânimo. Se, pelo contrário, a colocarmos nos primeiros tempos de Weimar, então poderá pôr-se a hipótese da interpretação simbólica do pequeno poema como referido à nova carreira da vida do Poeta, que se dispõe a abrir, audaz e confiante, por suas próprias forças, um caminho inexplorado e possivelmente perigoso. Neste caso, há a dificuldade da exegese do v. 5, em que, como quer *HD* e se subentende no comentador de *GW*, *Liebchen* («meu amor») se dirigiria ao próprio coração. Parece-nos pelo menos ousada tal explicação, a despeito do exemplo do *Volkslied* aduzido em *GW*, em que se lê o verso O *Herz, kract' und brich nicht*

300

NOTAS E COMENTÁRIOS

(«Ó coração, não estales nem quebres»), como passo paralelo aos dois últimos versos do nosso poema. Parece-me ociosa a colação, pois mais próxima é a expressão corrente *das Herz brechen* («partir o coração»). Por nós, preferimos a interpretação realística que transparece da tradução, que se aceita sem fazer violência ao texto. Admitindo o simbolismo do poema, é conveniente recordar o passo, aduzido por Ermatinger (*op. cit.*, 141), da carta de Goethe a Johanna Fahlmer, de 22 de Novembro de 1775, poucas semanas depois da chegada a Weimar: — *Wie eine Schlittenfahrt geht mein Leben, rasch weg und klingelnd und promenierend auf und ab. Gott weis wozu ich noch bestimmt bin, dass ich solche Schulen durchgeführt werde*»[32]. Ponderemos, no entanto, que a situação, se é semelhante, não é totalmente idêntica e se baseia nas desaustinadas correrias de trenó na companhia do jovem príncipe, que provocaram escândalo na pequena corte de Weimar.

DER BECHER [A TAÇA]. — (*GW*, I, 268; *Staiger*, II, 48.) — Publicado no *Tiefurter Journal* sob o título «*Aus dem Griechischen*» («*Do Grego*»). — Este poema e o seguinte, *Nachtgedanken* (*Pensamentos Nocturnos*), não figuram na 1.ª edição desta colectânea. A sua inclusão de agora na secção de *Canções* é abusiva, pois nada no seu tom a justifica. Com isto nos adiantamos a qualquer censura que o caso possa suscitar. Nas edições de *Gedichte* de Goethe aparecem na secção de *Vermischte Gedichte*. Se para este lugar os transpusemos foi atendendo somente ao facto da sua importância para o estudo das relações amorosas de Goethe e Frau von Stein, e nenhum lugar melhor do que imediatamente antes da canção À *Lua*.

Págs. 96–99

O poema é de Setembro de 1781 e deve estar incluído no número daqueles de que fala a carta escrita de Merseburg a 22 desse mês a

---

[32] *«A minha vida é como uma viagem de trenó, rápida e com tinir de guizos e passeando de um lado para o outro. Deus sabe ao que estou ainda reservado, para passar por escolas destas.»*

J. W. GOETHE — *POEMAS*

Frau von Stein: «*....indessen ich an einigen Gedichten mich sinnend ergötzte, die ich in das Tiefurter Journal schicke von da aus sie erst meiner Besten die Cour machen sollen.*»[33] É exactamente neste mês que as relações do Poeta com Charlottec von Stein adquirem «firmeza e consoladora fundamentação»[34]. Adivinha-se do tom das cartas que, efectivamente, «qualquer voto ou sacramento» tinha unido os «dois pobres amorosos», embora não tão «visível e legalmente» como o Poeta desejara na carta escrita de Neunheiligen a 12 de Março desse mesmo ano em que confessava: «*...du weist dass ich von dir unzertrennlich bin und dass weder hohes noch tiefes mich zu scheiden vermag.*»[35]

A carta de 22 de Setembro acaba assim: «*Wie anders schreib ich dir iezt als sonsten*» («*Como a minha maneira de te escrever agora é diferente da de outrora.*») — Há, efectivamente, segurança no novo tom que de todo se confirma no ciclo de poesias a *Lida.* É este o nome poético, de disfarce, que o Poeta usa publicamente, como se vê do nosso poema, v. 13, ao passo que nas versões que por vezes acompanham as cartas aparece o familiar *Lotte.* Assim sucede no poema *An Lida*, que, na carta de 9 de Outubro de 1781, aparece sem título mas com o primeiro verso assim:

Den einzigen Lotte welchen du lieben kanst...

Merece, aliás, como precioso elemento esclarecedor da situação dos amantes, ser para aqui vertido na íntegra:

---

[33] «*...enquanto eu me deliciava meditativo com alguns poemas que envio ao Jornal de Tiefurt, e só de lá eles irão fazer a corte à minha amada.*»

[34] Günther Müller, *Kleine Goethebiographie*, Bonn, 1948, pág. 97.

[35] «*...tu sabes que sou inseparável de ti e que nem alto nem baixo me pode apartar.*»

NOTAS E COMENTÁRIOS

A LIDA

O único, Lida, que tu podes amar,
Exige-lo todo para ti, e com razão.
Também ele é unicamente teu.
Pois desde que de ti parti
Parece-me o ruidoso movimento
Da vida mais veloz
Apenas um véu ligeiro, através do qual tua figura
Eu vejo sempre como nas nuvens:
Fiel e amável ela me contempla radiosa
Como as estrelas eternas brilham
Através dos raios vários da aurora boreal.

O título primitivo *Der Becher*, aliado à forma clássica, servia para disfarçar ainda mais a situação real. *GW* (I, 380) considera o poema como transformação de um epigrama da *Antologia Grega* que Herder começara a verter para alemão em 1780.

V. 23. — *Lyäus* — Lieu — gr. λυαῖος — o deus que liberta dos cuidados = Baco.

NACHTGEDANKEN [PENSAMENTOS NOCTURNOS]. — (*GW*, I, 269; *Págs. 98–99* Staiger, II, 49.) — V. comentário ao poema anterior. Foi enviado a Frau von Stein a 20 de Novembro de 1781, acompanhado de uma carta, em que se lê: *«Was beyliegt ist dein. Wenn du willst so geb ich's in's Tiefurter Journal und sage es sey nach dem Griechischen.»*[36]

Do título originário do poema anterior e da sua forma parece-me que a carta se refere antes a ele do que ao presente. Também é possível que se refira a ambos e que a cópia do primeiro, enviada provavelmente também a Frau von Stein, se tenha perdido.

---

[36] *«O que vai junto pertence-te. Se quiseres mando-o ao Jornal de Tiefurt e digo que é adaptado do grego.»*

J. W. GOETHE — *POEMAS*

Págs. 100-103

AN DEN MOND [À LUA]. — (*WGA*, 69–70; *GW*, I, 54–55; *HD*, I, 68–70; *SA*, I, 100–101.) — Publicada em *Goethe's Schriften*, VIII, 153–154. — Antes de penetrarmos no labirinto do estudo da génese e na exegese desta poesia que alguém considera «a canção mais perfeita da língua alemã»[37], convidamos o leitor a entregar-se sem prevenção à vivência imediata dela e a deixar agir sobre si, abertamente, o sortilégio da atmosfera que a envolve. Por valiosa que possa ser a ajuda proveniente do estudo filológico e da análise estética — e estamos convencidos de que o é, caso contrário não as empreenderíamos —, ela será apenas esclarecedora da primeira emoção, apoiá-la-á e dar-lhe-á consistência, aprofundá-la-á talvez mesmo, mas não poderá nunca supri-la com os seus recursos racionalísticos e analíticos. Uma vez de posse das aquisições da investigação científica na recolha dos elementos externos de interpretação e na ponderação estética das características internas, regresse o leitor à fase primeira e esclareça e confirme-se na sua vibração emotiva originária.

Atemo-nos, no que se segue, aos resultados objectivos da análise alcançados por Julius Petersen[38], o grande mestre cujo enormíssimo saber e escrupulosa acribia recordamos com saudosa admiração. Não conhecemos estudo que neste capítulo ultrapasse o seu. Na impossibilidade de abarcar toda a literatura do assunto, seguiremos caminho próprio em matéria de interpretação.

Tal como atrás a reproduzimos e Goethe a publicou em 1789, a canção é a elaboração e alargamento, com radical modificação da atitude primitiva, de outra que adiante se transcreve em quadro sinóptico (págs. 310–311), nascida nos fins de Janeiro ou princípios de Fevereiro de 1778. Na base da sua génese está, ao que parece,

---

[37] E. Kuhnemann, *Goethe*, Leipzig, 1930, vol. I, 233.

[38] No estudo *Goethes Mondlied*, publicado em 1923 no vol. I da *Deutsche Vierteljahrsschrift für Literaturwissenschaft und Geistesgeschichte* e incorporado, depois de revisto, no vol. *Aus der Goethezeit*, Leipzig, 1932, págs. 49–68, que seguimos.

NOTAS E COMENTÁRIOS

a infeliz ocorrência, que moveu a reduzida sociedade de Weimar, da morte voluntária, na noite de 16 de Janeiro desse ano, da jovem Christel von Lassberg, que, por desgosto de amor, se atirou ao rio Ilm levando consigo um exemplar do *Werther*.[39] Havia proximamente um mês que Goethe visitara em Wernigerode no Harz o hipocondríaco Plessing, outro doente de melancolia wertheriana, *«dem Balsam zu Gift ward»*, *«der sich Menschenhass Aus der Fülle der Liebe trank»*[40]. Estas duas experiências conjugadas abalaram profundamente o Poeta, e a seguir ao hino do Harz veio a canção *À Lua* na sua primeira feição, que é a expressão directa de um estado puramente subjectivo, interior, fundamentalmente lírico, portanto.

---

[39] Na nota do diário de Goethe de 17 de Janeiro lê-se: — *«Ward Christel v. Lasberg in der Ilm vor der Flossbrücke unter dem Wehr von meinen Leuten gefunden, sie war Abends vorher ertrunken. [...] Nachmittags beschäftigt mit der Todten [...]. Abends zu den Eltern».* — «Christel v. Lassberg foi encontrada pelos meus criados no Ilm, antes da ponte de jangadas por baixo do dique; tinha-se afogado na noite anterior. [...] De tarde ocupado com a morta [...]. À noite a casa dos pais.» — Entre 19 e 29 de Janeiro: — *«In stiller Trauer einige Tage beschäftigt um die Scene des Tods, nachher wieder gezwungen zu theatralischem Leichtsinn.»* — «Alguns dias de luto silencioso ocupado com a cena da morte, depois forçado de novo a leviandade teatral.» (*V. Briefe und Tagebücher*, II, 576.) — A 19 de Janeiro, escreve numa carta a Frau von Stein, depois de lhe comunicar que arranjara no parque lugar apropriado para a memória a erigir à «pobre Christel»: — *«Ich habe an Erinnerungen und Gedancken iust genug, und kan nicht wieder aus meinem Hause. [...] Diese einladende Trauer hat was gefährlich anziehendes wie das Wasser selbst, und der Abglanz der Sterne des Himmels der aus beyden leuchtet lockt uns.»* — «Tenho já que me chegue de recordações e pensamentos, e não posso tornar a sair de minha casa. [...] Este luto convidativo tem qualquer coisa de perigosamente atraente como a própria água, e o reflexo das estrelas do céu, que brilha em ambos, chama por nós.» — O velho tema da atracção irresistível da água foi mais tarde tratado por Goethe na balada *Der Fischer*.

[40] «Em quem o bálsamo se fez veneno», «que bebeu misantropia Da taça cheia de amor.» — Do hino *Harzreise im Winter* (*CW*, I, 242). — Sobre o episódio de Plessing v. *Campagne in Frankreich* (*GW*, XVIII, 150 e segs.) e *Selbstbiographiscke Einzelheiten* (*GW*, XVI, 419 e segs.).

Três momentos distintos se exprimem na breve canção, correspondendo a cada um duas estrofes: — a luz da lua inundando o vale enevoado vem libertar mais uma vez a alma do poeta que sente no luar o mesmo lenitivo que lhe traz o olhar da amada; é, pois, a ambas, — à *lua* e à *amada* (retenha-se o pormenor!) que imediatamente se dirige a terceira estrofe: ambas prendem como por encanto o coração ardente e comovido do Poeta, como um fantasma, ao rio, constantemente, quer este nas noites ermas de inverno traga a morte no seio arfante, quer vá correndo amoroso junto às flores da primavera (estrofe 4); finalmente (estrofe 5 e 6), como que conduzido por este renovo primaveril, o poeta liberta-se (regressando assim ao tema da 1.ª estrofe) na consolação da esperança de ventura amorosa, do gozo calmo de tudo aquilo que, desconhecido ou desprezado pelo vulgo, deambula à noite no labirinto das almas.

O elemento biográfico real, a opressão causada pela morte da donzela, está discretamente oculto no momento intermédio, nas duas alusões ao rio. No restante, a canção é expressão dos sentimentos despertados na alma do Poeta pela contemplação da água batida da luz da lua.

Notemos que, por trás de todo este vago e indefinido subjectivismo, há alguma coisa de exterior que precedeu a composição do poema: — é a melodia que o músico suíço Phil. Christ. Kayser compôs para uma medíocre canção *À Lua*, do *Stürmer und Dränger* Heinrich Leopold Wagner, aparecida com outras peças para canto e piano do mesmo compositor em 1777, em Leipzig. É exactamente para esta melodia que Goethe escreveu o seu texto, enviando ambas as coisas, em data não exactamente apurada, a Frau von Stein, que, com outras prendas, tinha também a de uma bela voz de cantora.[41] Não é esta a única vez que Goethe, atraído pela música de certas canções, lhes modifica a letra ou lhes escreve textos novos.

---

[41] *V.* melodia e texto em *Goethes Briefe an Charlotte von Stein*, I, 92–93.

NOTAS E COMENTÁRIOS

A própria Frau von Stein usou da mesma prática. No caso presente, a única ligação entre os versos de Wagner e os de Goethe é, além da comunidade de título, a melodia. E aqui se põe a questão, para que não vemos solução segura, de saber se a primeira versão do *Mondlied* de Goethe, aparentemente tão sentida e espontânea, será afinal de contas apenas o produto de um acto de vontade e de *fabrico poético*. «Afinidade electiva» entre músico e poeta, ou melhor entre melodia e poema, como quer Petersen, é, evidentemente, outra possibilidade, mais grata sem dúvida ao nosso sentir...

Entretanto, Charlotte von Stein *apoderou-se* — muito legitimamente, aliás —, por mais de um modo, da canção de Goethe, que passou a ser a sua canção, e não só no sentido de ela ter sido a sua inspiradora e de ser agora possivelmente a sua executante entusiástica. — Os anos passam e trazem finalmente a crise que leva Goethe a partir para a Itália nas circunstâncias que conhecemos, deixando toda a gente, e também — ou principalmente — a mulher amada, na incerteza do seu destino, a tal ponto a sua partida se assemelhava a uma fuga. Situação pouco lisonjeira, pelo menos, para Frau von Stein, que se sentiria abandonada e traída. É então que ela escreve e manda ao Poeta para Roma a sua contrafacção([42]) da canção que adiante se reproduz. Chamou-lhe ela «An den Mona nach meiner Manier» («À Lua à Minha Maneira»). É um modo delicadamente poético de exprimir e lembrar ao amigo ausente a tristeza do abandono a que a lançou e também, muito claramente, a infidelidade por ele cometida. — Transporta todo o poema, alargando-o em uma estrofe, para a sua própria situação. É ela que passa a falar, dirigindo-se à lua, para lhe pedir que lhe

---

([42]) Entenda-se o termo no seu sentido técnico que adaptamos à nossa linguagem científica do alemão *Kontrafaktur*, que quer significar, originariamente, a transposição e adaptação da letra de uma canção laica ao domínio eclesiástico, com manutenção da respectiva melodia. Muito frequente nos finais da Idade Média e ainda do séc. XVI. Por alargamento, usa-se hoje também para designar práticas como a que descrevemos.

apague do coração a imagem do amigo apartado por quem a sua dor sem palavras chora lágrimas silenciosas; que estas se vão juntar às águas do rio que correm e passam, como passaram os beijos, os prazeres gozados e a fidelidade do amado; sonâmbula, ela vagueia na sua solidão, levando no peito os ecos dos passados dias, alegres e sombrios. E o poema acaba no louvor da ventura de gozar como a lua, que à noite brilha nas suas vestes celestiais, em toda a pureza da sua alma, aquilo que os homens desconhecem ou desprezam — o seu amor.

Esta paráfrase chegará para pôr em evidência a nova direcção que Charlotte von Stein veio dar ao poema. — Se não a tomarmos em conta, dificilmente entenderemos a versão definitiva da canção de Goethe, mormente se a confrontarmos com a sua feição primitiva. Só por ela se compreenderá que nos apareça agora na 2.ª estrofe o «olhar do amigo» a substituir o «olhar da amada» da primeira versão, e que todo o poema seja transposto para a boca da *amada*, quando primitivamente era *o próprio Poeta* que falava. Agora se vê que o *Mondlied* deverá ser lido e entendido como autêntico *Rollengedicht*[43].

Vista a esta luz, que poderíamos reforçar ainda com toda a argumentação de Petersen se nos fosse possível reproduzi-la aqui, a 2.ª versão não poderá já considerar-se produto da determinação

---

[43] Mais uma palavra técnica da terminologia literária alemã que requer adaptação à nossa linguagem científica. Por ela se entende um poema em que a personagem que fala não *é* o próprio poeta, mas uma outra figura para cuja personalidade e situação ele se transpõe, cujo *papel* (*Rolle*) ele, por assim dizer, passa a representar. Modelo acabado de *Rollengedicht* é o *Prometeu* de Goethe atrás transcrito. — É este o processo corrente nos «cantares de amigo» da nossa poesia medieval, por exemplo. Recurso verdadeiramente *dramático*, julgamo-lo bem definido na expressão alemã para que propomos a tradução «*poesia-monólogo*». Wolfgang Kayser teve em tempos a feliz ideia de empreender, com a colaboração de especialistas portugueses, a adaptação sistemática à nossa língua da terminologia histórico-literária alemã. O seu propósito não teve, infelizmente, continuidade.

NOTAS E COMENTÁRIOS

voluntária de alteração puramente artística da 1.ª, incompreensível como seria dado o carácter fundamentalmente imediato, vivido, de toda a lírica de Goethe. A contrafacção de Frau von Stein ficará assim constituindo o indispensável suporte de *Erlebnis*, de vivência pessoal que veio sacudir o ânimo do Poeta. A consciência das dores que causara com a partida é agora avivada por este testemunho de um amor abandonado. Transpõe-se para a pessoa da amada, vive as suas queixas e a sua solidão, e a nova canção nasce, tão espontânea e de vida tão autêntica como a primeira, e artisticamente mais perfeita.

Admitida a ordem cronológica das três produções e a posição intermédia da de Charlotte von Stein em relação à versão definitiva de Goethe, a sua relacionação — de dependência quanto à primeira, de prioridade quanto à segunda — torna-se fácil e clara ao olhá--las todas lado a lado no arranjo sinóptico que reproduzimos das págs. 58–59 do livro de Petersen.

I. GOETHE (1778)

1. Füllest wieder's liebe Tal
   Still mit Nebelglanz,
   Lösest endlich auch einmal
   Meine Seele ganz,

2. Breitest über mein Gefild
   Lindernd deinen Blick
   Wie der Liebsten Auge, mild
   Über mein Geschick.

3. Das du so beweglich kennst,
   Dieses Herz im Brand
   Haltet ihr wie ein Gespenst
   An den Fluss gebannt.

II. FRAU VON STEIN (1786?)

1. Füllest wieder Busch und Tal
   Still mit Nebelglanz
   Lösest endlich auch einmal
   Meine Seele ganz;

2. Breitest über mein Gefild
   Lindernd deinen Blick,
   Da des Freundes Auge mild
   Nie mehr kehrt zurück.

3. Lösch das Bild aus meinem Herz
   Vom geschied'nen Freund,
   Dem unausgesprochner Schmerz
   Stille Träne weint.

4. Mischet euch in diesen Fluss!
   Nimmer werd' ich froh,
   So verrauschte Scherz und Kuss
   Und die Treue so.

5. Jeden Nachklang in der Brust
   Froh- und trüber Zeit
   Wandle ich nun unbewusst
   In der Einsamkeit.

III. GOETHE (1787)

1. Füllest wieder Busch und Tal
   Still mit Nebelglanz,
   Lösest endlich auch einmal
   Meine Seele ganz;

2. Breitest über mein Gefild
   Lindernd deinen Blick,
   Wie des Freundes Auge mild
   Über mein Geschick.

3. Jeden Nachklang fühlt mein Herz
   Froh- und trüber Zeit,
   Wandle zwischen Freud'und Schmerz
   In der Einsamkeit.

4. Fließe, fließe lieber Fluss!
   Nimmer werd' ich froh.
   So verrauschte Scherz und Kuss,
   Und die Treue so.

4. Wenn in öder Winternacht
   Er vom Tode schwillt,
   Und bei Frühlingslebens Pracht
   An den Knospen quillt.

5. Selig, wei sich vor der Welt
   Ohne Hass verschließt,
   Einen Mann am Busen hält
   Und mit dem genießt,

6. Was dem Menschen unbewusst
   Oder wohl veracht,
   Durch das Labyrinth der Brust
   Wandelt in der Nacht.

6. Selig, wer sich vor der Welt
   Ohne Hass verschließt,
   Seine Seele rein erhält,
   Ahndungsvoll genießt,

7. Was den Menschen unbekannt
   Oder wohl veracht,
   In dem himmlischen Gewand
   Glänzet bei der Nacht.

5. Ich besaß es doch einmal,
   Was so köstlich ist!
   Dass man doch zu seiner Qual
   Nimmer es vergisst!

6. Rausche, Fluss, das Tal entlang,
   Ohne Rast und Ruh,
   Rausche, flüstre meinem Sang
   Melodien zu!

7. Wenn du in der Winternacht
   Wütend überschwillst,
   Oder um die Frühlingspracht
   Junger Knospen quillst.

8. Selig, wer sich vor der Welt
   Ohne Hass verschließt,
   Einen Freund am Busen hält
   Und mit dem genießt,

9. Was von Menschen nicht bewusst
   Oder nicht bedacht,
   Durch das Labyrinth der Brust
   Wandelt in der Nacht.

J. W. GOETHE — *POEMAS*

Podemos dispensar-nos de levantar o quadro circunstanciado das divergências. Uma vez que abstraiamos das alterações provenientes da mudança de personagem (*der Liebsten Auge* → *Des Freundes Auge*), a contrafacção, cotejada com o modelo, caracteriza-se pelo tom de queixa e a evocação da ventura passada que domina a sua parte central. Nas relações de contrafacção e versão definitiva, limitamo-nos a chamar a atenção para as estrofes 3–5 daquela, e as 3–7 desta, que constituem, em face da lição original, as verdadeiras inovações. — Só a estrofe 3.ª de Frau von Stein é que não encontra correspondência exacta em Goethe, que a fundiu com a 5.ª para formar a sua 3.ª. A seguinte da contrafacção, desenvolvimento da anterior, aparece alterada profundamente pela apóstrofe directa ao rio e a maravilhosa fluência do 1.º verso da 4.ª de Goethe. A 5.ª de Frau von Stein, como já vimos, passa a terceiro lugar em Goethe, com significativa alteração da rima, impossibilitada pela nova versão da final.

Com o seu forte tom dramático que culmina na 5.ª, as cinco estrofes novas de Goethe podem bem, como nota Petersen, desligar-se do conjunto para formar um poema independente com o possível título «An den Fluss» («Ao Rio»).

A despeito da sua fluência, pode um ouvido fino notar na segunda versão uma mudança de tom e de atitude poética que vem prejudicar-lhe a unidade como poema lírico. Neste particular, a versão originária é superior. Ao musicar a canção no único texto que lhe era acessível — o definitivo —, Schubert sentiu, com admirável intuição, esta quebra de harmonia. Na primeira tentativa, viu-se forçado a alterar a melodia para um tom mais enérgico nas estrofes da queixa da amante, o que quebrava a unidade de composição do Lied. Para a manter, numa segunda tentativa que se encontrou no seu espólio, teve de mutilar o texto pela supressão das estrofes 5–7, exactamente as de tom mais dramático, reduzindo-o, assim, à parte autenticamente lírica, e deste modo aproximou, tanto quanto era possível por eliminação, a letra da sua forma

NOTAS E COMENTÁRIOS

primitiva, sem que dela tivesse conhecimento (v. Petersen, *loc. cit.*, págs. 61–62).

Sob o ponto de vista da forma, o que caracteriza a segunda versão é o soberano domínio da sugestão onomatopaica, especialmente audível nas estrofes 4.ª, 6.ª e 7.ª: o verso 13, com a sua acumulação de líquidas, valorizadas ainda no grupo *fl* e conjugadas com o *i* longo —, *Fließe, fließe, lieber Fluss*!; os versos 21–23, de vogais mais claras com predomínio do *a*, ligadas aos *rr*, preparando a transição para a aliteração em *w* da estrofe 7.ª, com preponderância de vogais de timbre escuro.

Além das melodias de Kayser e Schubert, há várias outras, entre elas a de Pfitzner.

WONNE DER WEHMUT [DELEITE NA TRISTEZA]. — (*WGA*, 67; *GW*, I, 52; *HD*, I, 67; *DjG*, VI, 516; *SA*, I, 97.) — Publicada em *Goethe's Schriften*, VIII, 151. — M. Morris data-a ainda dos últimos tempos de Francoforte. — Foi musicada por Schubert, entre outros.

Págs. 102–103

WANDRERS NACHTLIED [CANÇÃO NOCTURNA DO PEREGRINO]. — (*WGA*, 68; *GW*, I, 52–53; *HD*, I, 67; *SA*, I, 98.) — Publicado em *Christliches Magazin...*, Zurique, 1780, com o título *Um Friede*; incorporado, com o título actual, em *Goethe's Schriften*, VIII, 151. — Escrita no Ettersberg junto de Weimar, a 12 de Fevereiro de 1776. É do começo das suas relações com Frau von Stein, a quem foi enviada a versão original, que, com Ermatinger (*op. cit.*, 148), consideramos «mais directa [...], mais lógica e mais fechada». Por isso, reproduzimos de *Goethes Briefe an Charlotte von Stein*, I, 18, as formas primitivas dos versos divergentes 2 e 6; *Alle* Freud *und Schmerzen stillest... Was soll all* die Quaal *und Lust*. — Entrou no hinário cristão protestante logo com a primeira publ. Num *Gesangbuch* de Bremen, de 1812, completamente transformada em canção religiosa, com o seguinte fecho de piedosa pieguice (v. Ermatinger, *op. cit.*, 175):

Págs. 102–105

J. W. GOETHE — *POEMAS*

Ach, ich bin des Wogens müde,
Banger Schmerzen, wilder Lust,
Gottes Friede, Gottes Friede,
Komm und wohn' in meiner Brust!

Musicada por Kayser, Liszt, H. Wolf, A. Mendelssohn, e muitos outros, conta ao todo mais de 150 composições.

Págs. 104–105   EIN GLEICHES [OUTRA]. — (*WGA*, 68, *GW*, I, 53; *HD*, I, 67; *SA*, I, 98.) — Publicada em *Werke*, 1815. — Foi escrita ao anoitecer de 6 de Setembro de 1780 numa tábua da parede da pequena casa de caça do Kickelhahn, um monte junto de Ilmenau na floresta da Turíngia, e enviada a Frau von Stein. Na carta que lhe escreveu nesse mesmo dia, lê-se:

Auf dem Gickelhahn [...] hab ich mich gebettet, um dem Wuste des Städgens, den Klagen, den Verlangen, der Unverbesserlichen Verworrenheit der Menschen auszuweichen. [...].

Es ist ein ganz reiner Himmel und ich gehe des Sonnen Untergangs mich zu freuen. Die Aussicht ist gross aber einfach.

Die Sonne ist unter. Es ist eben die Gegend von der ich Ihnen die aufsteigenden Nebels zeichnete iezt ist sie so rein und ruhig, und so uninteressant als eine grose schöne Seele wenn sie sich am wohlsten befindet.[44]

É esta tranquilidade perfeita, este silêncio absoluto do anoitecer na Natureza e nas almas, esta completa ausência de qualquer desejo

---

[44] «Vim deitar-me no Gickelhahn [...], para fugir à confusão da pequena cidade, às queixas, aos pedidos, à embrulhada incorrigível dos homens. [...] — Está um céu puríssimo e vou gozar o pôr do sol. O panorama é grande, mas simples. — Pôs-se o sol. Esta é a região onde lhe desenhei os nevoeiros a subir; mas agora está muito pura e calma, e tão desinteressada como uma alma grande e bela quando não pode sentir-se melhor.» (*Goethes Briefe an Charlotte von Stein*, I, 202).

NOTAS E COMENTÁRIOS

que não seja o do prolongamento infindável da mesma paz até para lá da vida, que se espelha no poema.

A canção ficou gozando de certa predilecção de Goethe até ao fim da sua longa vida. A 29 de Agosto de 1813 — completara na véspera 64 anos — vai reaviver a inscrição; e na véspera do seu último aniversário, 27 de Agosto de 1831, visita de novo a casinha de caça na companhia de J. Ch. Mahr, que relata assim o sucedido:

... Tínhamos alcançado assim com toda a comodidade o ponto mais alto do Kickelhahn, onde ele desceu da carruagem; ficou primeiro a deleitar-se com a soberba vista que se descobre da rotunda, depois alegrou-se com a magnífica mata, exclamando: «Ah! se o meu bom grão-duque Carlos Augusto pudesse ver ainda outra vez esta beleza!» — Em seguida, informou-se: «A casinha florestal há-de ser aqui perto. Posso ir até lá a pé, e a chaise *espera aqui por nós.» E na verdade lá se pôs a caminho a passo vigoroso por entre os arbustos de murtinhos, que são bastante altos no cume do monte, até que chegou à bem conhecida casinha de caça de dois andares feita de madeira e com paredes de tabique. Uma escada íngreme leva ao piso de cima; ofereci-me para o guiar, mas ele recusou com vivacidade juvenil, posto festejasse no dia seguinte os seus 82 anos, com as palavras: «Não julgue que não sou capaz de subir a escada; isto ainda vai muito bem.» Ao entrar no quarto de cima, disse: «Passei em tempos neste quarto oito dias de Verão com o meu criado, e escrevi então uns versinhos na parede. Gostava de os ver outra vez; e se por baixo estiver indicado o dia em que foi, queira ter a bondade de me tomar nota dele.» Levei-o imediatamente à janela sul do quarto, ao lado esquerdo da qual está escrito a lápis...* (Transcreve o poema, com data e assinatura.)

Goethe passou os olhos pelos versos, e as lágrimas correram-lhe pela cara. Tirou muito devagar do casaco castanho-escuro o lenço alvo de neve, enxugou as lágrimas e disse em tom suave e triste: «Sim: ora espera, suave paz vais ter em breve!» Ficou calado aí meio minuto,

315

J. W. GOETHE — *POEMAS*

olhou mais uma vez pela janela para a escura mata de pinheiros e depois voltou-se para mim, dizendo: «Agora vamos!»

Ofereci-lhe a minha ajuda na escada íngreme, mas ele respondeu «Julga que não sou capaz de descer esta escada? Isto ainda vai muito bem! Mas vá à frente, para eu não olhar lá para baixo»...[45]

Assim o velho octogenário, a pouco mais de meio ano da morte, recordou o anseio de paz final do moço que ele fora em 1780.

Leia-se no livro de Ermatinger, pág. 154 e segs., uma esplêndida e finíssima análise do poema, desde o conteúdo lógico à mais pequena minúcia de ritmo, rima ou coloração vocálica.

Foi musicado para cima de 200 vezes, contando-se entre os compositores Zelter, Beethoven, Schubert, Liszt, Holländer, M. Reger...

Págs. 104–105   EIGENTUM [PROPRIEDADE]. — (*WGA*, 71; *GW*, I, 56, *HD*, I, 75; *SA*, I, 103.) — Publicado em *Goethe's Werke* (1815), I, 104. — Surge por primeira vez como contribuição de Goethe para o álbum de Henriette Löhr, a 28 de Dezembro de 1813. *HD* atribui-lhe a data de 1774 pelo facto de se basear num passo da 3.ª *Memória* de Beaumarchais, nesse ano traduzida por J. G. Jacobi. Beaumarchais fala do momento em que o pensamento é gozado; Jacobi interpreta mal e traduz: «momento de que gozo». Esta adulteração está mais de acordo com a atitude caracteristicamente goetheana do gozo pleno do momento que passa. — Foi musicada por Zelter.

Págs. 106–107   ALLES GEBEN DIE GÖTTER... [TUDO OS DEUSES DÃO...]. — (*GW*, II, 371; *HD*, II, 158; *SA*, IV, 99.) — Publicado só depois da morte de Goethe. *HD* dá-lhe o título aceitável *Trost im Schmerze* (*Consolação na Dor*.) — Foi suscitada pela morte da irmã Cornélia, a 8 de Junho

---

[45]   *Goethe im Gespräch, Auswahl und Nachwort von E. Korrodi*, Zurique, 1944, págs. 291–292.

NOTAS E COMENTÁRIOS

de 1777, de que Goethe só teve conhecimento a 16. Está incluída na carta de 17 de Julho desse ano a Augusta von Stolberg, em que se lê, logo a seguir ao poema:

So sang ich neulich als ich tief in einer herrlichen Mondnacht aus dem Flusse stieg der vor meinem Garten durch die Wiesen fliest; und das bewahrheitet sich täglich an mir. Ich muss das Glück für meine Liebste erkennen, dafür schiert sie mich auch wieder wie ein geliebtes Weib. Den Todt meiner Schwester wirst du wissen. Mir geht in allem alles erwünscht, und leide allein um andre.[46]

Foi musicada por O. Schoeck, para coro e orquestra, e por A. Mendelssohn, para coro.

MEERESSTILLE, GLUCKLICHE FAHRT [CALMARIA e FELIZ VIAGEM]. — *Págs. 106–107* (*WGA*, 47–48; *GW*, I, 34–35; *HD*, I, 44; *SA*, I, 66.) — Publicado no *Musen-Almanach*, para 1796, pág. 83, ed. por Schiller, a quem Goethe os enviou em 27 de Junho do ano anterior; incorporados em *Goethe's Neue Schriften*, VII, 18–19. — Os dois poemas hão-de ser lidos e apreciados em conjunto, como dois momentos de uma mesma viagem, muito provavelmente a travessia de Nápoles para a Sicília, na Primavera de 1787. (*V.* as páginas de *Italienische Reise* de 29 de Março a 2 de Abril de 1787, *GW*, XVII, 243–247.) — Mais outro exemplo de uma situação particular elevada à universalidade do símbolo, a provar a justeza da observação do Poeta:

Es ist ein grosser Unterschied, ob der Dichter zum Allgemeinen das Besondere sucht oder im Besonderen das Allgemeine schaut.

---

[46] «Assim cantava eu há pouco tempo, a altas horas de uma magnífica noite de luar, ao sair do rio que por entre prados corre em frente do meu jardim; e isto verifica-se diariamente comigo. Tenho de reconhecer a Fortuna por minha amante, mas ela atormenta-me por sua vez como uma mulher amada. Já deves saber da morte de minha irmã. A mim tudo me corre conforme os meus desejos, e só sofro pelos outros.»

J. W. GOETHE — *POEMAS*

Aus jener Art entsteht Allegorie, wo das Besondere nur als Beispiel, als Exempel des Allgemeinen gilt; die letztere aber ist eigentlich die Natur der Poesie: sie spricht ein Besonderes aus, ohne ans Allgemeine zu denken oder darauf hinzuweisen. Wer nun dieses Besondere lebendig fasst, erhält zugleich das Allgemeine mit, ohne es gewahr zu werden, oder erst spät.([47])

Págs. 108–109   ELFENLIED [CANÇÃO DOS ELFOS]. — (*GW*, II, 371–372; *HD*, II, 153; *SA*, IV, 101.) — Publicação póstuma. — Na noite de 14 para 15 de Outubro de 1780, escrevia Goethe a Frau von Stein:

Der Mond ist unendlich schön, Ich bin durch die neuen Wege gelaufen, da sieht die Nacht himmlisch drein. Die Elfen sangen.([48])

Segue-se a nossa canção.

Págs. 108–109   MENSCHENGEFÜHL [SENTIMENTO HUMANO]. — (*WGA*, 274; *GW*, I, 257; *HD*, II, 77; *DjG*, VI, 513; *SA*, II, 86.) — Publicado em *Werke* (1815), II, 82. — No manuscrito referido em *SA* encontra-se entre *Ganymed* e *Eislebenslied*; deve ser, pois, ainda do período de Francoforte, como já o titanismo do tema deixa supor.

Págs. 110–111   AN SEINE SPRÖDE [À AMADA ESQUIVA]. — (*WGA*, 280; *GW*, I, 262; *HD*, II, 83; *SA*, II, 95.) — Publicada em *Goethe's Schriften*, VIII,

---

([47]) «Há uma grande diferença entre buscar o poeta o particular para o enquadrar no geral, ou ver no particular o geral. Daquela maneira resulta a alegoria em que o particular vale apenas como exemplo do geral; estoutra, porém, é que é propriamente a natureza da poesia: exprime um particular, sem pensar ou sem apontar ao geral. Quem apreender este particular ao vivo, obtém conjuntamente com ele também o geral sem dar por ele, ou só tarde dando por ele.» — *Maximen und Reflerionen*, 279, *GW*, XIV, 264.

([48]) «A lua está infinitamente bela. Andei a passear pelas novas alamedas (do parque nas margens do Ilm). A noite lá é celestial. Os elfos cantavam». (*Briefe an Charlotte von Stein*, I, 218).

NOTAS E COMENTÁRIOS

168. — Possivelmente escrita na Itália, como adaptação de outra italiana (v. *HD*, I, *cit.*).

V. 1. — *Pomeranze*, aqui no sentido geral de laranja, e não no de laranja azeda *(HD*, I. *cit.*).

SYMBOLUM [SÍMBOLO]. — (GW, II, 110; *Staiger*, II, 239). — Publicada no apêndice aos *Gesänge fur Freimaurer* (Cânticos de Pedreiros-Livres) de 1816, onde apareceram ainda outras canções de Goethe. — É a primeira poesia do ciclo *Loge* (*Loja*), no qual estão reunidas as várias produções que Goethe foi compondo, de 1815 a 1825, para várias festividades da loja maçónica «Amalia» de que era membro desde 1780. Encerrada já em 1783, só reabriu em 1808 como centro de resistência contra Napoleão. Goethe participou com regularidade das reuniões da loja até 1812; depois passou a comparecer só em ocasiões de especial importância ou que queria honrar particularmente, tais como a solenidade da morte de Wieland, em que pronunciou um notável discurso (1813), e a cerimónia de entrada de seu filho na irmandade, que o Poeta quis assinalar com a presente canção (5 de Dezembro de 1815). Outra festa de especial solenidade, marcada por um poema do velho Goethe, foi a que se realizou a 23 de Setembro de 1825 para celebrar o jubileu dos 50 anos de governo do seu grande amigo e patrono Carlos Augusto. A composição tripartida tem uma parte intermédia (*Zwischengesang*) que é considerada o que de mais valioso contém todo o ciclo maçónico e do melhor da velhice de Goethe. As três belas estrofes que a compõem foram cantadas, a 9 de Novembro de 1832, na cerimónia fúnebre que a loja dedicou à morte do Poeta. Dão elas a formulação da ética da acção consequente e firme, da constância na aspiração e da lealdade à própria *Gesinnung*, único garante da permanência da personalidade, que era o princípio por que se guiava o velho Poeta.

O ciclo *Loge*, como tal, apareceu só na *Ausgabe letzter Hand*. Nos *Gesänge für Freimaurer*, o presente poema vem acompanhado,

Págs. 110–113

J. W. GOETHE — *POEMAS*

como já dissemos, de outras produções de Goethe de carácter social, nomeadamente *Bundeslied* e *Ergo bibamus!*, incluídas nas edições dos poemas entre os *Gesellige Lieder*, como convém.

V. 11. — Na *Ausgabe letzter Hand* lê-se: *Und schwer und schwerer*, em vez de, como na 1.ª impressão, *Und schwer und ferne*, como pede o esquema da rima.

V. 26. — Em vez da versão que reproduzimos, a 1.ª impressão dá: *Hier flechten sich Kronen. GW* segue esta última lição.

Págs. 112–115　　DEM AUFGEHENDEN VOLLMONDE [À LUA CHEIA A NASCER]. — (*GW*, II, 375–376; *HD*, II, 125–26; *SA*, IV, 108). — Publicação póstuma. — Escrita aos oitenta anos, esta canção é ainda fruto do amor de Goethe por Marianne von Willemer, a Zuleica do *Divã Ocidental--Oriental*. Outrora, em 1815, haviam prometido pensarem um no outro quando vissem a lua cheia.

> *Euch im Vollmond zu begrüßen*
> *Habt ihr heilig angelobt,*

> *[De à lua cheia saudar-vos*
> *Fizestes jura sagrada,]*

lê-se no poema «*Vollmondnacht*» do *Divã*. Agora, como então, sentia o Poeta:

> *Dieses ist der Augenblick.*

> *[Eis que chegou o momento.]*

Dois meses depois de escrita, enviou Goethe a canção a Marianne, exprimindo-lhe a esperança de que os seus desejos tivessem sido correspondidos ao olhar a lua. Isto explica a segunda estrofe.

NOTAS E COMENTÁRIOS

V. 12. — *Überselig* é impossível de dar em português com concentração que se aproxime da do original.

Do «WILHELM MEISTER». — Os poemas reunidos nesta secção *Págs. 117–123* merecem agrupamento especial não só pela sua comum proveniência — o romance em que estão incluídos —, senão também — e principalmente — pelo seu carácter específico. Expressões de lirismo estreme, não nascem, contudo, de vivências pessoais do Poeta, a não ser que se alargue o conceito de vivência ao convívio com as criações da própria ficção. São cantadas ou ditas por duas personagens do romance: — Mignon, a criaturinha frágil, assexuada e caprichosa, desmedida e misteriosa, inapreensível e fugaz, desejável e inatingível como o próprio Ideal; e o velho Harpista carregado da consciência de uma culpa atroz, nunca suficientemente expiada neste mundo. — E, no entanto, sendo expressão das situações e das essências destas figuras fictas, são-no também simultaneamente do mais íntimo do ser e das aspirações da imaginação que de si as criou. Principalmente as canções da Mignon exprimem o anseio, a saudade de Goethe pela paisagem italiana que, aliás, ao tempo ainda não conhecia, porquanto todas elas estão incluídas na primeira versão do romance, *Wilhelm Meisters Theatralische Sendung*, cuja redacção ocupa Goethe de 1777 até à partida para a Itália. É no 3.º Livro, de 1782, que a figura de Mignon surge no romance; o velho Harpista aparece no 4.º, do ano seguinte.

MIGNON (HEISS MICH NICHT REDEN...) [NÃO ME MANDES FALAR...]. — *Págs. 118–119* (*WGA*, 291; *GW*, I, 272; *HD*, II, 187; *SA*, II, 113.) — Publicada em *Wilhelm Meisters Lehrjahre*, final do 5.º Livro, 1795; incorporado em *Gedichte* no vol. II, pág. 111, de *Goethe's Werke* (1815). — É dita por Mignon no 12.º Cap. do 3.º Livro da *Theatralische Sendung* (*GW*, X, 163), portanto, anterior a Novembro de 1782. É dada como passo do drama juvenil de Wilhelm *Die königliche Einsiedlerin*, e serve de texto para uma lição de declamação. A criança exprime

J. W. GOETHE — *POEMAS*

na canção alheia, contudo, pelo ardor, pela «ênfase de afecto (*Innigkeit*) e verdade» que põe na dicção, levada pela identidade de situações — a sua própria e a da personagem que representa —, todo o seu ser e o peso do segredo que lhe sela os lábios. É que os saltimbancos a haviam forçado a jurar que nunca revelaria o mistério que envolve a sua origem. — Foi musicada por Zelter, Schubert, Schumann, A. Rubinstein e outros.

Págs. 118–121   MIGNON (NUR WER DIE SEHNSUCHT KENNT...) [SÓ QUEM CONHECE A NOSTALGIA...]. — (*WGA*, 291–292; *GW*, I, 272–273; *HD*, II, 187–188; *SA*, II, 114.) — Publicada, como a anterior, no final do Cap. 11.º do 4.º Livro; em *Gedichte*, como a anterior, pág. 112. — É cantada por Mignon no final do Cap. 7.º do 6.º Livro da *Theatralische Sendung* (*GW*, X, 299). Deve ser, pois, de 1785, e exprime não somente a saudade de Mignou pela sua terra natal, mas também a ânsia crescente de Goethe pela Itália. — «*Es gibt nicht viele Verse in der modernen Dichtung aller Nationen, die so rein lyrisch sind, so ganz Ausdruck eines absoluten Gefühls und nichts als das* [...]. *Hat man gewusst, was Sehnsucht ist, ehe es hier gesagt wurde?*»[49] — Musicada por Zelter, Beethoven (4 versões diferentes), Schubert (5 versões), Schumann, Tschaikowski, H. Wolf e vários outros.

Págs. 120–121   LIED DES HARFNERS [CANÇÃO DO HARPISTA]. — (*WGA*, 293; *GW*, I, 274; *HD*, II, 190; *SA*, II, 118.) — Publicada, como as anteriores, no Cap. 13.º do 2.º Livro; em *Gedichte*, como as anteriores, pág. 116. — Aparece já também no Cap. 13.º do 4.º Livro da *Theatralische Sendung* (*GW*, X, 214); deve ser, portanto, de 1783. — Wilhelm

---

[49] «Não há muitos versos na poesia moderna de todas as nações que sejam tão puramente líricos, tão completamente a expressão de um sentimento absoluto e nada mais do que isso [...]. Sabia-se acaso o que é a saudade, antes de ser dito aqui?» — K. Viëtor, *Goethe: Dichtung. Wissenschaft. Weltbild.* Berna, 1949, pág. 74.

NOTAS E COMENTÁRIOS

Meister surpreende o velho Harpista a cantar esta canção «triste e angustiada», acompanhando-se à harpa de uma melodia «de tons queixosos que moviam o coração». — Pela última versão do romance, sabemos que o velho é o pai de Mignon, gerada em amores incestuosos entre irmãos. Ao horror desta culpa, não menos atroz por inconsciente, acresce a outra de, tendo sido destinado a monge, ter quebrado os votos. — A canção exprime exactamente a amargura infinita de alguém que o Destino condenou a tais crimes e à sua expiação cá na terra. — Em *Maximen una Reflexionen*, 231 (*GW*, XIV, 254) conta-nos Goethe que a Rainha Luísa da Prússia se afeiçoou no exílio a esta canção e ao livro que a contém. — Musicada por Zelter, Schubert, Schumann, Liszt e outros.

MIGNON (KENNST DU DAS LAND...) [CONHECES O PAÍS...]. — (*WGA*, 107; *GW*, I, 85; *HD*, II 115; *SA*, I, 161.) — Publicada, como as anteriores, na entrada do 3.º Livro; em *Gedichte* no vol. I, pág. 163, de *Werkt*. — Está já no começo do 4.º Livro da *Theatralische Sendung* (*GW*, X, 175), sendo, portanto, anterior a Novembro de 1783. — Em *Gedichte*, não figura ao lado dos outros poemas de *Wilhelm Meister*, mas sim como primeira das *Baladas*. Não se vê bem a razão desta inclusão num género de que não mostra nenhum dos traços distintivos. — É, ao lado de *Nur wer die Sehnsucht kennt*, a expressão da nostalgia da Itália, pátria da Mignon e sonho de Goethe desde o tempos de Estrasburgo.[50] — Cada uma das três estrofes apresenta um quadro distinto: — a 1.ª dá a traços largos o retrato da terra com aquelas características mais atraentes para a imaginação de um nórdico — limoeiros floridos, o oiro das laranjas

Págs. 122–123

---

[50] Em 29 de Abril de 1770, escrevia a um amigo: *«Nach Italien Langer! Nach Italien! [...] Paris soll meine Schule seyn, Rom meine Universität. Denn es ist eine wahre Universität; und wenn man's gesehn hat hat man alles gesehen. Drum eil ich nicht hinein.»* — «Para a Itália, Langer! Para a Itália! [...] Paris será a minha escola, Roma a minha Universidade. Porque é uma verdadeira Universidade; e uma vez ela vista, está tudo visto. Por isso me não apresso.»

J. W. GOETHE — *POEMAS*

a ressaltar da rama verde-escura, o céu azul varrido da brisa leve, murtas e loureiros; na 2.ª, há já a visão de uma casa determinada, ligada à infância de Mignon, com os seus pilares, o seu alpendre, as estátuas de mármore na sala[51]; a 3.ª, finalmente, leva-nos já aos Alpes, a caminho e de cara voltada para a Itália. — Aquando da primeira viagem à Suíça, ao escalar o S. Gotardo, em Junho de 1775, viu Goethe paisagem semelhante à que aqui se destapa aos olhos da imaginação exaltada da mocinha nostálgica. Leia-se a descrição no final do Livro XVIII de *Dichtung und Wahrheit*:

...Auch hier ward sogleich alle Fruchtbarkeit vermisst; nackte wie bemooste Felsen mit Schnee bedeckt, ruckweiser Sturmwind Wolken heran- und vorbeiführend, Geräusch der Wasserfälle, das Klingeln der Saumrosse in der höcksten Öde, wo man weder die Herankommenden noch die Scheidenden erblickte. Hier kostet es der Einbildungskraft nicht viel, sich Drachennester in den Klüften zu denken. Aber doch erheitert und erhoben fühlte man sich durch einen der schönsten, am meisten zum Bilde sich eignenden, in allen Abstufungen grandios mannigfaltigen Wasserfall, der gerade in dieser Jahreszeit, vom geschmolzenen Schnee überreich begabt, von Wolken bald verhüllt bald enthüllt, uns geraume Zeit an die Stelle fesselte.[52]

---

[51] No 9.º Cap. do Livro 8.º de *Wilhelm Meisters Lehrjahre*, conta-se da infância de Mignon: — *«A maior parte das vezes, ao voltar, sentava-se debaixo das colunas do portal de uma casa de campo da vizinhança; já a não procuravam, esperavam que ela regressasse. Parecia descansar ali nos degraus, depois corria para a sala grande, ficava a olhar as estátuas, e, se nada de especial a detivesse, voltava logo para casa.»* — *GW*, XI, 564–565.

[52] «Também aqui se sentia logo a falta de toda a vegetação; penedos nus e musgosos cobertos de neve, ventania que aos sacões aproximava e afastava nuvens, ruído das cataratas, o guizalhar das azémolas no maior deserto em que não se avistava nem os que vinham nem os que partiam. Aqui não custa muito à fantasia imaginar ninhos de dragões nas fendas dos rochedos. Sentíamo-nos, contudo, reconfortados e exaltados por uma das mais belas cascatas, a mais apropriada para uma pintura, grandiosamente variada em todas as gradações, que exactamente nesta estação fartamente alimentada pela

NOTAS E COMENTÁRIOS

A versão original da *Theatralische Sendung* apresenta diversas variantes, uma delas notável: — é a do último verso do refrão, que nas duas primeiras estrofes é *Möcht ich mit dir, o mein Gebieter, ziehn!*, e, na terceira, *Geht unser weg; Gebieter, lass uns ziehn!* — Não está em causa a superioridade manifesta da versão definitiva, mas tão-somente a lição do verso 6: *Möcht ich mit dir, o mein GELIEBTER, ziehn.* A gradação *Geliebter-Beschützer-Vater* exprime a intensidade crescente do sentimento de nostalgia, que também transforma o *desejo de partir* das duas primeiras estrofes na *resolução de partir* da última. — Se a pessoa chamada é sempre a mesma — e a versão original não deixa dúvidas a tal respeito, pois se trata sempre do *Gebieter*, do «senhor» —, como poderá compreender-se o *Geliebter* («amado») da 1.ª estrofe, na série *Amado-Protector-Pai?* Identidade de *amado* e *protector*, de *protector* e *pai*, é compreensível; mas a de *amado* e *pai*...? — Parece estarmos em face de um lapso de cópia, que se tornou definitivo por inadvertência já a partir da primeira publicação nos *Lehrjahre*, do *Gebieter* original por *Geliebter*. Se restituirmos a primeira estrofe à lição original, então a série ficará bem expressiva da situação psicológica da Mignon: *Gebieter-Beschützer-Vater = Senhor-Protector-Pai.* — V., neste mesmo sentido, *WGA*, 394; *HD*, I, 115, e E. Ermatinger, *op. cit.*, 171; de opinião contrária, *GW*, I, 362. —

Para cima de cem compositores musicaram o poema, entre eles Zelter (3 versões), Beethoven (4 versões), Schubert (6 versões), Schumann (2 versões), Tomaschek...

DO «FAUSTO». — Dado que, entretanto, publicámos a reedição da versão portuguesa do *Fausto* por A. d'Ornellas, reduzimos ao mínimo nesta colectânea a representação dos passos líricos da tragédia.

Págs. 125–133

---

neve derretida, ora encoberta ora liberta de nuvens, nos prendeu largo tempo àquele lugar.» — *GW*, XVI, 281.

J. W. GOETHE — *POEMAS*

Págs. 126–129   DER KÖNIG IN THULE [O REI DE THULE]. — (*WGA*, 113–114; *GW*, I, 91; *HD*, I, 122–123; *DjG*, IV, 41–42; *SA*, I, 171.) — Publicado em *Volks- und andere Lieder. In Musik gesetzt von S. Frhr. v. Seckendorf. Dessau 1782. Dritte Sammlung*, pág. 6, sob o título *Der König von Thule*, e com a indicação *Aus Goethens Dr. Faust*; incluído nas *Schriften*, VII, 94–95 no *Faust*; entre as poesias nas *Neue Schriften*, VII, 52–53 com o título actual. — Deve ser dos princípios de 1774. Posto que independente na forma e no conteúdo, a sua concepção deve logo ter andado ligada à ideia da inclusão no *Fausto*. — Na sua forma primitiva, que é a publicada por Seckendorf, apresenta variantes notáveis que justificam a transcrição irtegral que fazemos de *DjG*, acrescentando entre parênteses as divergências da lição de *SA*:

DER KÖNIG VOH THULE

Es war ein König in Thule, (Thule)
Ein' goldnen Becher er hätt
Empfangen von seiner Buhle
Auf ihrem Todes Bett.

Den Becher hätt er lieber,
Trank draus bey jedem Schmaus,
Die Augen giengen ihm über,
So oft er trank daraus.

Und als er kamm zum sterben,
Zählt (Zählt') er seine Städt' und Reich, (Reich')
Gönnt alles seinen Erben,
Den Becher nicht zugleich.

NOTAS E COMENTÁRIOS

Am (Beym) hohen Königssaale, (Königsmale)
Die Ritter um ihn her, (her)
Im alten Vätersaale, (Vätersaale)
Auf seinem Schloss am Meer, (Meer.)

Da sass der alte Zecher, (Zecher)
Trank lezte Lebens Glut
Und warf den heiligen (heil'gen) Becher
Hinunter in die Flut.

Er sah ihn sinken und trinken (sinken, trinken)
Und stürzen tief ins Meer;
Die Augen thäten ihm sinken
Trank keinen Tropfen mehr.

A balada sofreu já grande modificação ao entrar no *Urfaust* (vv. 611–634): — v. 5: *...war ihm lieber*; 13: *Er sas beym...*; 15: *Auf hohem...*; 16: *Dort auf dem Schloss...*; 17: *Dort stand...* Toda a última estrofe é já na forma final. — Assim pode o leitor seguir a história do texto até à sua derradeira perfeição. —

É cantada por Gretchen na cena *Abend, Ein kleines, reinliches Zimmer* (vv. 2759–2782), que se segue imediatamente à do primeiro encontro com Fausto. É, de certo modo, a antecipação, em termos populares de romance, da história dos amores de Fausto e Margarida: — a morte da jovem amante e a fidelidade que o amado, através de todos os desvios e aventuras, lhe guarda no íntimo até final.

De aproximadamente 80 melodias existentes, as mais conhecidas são as de Schubert, F. Liszt e Schumann.

Vv. 21–24. — Supomos ter melhorado, nesta segunda edição, a versão portuguesa desta última quadra.

MATER DOLOROSA. — É o monólogo de Gretchen que constitui a cena *Zwinger* da 1.ª Parte do *Fausto* (vv. 3587–3619). Está já *Págs. 128–131*

J. W. GOETHE — *POEMAS*

incluída na versão original *Urfaust*, vv. 1276–1308). É, portanto, do último período de Francoforte. — Da lição primitiva registamos as variantes seguintes: v. 3: *Dein Antliz ab zu meiner Noth!*; 5: *Mit tauben Schmerzen*; 30: *Hilf retten mich...*; 33: *Dein Antliz ab zu meiner Noth!* — Na base desta lamentação está a sequência *Stabat Mater* que se atribui ao menorita Jacopone da Todi (1307–1306), composta sobre o passo de Lucas, 2, 35 («E será esta uma espada que traspassará a tua mesma alma...»), de que transcrevemos as estrofes que importam:

Stabat Mater dolorosa / Juxta crucem lacrimosa / Dum pendebat Filius. // Cujus animam gementem / Contristatam et dolentem / Pertransivit gladius. // ...Quae moerebat, et dolebat / Pia Mater dum videbat / Nati poenas inclyti. // ...Vidit suum dulcem natum / Moriendo desolatum, / Dum emisit spiritum //...

Caída no abandono e na fatal vergonha, Gretchen arranca da alma este *O vos omnes...* de desesperançada.

Págs. 132–133   MATER GLORIOSA. — É a imploração de Gretchen à Virgem no 5.º Acto da 2.ª Parte, cena *Bergschluchten*, vv. 12069–12075. — Figura aqui como contraste jubiloso à oração anterior.

Págs. 132–133   LIED DES LYNKEUS [CANÇÃO DE LINCEU]. — É da Cena *Tiefe Nacht* do 5.º Acto da 2.ª Parte, vv. 11288–11303. — Canta-a Linceu, o vigia de olhos de lince, que já aparecera no 3.º Acto, acusado por Fausto de ter esquecido os seus deveres, perdido na contemplação da beleza de Helena:

Ich vergaß des Wächters Pflichten,
Völlig das beschworne Horn —
Drohe nur, mich zu vernichten!
Schönheit bändigt allen Zorn. (vv. 9242–9245).

NOTAS E COMENTÁRIOS

[Daqui meu erro, Senhor,
Meu juramento esquecido —
Ameaça, que o furor
Da formosura é vencido.]

(Trad. A. d'Ornellas.)

A nossa canção, composta em Abril de 1831, na última Primavera dos seus longos anos, é bem o canto de despedida e de graças do velho Goethe à beleza do mundo e da vida que amou. Poucos anos antes, a 26 de Agosto de 1828, compusera ele em Dornburgo aquele outro poema *Der Bräutigam* (*GW*, II, 374–375), que acaba também na plena afirmação da bondade intrínseca da vida:

Wie es auch sei das Leben, es ist gut.

[Seja a vida como for, é boa.]

DE «ELEGIAS ROMANAS». — Do total de vinte publicadas, *Págs. 135–149* apresentamos uma selecção de nove — quase metade, portanto. Adiantamo-nos, assim, e desde já, ao possível reparo de exagerada largueza na escolha. Cremos, no entanto, que ela objectivamente se justifica como tentativa para tornar conhecido do público português um aspecto do Poeta que acaso lhe não é muito familiar.

Todo o ciclo das Elegias Romanas é, a um tempo, produto de uma nova consciência artística que a viagem à Itália fez definitiva-mente eclodir, e da vivência amorosa com Christiane Vulpius, que veio logo a seguir ao seu regresso. Impossível é dizer — a despeito do facto de por duas vezes (na 18.° Elegia e no 4.° Epigrama de Veneza) o Poeta falar numa certa *Fauntine*, em quem por vezes se tem querido ver o nome da jovem viúva Faustina Antonini que em Roma teria sido sua amante (hipótese que espera ainda a confirmação documental) — até que ponto a série de poemas é reflexo imediato de experiências amorosas vividas em Roma, ou se a cidade italiana é apenas a moldura clássica para enquadrar os seus novos amores de Weimar, ao mesmo tempo que mascara levissimamente circunstâncias da sua vida privada, aliás, conhecidas e comentadas por toda a gente. Nem por isso tem importância de maior para o leitor que sem prevenção queira receber os poemas. Certo é, porém, eles exprimirem uma nova atitude de Goethe perante a vida, o amor e a arte, e andarem ligados às suas relações com Christiane, o seu *«kleines Erotikon»*. — O amor é vivido agora natural e plenamente, sem rebuço, mesmo nos seus momentos sensuais, aqui elevados a uma altíssima pureza formal que desarma qualquer hipócrita *pruderie* ávida dos seus aspectos pretensamente condenáveis. É Eros que comanda e seduz o Poeta, como se lê nas suas falas na 13.ª Elegia:

«Diesmal nur traue mir noch!
Redlich mein ich's mit dir, du hast dein Leben und Dichten,
Dankbar erkenn ich es wohl, meiner Verehrung geweiht.
Siehe, dir bin ich nun gar nach Rom gefolgt! ich möchte
Dir im fremden Gebiet gern was Gefälliges tun.
Jeder Reisende klagt, er finde schlechte Bewirtung:
Welchen Amor empfiehlt, köstlich bewirtet ist er.
Du betrachtest mit Staunen die Trümmern alter Gebäude
Und durchwandelst mit Sinn diesen geheiligten Raum.
Du verehrest noch mehr die werten Reste des Bildens
Einziger Künstler, die stets ich in der Werkstatt besucht.
Diese Gestalten, ich formte sie selbst! Verzeih mir, ich prahle
Diesmal nicht: du gestehst, was ich dir sage, sei wahr.
Nun du mir lässiger dienst, wo sind die schönen Gestalten,
Wo die Farben, der Glanz deiner Erfindungen hin?
Denkst du nun wieder zu bilden, Freund? Die Schule der Griechen
Blieb noch offen, das Tor schlossen die Jahre nicht zu.

NOTAS E COMENTÁRIOS

Ich, der Lehrer, bin ewig jung und liebe die Jungen.
  Altklug lieb ich dich nicht! Munter! Begreife mich wohl!
War das Antike doch neu, da jene Glücklichen lebten!
  Lebe glücklich, und so lebe die Vorzeit in dir!
Stoff zum Liede, wo nimmst du ihn her? Ich muss dir ihn geben,
  Und den höheren Stil lehret die Liebe dich nur.»

                    [«Confia em mim só mais esta vez!
Venho a ti de intuitos honrados, vida e estro tens dedicado,
  Grato o reconheço, à minha veneração.
Ora vê, e eis que agora te sigo até Roma! gostava
  De ser-te agradável em país estranho.
Queixam-se os viajantes de má hospedagem:
  Quem o Amor recomenda, acha agasalho soberbo.
Olhas com 'spanto as ruínas de velhos palácios
  E percorres com senso este espaço sagrado.
Inda mais veneras os restos preciosos das obras
  De artistas únicos que eu sempre na oficina visitei.
Estas figuras, fui eu que as formei! Perdão! desta vez
  Não me gabo; confessa que o que te digo é verdade.
Se mais negligente me serves —, que será das belas figuras,
  E das cores, e do brilho de tudo o que inventes?
Pensas de novo criar, amigo? A escola dos Gregos
  Ficou inda aberta, os anos não lhe fecharam as portas.
Eu, o Mestre, sou sempre jovem e os jovens amo.
  Não te quero sisudo! Eia! Vê bem se me entendes!:
O antigo era novo quando aqueles felizes viveram!
  Vive tu feliz, e assim viva em ti o antigo tempo!
Matéria pra o canto, onde irás buscá-la? Tenho eu de dar-ta,
  E o estilo mais alto só o Amor to pode ensinar.»]

As palavras aliciantes do deus «sofista» são todo um programa
fielmente cumprido. Mas não se venha buscar aqui lascívia e

331

J. W. GOETHE — POEMAS

desregramento, porque só há nobre nudez e beleza de estatuária, sã naturalidade que o sopro de um alto artista anima e eterniza.

Erótica Romana era o título que Goethe destinava a princípio à colecção. A sua substituição pelo actual de *Elegias* torna necessária a prevenção contra o possível equívoco que nele se contém. — *Elegia* há-de entender-se aqui, não no sentido hoje corrente de composição de tom triste e lamentoso, mas na acepção puramente formal de poema em *dísticos* — agrupamentos estróficos de hexâmetro e pentâmetro —, de tema preferentemente amoroso, segundo os modelos transmitidos por Catulo, Tibulo e Propércio.

As *Elegias Romanas* foram publicadas em *Die Horen, eine Monatsschrift, heraugegeben von Schiller, Tübingen 1795*, vol. II, fascículo VI, págs. 1–44, sob o título geral de *Elegieen*, seguido do moto tirado da *Ars Amatoria*, I, 33–34, de Ovídio:

Nos Venerem tutam concessaque furta canemus,
Inque meo nullum carmine crimen erit.

Foram depois incorporadas, mas já com o moto actual, nas *Neue Schriften*, VII, 113–176. — Nas edições que seguimos podem ler-se em: *WGA*, 157–172; *GW*, I, 131–146; *HD*, I, 231–262.

As quatro elegias que Goethe julgou conveniente não publicar podem ler-se em *WGA*, 299–302, ou na edição do *Einhornverlag*, Munique, 1941, págs. 32–38.

Págs. 138–139   ELEGIA II. — vv. 9–12: «*Malbrough*» — referência à cantiga francesa ainda hoje muito em voga «*Malbrough s'en va-t-en guerre*». — A versão original desta elegia tem interesse especial:

Fraget nun, wen ihr auch wollt! mich werdet ihr nimmer erreichen,
Schöne Damen, und ihr, Herren der feineren Welt!
Ob denn auch Werther gelebt? ob denn auch alles fein wahr sei?
Welche Stadt sich mit Recht Lottens, der Einzigen, rühmt?

NOTAS E COMENTÁRIOS

Ach, wie hab ich so oft die törichten Blätter verwünschet,
   Die mein jugendlich Leid unter die Menschen gebracht!
Wäre Werther mein Bruder gewesen, ich hätt ihn erschlagen,
   Kaum verfolgte mich so rächend sein trauriger Geist.
So verfolgte das Liedchen «Malbrough» den reisenden Briten
   Erst von Paris nach Livorn, dann von Livorno nach Rom,
Weiter nach Neapel hinunter, und wäre er nach Smyrna gesegelt,
   «Malbrough» empfing' ihn auch dort, «Malbrough» im Hafen das
                                                    [Lied.

Glücklich bin ich entflohn! sie kennet Werthern und Lotten,
   Kennet den Namen des Mannes, der sie sich eignete, kaum.
Sie erkennet in ihm den freien, rüstigen Fremden,
   Der in Bergen und Schnee hölzerne Häuser bewohnt.(53)

[A quem queirais perguntai! A mim é que não me alcançais,
   Belas Damas, e vós, Cavalheiros do mundo mais fino!
Se Werther viveu na verdade? E se tudo foi bem autêntico?
   Que cidade se gaba de ser com direito a pátria de Lotte?
Ah! quantas vezes maldisse essas tolas folhas
   Que entre os homens 'spalharam minha dor de jovem!
Fora Werther meu irmão e tivesse-o eu matado,
   Seu triste espectro não me perseguira tão vingativo.
Assim a canção «Malbrough» perseguiu o britão viajante,
   De Paris pra Livorno, depois de Livorno pra Roma.
E lá baixo até Nápoles, e se navegasse até 'Smirna,
   «Malbrough!» — ouviria ele ali — «Malbrough!» — a cantiga no
                                                    [porto.
Escapei-me com sorte! Não conhece ela Werther nem Lotte,
   Mal conhece o nome do homem que a conquistou.
Reconhece nele o estrangeiro livre e robusto
   Que habitou nos montes nevados casas de madeira.]

---

(53) *V. WGA*, 405.

J. W. GOETHE — *POEMAS*

Confronte-se com o passo seguinte do Livro VIII de *Dichtung und Wahrheit*:

Vorbereitet auf alles, was man gegen den «Werther» vorbringen würde, fand ich so viele Widerreden keineswegs verdriesslich; aber daran hatte ich nicht gedacht, dass mir durch teilnehmende, wohlwollende Seelen eine unleidliche Qual bereitet sei: denn anstatt dass mir jemand über mein Büchlein, wie es lag, etwas Verbindliches gesagt hätte, so wollten sie sämtlich ein für allemal wissen, was denn eigentlich an der Sache wahr sei? worüber ich denn sehr ärgerlich wurde und mich meistens höchst unartig äusserte. Denn diese Frage zu beantworten, hätte ich mein Werkchen, an dem ich so lange gesonnen, um so manchen Elementen eine poetische Einheit zu geben, wieder zerrupfen und die Form zerstören müssen, wodurch ja die wahrhaften Bestandteile selbst, wo nicht vernichtet, wenigstens zerstreut und verzettelt worden wären.[54]

Págs. 140–141   ELEGIA III. — *Vv. 9–10*: Vénus visitava o pastor Anquises no cume do Ida; da união nasceu Eneias. — *Vv. 11–12*: Amores de Diana e Eudímion. — *Vv. 13–14*: Hero, sacerdotiza de Afrodite, viu Leandro por primeira vez nos festins da deusa. — *Vv. 15–18*: Lenda da fundação de Roma: Marte gerou na vestal Rhea Sílvia os dois gémeos, Rómulo e Remo, que a loba amamentou.

---

[54] «Preparado para tudo o que se pudesse alegar contra o *Werther*, não achava tantas contradições de modo algum desagradáveis; mas não pensava que da parte de alminhas compassivas e bem-querentes me adviria um tormento insuportável: pois em vez de me dizerem coisas amáveis sobre o livrinho como ele era, todos queriam saber de uma vez para sempre o que é que havia de verdade em tudo aquilo; com o que me zangava deveras e dava muitas vezes respostas muito tortas. Pois para satisfazer tal pergunta teria de despedaçar a obrinha em que tanto meditara para poder dar unidade poética a tantos elementos, teria de destruir-lhe a forma, com o que exactamente as partes verdadeiras que a constituíam ficariam, senão aniquiladas, pelo menos espalhadas e dispersas.» — *GW*, XVI, 139–140. — Pode ler-se, ainda sobre o mesmo assunto, a continuação do trecho.

NOTAS E COMENTÁRIOS

ELEGIA V. — É assim que Goethe segue em Roma o conselho   *Págs. 140–143*
de Horácio aos poetas... — *Vv. 20*: Os *Triúnviros do Amor* são os
três poetas Catulo, Tibulo e Propércio, mestres da elegia amorosa.
Assim lhes chamou o humanista J. J. Scaliger.

ELEGIA VII. — O contraste entre o clima da Itália e o do Norte   *Págs. 142–145*
deixou vários testemunhos na correspondência de Goethe.
Recordemos apenas, da carta a Frau von Stein, de Nápoles, 25 de
Maio de 1787:

Gewiss fühl ich mich hier schon ganz anders, nur fürchte ich, das
nördliche Klima wird mir vor wie nach allen Lebensgenuss rauben.
Wir wollen es abwarten.[55]

E da carta a Johanna S. Bohl, de Roma, 18 de Agosto de 1787:

Wir im Norden scheinen nur wie unglückliche Nachahmer uns zu
quälen. Vergebens suchen wir durch Mühe, Geduld und Anhalten das
zu ersetzen, was uns eine gütige Natur versagt hat.[56]

V. 14: *Júpiter Xénio* — o Júpiter hospitaleiro, do grego ξένιος.
V. o v. 21. — *V. 16*: *Hebe*, a Juventude eterna, que servia aos deuses
o néctar e a ambrósia. — *V. 25*: *Hermes Psychopompos*, guia dos
mortos para o Orco. — *V. 26*: Junto à pirâmide de Céstio, era há
muito tempo já o cemitério para estrangeiros. Em 22 de Fevereiro
de 1788, ao ordenar os seus poemas curtos para a edição em curso,
escrevia Goethe: *«As poesias a Hans Sachs e à morte de Meiding*
encerram o oitavo volume e com ele os meus escritos. Se, entretanto,

---

[55] «Decerto me sinto aqui já totalmente diferente, mas receio que o clima
do Norte me continue a roubar todo o gosto da vida. Aguardemos...»

[56] «Nós lá no Norte parecemos apenas atormentar-nos como imitadores
infelizes. Em vão buscamos suprir com canseira, paciência e persistência o
que uma natureza benigna nos negou.»

335

J. W. GOETHE — *POEMAS*

me levarem a repousar junto da pirâmide, podem os dois poemas servir em vez de dados pessoais e genealógicos», (v. *Italienische Reise, GW*, XVII, 527). Não o Poeta, mas o seu filho Augusto, morto em Roma a 25 de Outubro de 1830, foi ali enterrado.

Págs. 146–147   ELEGIA X. — Frederico-o-Grande escreveu a Voltaire em 9 de Outubro de 1757: *«Un instant de bonheur vaut mille ans dans l'histoire»* (*Ap. HD*, I, 194).

Págs. 146–147   ELEGIA XI. — Aqui se espelha o ambiente em que Goethe vivia em Roma e que descreve assim em carta a Herder, de 13 de Janeiro de 1787:

In meiner Stube hab ich schon die schönste Jupiter-Büste, eine kolossale Juno, über allen Ausdruck gross und herrlich, eine andre kleiner und geringer, das Haupt des Apoll von Belvedere, und in Tischbeins Studio steht auch manches, dessen Wert mir aufgeht.([57])

V. 12. — *Staiger* (I, 485–6) interpreta — e muito acertadamente, ao que nos quer parecer — *«der herrliche Sohn»* como sendo «uma estátua do deus Príapo, filho de ambos» (Afrodite e Baco), que assim viria juntar-se à assembleia dos deuses reunida na oficina do escultor. *V.* também, neste mesmo sentido, o magnífico estudo do mesmo germanista, *Goethe*, Atlantis Verlag, Zurique, 1956, vol. II, págs. 73–74.

Págs. 151–169   EPIGRAMAS. — (*WGA*, 200–218, e, para o SUPLEMENTO, 303–312; *GW*, I, 172–190; *HD*, I, 243–263; *SA*, I, 308–328.) — Parcialmente publicado sob o título *Sinngedichte* em *Deutsche Monatsschrift*

([57]) «No meu quarto tenho já um belíssimo busto de Júpiter, uma Juno colossal, grande e magnífica acima de tudo o que possa dizer-se, uma outra mais pequena e mais modesta, a cabeça de Apolo de Belvedere, e no estúdio de Tischbein há também muitas coisas cujo valor se me vai revelando.»

NOTAS E COMENTÁRIOS

[herausgegeben von G. N. Fischer und Friedr. Gentz], Berlim, 1791, vol. VII, Junho, págs. 81–87, e Outubro, págs. 89–95; sob o título *Epigramme / Venedig 1790*, e, com motos de Marcial e de Horácio, no *Musen-Almanach für das Jahr 1796*, de Schiller, págs. 205–260. Incorporados, em 1800, no vol. VII, págs. 249–308 de *Neue Schriften*, sob o mesmo título mas sem os motos; com o moto actual, a partir de *Goethe's Werke*, I, 313 e segs. —

A veia satírica e epigramática de Goethe, como o seu erotismo nas Elegias, fica largamente representada na nossa selecção. Largamente mas não em excesso, segundo cremos, dado que, também neste caso, tal aspecto da personalidade e da obra do Poeta é — podemos dizê-lo com segurança — totalmente desconhecido entre nós. —

Na primavera de 1790, partiu Goethe pela segunda vez para a Itália, agora revestido de funções oficiais, pois ia ali buscar a Duqueza-mãe para a acompanhar no seu regresso a Weimar. Enquanto a esperava em Veneza, escrevia ele, em 3 de Abril, a Carlos Augusto:

> *Übrigens muss ich im Vertrauen gestehen, dass meiner Liebe für Italien durch diese Keise ein tödlicher Stoss verzetzt wird. Nicht, dass mirs in irgend einem Sinne übel gegangen wäre, wie wollt es auch? aber die erste Blüte der Neigung und Neugierde ist abgefallen [...]. Dazu kommt meine Neigung zu dem zurück-gelassnen Erotio und zu dem kleinen Geschöpf in den Windeln, die ich Ihnen beide, wie alles das Meinige, bestens empfehle. Ich fürchte, meine Elegien haben ihre höchste Summe erreicht, und das Büchlein möchte geschlossen sein. Dagegen bring ich einen Libellum Epigrammatum mit zurück, der sich Ihres Beifalls, hoffe ich, erfreuen soll.*[58]

---

[58] «De resto, tenho de confessar em segredo que esta viagem veio dar um golpe mortal ao meu amor pela Itália. Não que me tenha sentido mal em qualquer sentido — como poderia isso acontecer? —, mas a primeira flor do afecto e da curiosidade caiu [...]. Acresce a minha afeição pelo *Erotio* que aí deixei e pela criaturinha de cueiros, ambos os quais, como tudo o que me

J. W. GOETHE — *POEMAS*

Eis a sua disposição. A Itália, como paisagem, deixara de solicitá-lo. Já não precisa dela como excitante. Interiorizada a vivência fundamental da primeira viagem, era deixá-la agora amadurar longamente, estratificar-se na distância e durante longos anos, no refúgio da paz doméstica recém-conquistada no amor de Christiane que acabava de lhe dar um filho. Tudo o chama para trás, para o seu «jardinzinho». *Was hat ein Gärtner zu reisen?* («Para que há-de um jardineiro viajar?») — pergunta ele em carta à mulher de Herder, a 4 de Maio, no belíssimo epigrama que não entrou na colecção e que nós reproduzimos atrás (págs. 168–169). — O mundo andava já em desassossego: no ano anterior rebentara a Revolução na França, e ele bem lhe pressentia já o alcance e a marcha inevitável (v., entre outros, o epigrama 57, págs. 160–161). Na Itália, agora, só via a imundície e a miséria do povo, a ostentação religiosa, a tirania dos grandes. Estava passada a época do esteticismo egoísta e fechado — anunciava-se um mundo novo. Dentro de dois anos, com os próprios olhos o verá nascer, quando em Valmy, em 20 de Setembro de 1792, o exército francês não cede ao canhoneio nem se deixa assim facilmente *anspiessen* e *aufspeisen* («pôr no espeto» e «engolir»), como os senhores do comando do Duque de Braunschweig ainda naquela manhã supunham. É então que ele lhes profetiza: *Von hier und heute geht eine neue Epoche der Weltgeschichte aus, und ihr könnt sagen, ihr seid dabei gewesen.*[59]

Por tudo isto era bem cabido o moto de Marcial (x, 4, 10), que de começo antepôs aos Epigramas e que esta segunda viagem à Itália e os meses subsequentes lhe trouxeram: *Hominem pagina*

---

pertence, vos recomendo instantemente. Receio que as minhas *Elegias* tenham alcançado o seu número máximo, e o livrinho deve considerar-se concluído. Em compensação, levarei comigo um *Libellum Epigrammatum* que, assim o espero, há-de gozar do vosso aplauso.»

[59] «A partir daqui e de hoje começa uma nova época da história do mundo, e vós podeis dizer que estivestes presentes.» — *Campagne in Frankreich, GW*, XVIII, pág. 66.

NOTAS E COMENTÁRIOS

nostra sapit. — Encontrar-se-á neles, ocasionalmente, certo cinismo e até pasmosa obscenidade. Surge a blasfémia, aqui e além, ao lado da crítica sã ao espavento da vida religiosa italiana, o que não afecta de modo algum a sua profunda e essencial religiosidade. E azedume, decerto, azedume. Como não o mostraria quem se via incompreendido na sua nova posição de artista e na sua vida de homem?! E não era verdade que os tempos novos que aí vinham punham de certo modo um grande ponto de interrogação adiante de todos os valores culturais que ele até ali representara?

Mas, ao lado de tudo isto, quanta humanidade palpitante e benévola! Sempre, lá atrás na Alemanha, o *kleines Erotikon* a chamá-lo:

Ach, ich verstehe mich wohl: es ist mein Körper auf Reisen,
  Und es ruhet mein Geist stets der Geliebten im Schoss.

(Epig. 3, *WGA*, 201.)

[Ai, eu bem me entendo: só o meu corpo é que anda em viagem,
  Que o 'spírito, esse, repousa sempre no regaço da amada.]

E um príncipe generoso que o estima como amigo dá-lhe que pensar, com farta dose de injustiça momentânea:

Hat mich Europa gelobt, was hat mir Europa gegeben?
  Nichts! Ich habe, wie schwer! meine Gedichte bezahlt.
Deutschland ahmte mich nach, und Frankreich mochte mich lesen.
  England, freundlich empfingst du den zerrütteten Gast!
Doch was fördert es mich, dass auch sogar der Chinese
  Malet mit ängstlicher Hand Werthern und Lotten auf Glas?
Niemals frug ein Kaiser nach mir, es hat sich kein König
  Um mich bekümmert, und Er war mir August und Mäcen.

(Epig. 34 b, *WGA*, 207.)

J. W. GOETHE — *POEMAS*

[Se a Europa me louvou, que foi que a Europa me deu?
Nada! Paguei — e quão caras! — as minhas poesias.
A Alemanha imitou-me, e a França gostou de me ler.
E tu, Inglaterra, recebeste amigável o destroçado hóspede!
Mas que é que me adianta que até mesmo o chinês
Pinte com tímida mão Werther e Lotte no vidro?
Nunca César algum por mim perguntou, nenhum rei
De mim se ocupou, e Ele foi pra mim Augusto e Mecenas.]

A nossa selecção incidiu, naturalmente, sobre aquelas peças que ultrapassam as circunstâncias locais e de tempo que as ditaram. Apomos, também, dos Epigramas que ele não julgou de momento «apresentáveis» (*nicht producibel*, como escreve na carta a Schiller de 26 de Outubro de 1794), alguns que nos parecem de incontestável interesse poético ou de importância para o estudo da sua personalidade. É assim que desejaríamos que eles fossem lidos e entendidos, pois foi neste propósito que os incluímos.

Págs. 152–153   EPIGRAMA 1. — Fundamental como testemunho da posição activista de Goethe em face do problema da vida e da morte. Como ele diz ao dar a impressão geral que lhe causou o monumento de Igel, «*so ist hier das Leben dem Tod, Gegenwart der Zukunft entgegengestellt und beide unter einander im ästhetischen Sinne aufgehoben. Dies war die herrliche Art und Weise der Alten, die sich noch lange genug in der Kunstwelt erhielt*»[60].

A admoestação para o homem activo não deveria ser, em seu entender: *Memento mori*, mas sim: «*Gedenke zu leben*» — *vivere*

---

[60] …«Assim está aqui a vida oposta à morte, o presente ao futuro, e ambos superados no sentido estético. Foi esta a maneira magnífica dos antigos, que se manteve ainda tempo bastante no mundo da arte.» — *Campagne in Frankreich*, GW, XVIII, 112. Cf. GW, I, 369.

NOTAS E COMENTÁRIOS

memento![61]. E no Canto IX de *Hermann und Dorothea* (vv. 46 e segs.), diz o padre sorridente:

> *Des Todes rührendes Bild steht,*
> *Nicht als Schrecken dem Weisen, und nicht als Ende dem Frommen.*
> *Jenen drängt es ins Leben zurück, und lehret ihn handeln;*
> *Diesem stärkt es, zu künftigem Heil, im Trübsal die Hoffnung;*
> *Beiden wird zum Leben der Tod. [...]*
> *Zeige man doch dem Jüngling des edel reifenden Alters*
> *Wert, und dem Alter die Jugend, dass beide des ewigen Kreises*
> *Sich erfreuen und so sich Leben vollende!*[62]

V. *12.* — *Rolle* — «rolo», o *volumen* dos latinos, as folhas de papiro enroladas que formavam o livro.

EPIGRAMA 29. — A múltipla e febril actividade artística de Goethe *Págs. 156–157* durante a primeira viagem à Itália está largamente documentada na sua correspondência. Leiam-se, por exemplo, as cartas de 11 de Agosto de 1787 a Carlos Augusto, de 3 de Outubro do mesmo ano a Kaebel e de 25 de Janeiro 1788 a Carlos Augusto. Diante do «abismo de arte» (*Abgrund von Kunst*) que em Roma se lhe revelou, ainda a 17 de Março de 1788 se julga fadado para artista e escreve ao Duque de Weimar:

---

[61] *Ap.* K. Viëtor, *op. cit.*, 479. Cf. em *Staiger*, II, 153–154 a oitava: *Memento mori! gib's genug...*, cuja tradução livre damos aqui: «Memento mori! *há que farte,* / *Nem gosto até de os contar;* / *Pra quê, no voo da vida,* / *Co'a fronteira atormentar?!* / *Como velho resmungão* / *Recomendo, pois,* docendo: / *Amigo, à tua maneira,* / *Apenas* vivere memento!»

[62] «A imagem comovente da morte não é de pavor para o sábio nem de fim para o piedoso. Àquele impele-o de novo para a vida e ensina-o a agir; a este fortalece-lhe, para a salvação futura, a esperança no meio da aflição; para ambos a morte se transforma em vida. [...] Mostre-se ao jovem o valor da idade que nobremente vai amadurando, e à velhice a juventude, para que ambas gozem do eterno ciclo e assim a vida em vida se complete.»

J. W. GOETHE — *POEMAS*

Ich darf wohl sagen: ich habe mich in dieser anderthalbjährigen
Einsamkeit selbst wiedergefunden: aber als was? — Als Künstler![63]

Só mais tarde se convence de que é na poesia que reside a sua real
possibilidade de expressão, mas nunca deixa de fixar pelo desenho
muitas das suas experiências.

Ao presente epigrama opôs Klopstock, em 1796, um outro em
desforço da língua alemã:

DIE DEUTSCHE SPRACHE.

Goethe, du dauerst dich, dass du mich schreibst? Wenn du mich kenntest,
Wäre dir dies nicht Gram. Goethe, du dauerst mich auch.[64]

[A LÍNGUA ALEMÃ:

Goethe, lastimas-te por me escreveres? Se me conheceras,
Tal pesar não sentiras. Goethe, também eu te lastimo.]

Págs. 158–159   EPIGRAMA 35. — Embora desprezasse o êxito do momento, nunca
Goethe foi insensível ao favor do público e à acção que sobre ele as
suas obras pudessem ter. A 14 de Abril de 1816 escrevia a Zelter:

Ich möchte keinen Vers geschrieben haben, wenn nicht tausend
und aber tausend Menschen die Produktionen läsen und sich etwas
dabei, dazu, heraus oder hinein dächten.[65]

---

[63] «Posso bem dizê-lo: nesta solidão de ano e meio reencontrei-me a mim
mesmo; mas em que qualidade? — Como artista!»

[64] *V.* Viktor Hehn, *Gedanken über Goethe* (ed. da *Deutsche Buch-*
-Gemeinschaft), pág. 79.

[65] «Desejaria não ter escrito um único verso, se milhares e milhares de
homens não lessem as minhas produções e na leitura delas não acrescentassem,
tirassem ou pusessem alguns pensamentos seus.»

NOTAS E COMENTÁRIOS

EPIGRAMA 48. — O ponto de partida é o passo de *Mateus*, XXV, *Págs. 158–159*
35 e segs.:

Cum autem venerit Filius hominis in majestate sua, et omnes
angeli cum eo, tunc sedebit super sedem majestatis suae: et congre-
gabuntur ante eum omnes gentes, et separabit eos ab invicem, sicut
pastor segregat oves ab haedis: et statuet oves quidem a dextris
suis, haedos autem a sinistris. Tunc dicet rex his qui a dextris ejus
erunt: Venite benedicti Patris mei, possidete paratum vobis regnum
a constitutione mundi [...]. *Tunc dicet et his, qui a sinistris erunt:*
Discedite a me maledicti in ignem aeternum, qui paratus est diabolo,
et angelis ejus. [...]

A primeira versão do epigrama, conservada em manuscrito, era:

«Geht zu meiner Linken, ihr Böcke!» so sagte der Richter,
  «Und ihr Schafe seid mir ruhig zur Rechten gestellt!»
Wohl! Doch eines verschweigen die Evangelisten; dann sprach er:
  «Kommt Vernünftige mir grad gegenüber zu stehn!»

(*WGA*, 425).

[«Ide pra a minha esquerda, Bodes!» assim disse o Juiz,
  «E vós, Ovelhas, podeis pôr-vos à minha direita!»
Muito bem! Mas uma coisa calam os Evangelistas; então disse ele:
  «Vinde, Sensatos, mesmo para a minha frente!»

EPIGRAMA 76. — Cf. atrás Epigrama 29. *Págs. 162–163*

EPIGRAMA 90. — O joguete chamado *iô-iô*, que reapareceu *Págs. 164–165*
ainda há poucos anos, é que deu origem ao belo epigrama. Parece
ter surgido na Europa durante a Revolução Francesa (*Staiger*,
I, 512).

343

J. W. GOETHE — *POEMAS*

Págs. 168–169   EPIGRAMA 55 (SUPLEMENTO). — Como disse já na nota introdutória (pág. 338 foi enviado à esposa de Herder em 4 de Maio de 1790. Foi publicado na edição em quarto, em 2 vols., que Riemer e Eckermann, administradores do espólio literário de Goethe, publicaram em 1836 e 1837: *Goethe's poetische und prosaische Werke.*

Págs. 171–177   ZAHME XENIEN [XÉNIAS MANSAS]. — Este brevíssimo florilégio mal chegará para dar ao leitor a ideia da vastíssima riqueza numérica (muitas centenas), da multiplicidade de motivos, da profundidade de conceitos de alta sabedoria, por vezes revestidos de forma jocosa, de simples regras de vida prática, à mistura com a mordacidade da sátira e o castigo sangrento do absurdo e do preconceito estúpido ou cego, que se encontram nestas *Xénias*, que o Poeta baptizou de *mansas* para as distinguir das *Xenien tout court* com que, em íntima e indissolúvel colaboração com Schiller, pôs em alarme os seus inimigos literários da Alemanha culta em 1797. — O adjectivo do título, além de pleonástico (*xénia* quer já dizer «presente amigável de hospitalidade»), é irónico, e só parcialmente, como se deixa ver, se justifica, pois há, entre elas, muitas que são espinhos vivos cravados no corpanzil da estupidez, da intolerância e da velhacaria humanas. — São, na sua totalidade, produtos da velhice de Goethe, a partir de 1814. Estão repartidas por 9 secções, 3 das quais publicadas em *Über Kunst und Altertum*, de 1820 a 1824; outras 3 apareceram em 1827 no vol. IV da *Ausgabe letzter Hand*; as restantes são de publicação póstuma. — Está-lhes anteposto o seguinte moto extraído de Horácio, *Serm.* II, 1. v. *30, etc.*, assim transcrito:

> *Ille, velut fidis arcana sodalibus, olim*
> *Credebat libris: neque, si male cesserat, unquam*
> *Decurrens alio; neque si bene: quo fit, ut omnis*
> *Votiva pateat veluti descripta tabella*
> *Vita senis.*

NOTAS E COMENTÁRIOS

Foi assim traduzido para alemão por Strehlke (v. *GW*, II, 450):

Seinen Schriften vertraute der Dichter wie treuen Genossen
Jedes Geheimnis; ob schlecht es ihm ging, ob glücklich, er wählte
Keinen anderen Weg; und so liegt das Leben des Greises
Klar vor uns, als wär' es ein Bild, den Göttern gewidmet.

[A seus escritos como a fiéis companheiros confiou o poeta
Todo o segredo; quer mal lhe corresse, quer bem, outro caminho
Não escolheu; e assim ante nós jaz a vida do velho
Clara, qual se fora uma imagem dedicada aos Deuses.]

EIN ALTER MANN... [UM VELHO...]. — (*GW*, II, 192; *HD*, III,   *Págs. 172–173*
175–176; *SA*, III, 232.) — É o n.º 14 da 1.ª Secção.

«DU HAST DICH DEM ALLERVERDRIESSLICHSTEN TRIEB...» [AO MAIS
QUEZILENTO DOS INSTINTOS...]. — (*GW*, II, 210; HD, III, 203; *SA*, III,
271.) — É o n.º 10 da 3.ª Secção.

WÄR NICHT DAS AUGE SONNENHAFT... [SE OS OLHOS NÃO FOSSEM
SOL...]. — (*GW*, II, 214; *HD*, III, 208; *SA*, III, 279.) — É o n.º 33
da 3.ª Secção. — Um dos mais célebres e mais citados *Sprüche* de
Goethe, já publicado, em forma um tanto diferente, em 1810, na
introdução do *Entwurf einer Farbenlehre*. Aí reporta-se Goethe
expressamente às «palavras de um místico antigo» que ele põe em
verso alemão. O místico é Plotino, e o passo das *Enéades* (I, 6, 8),
que Goethe leu em 1805 numa tradução latina. Diz o seguinte (*ap.*
HD, loc. cit.):

Neque vero oculus unquam videret solem, nisi factus esset solaris.
Neque rursus animus, nisi factus sit pulcher, ipsam pulchritudinem
intuebitur. Efficiatur ergo divinus sive deiformis quilibet et pulcher,
si modo deum sit et pulchrum inspecturus.

345

J. W. GOETHE — *POEMAS*

Goethe aceita na *Farbenlehre* o testemunho de Plotino no sentido da prévia identidade de sujeito e objecto, no sentido de que uma coisa só pelo seu igual pode ser conhecida. O olhar só apreende a luz do sol por ser «igual ao sol, por ser já por si solar» (*sonnenhaft — solaris*). Nele reside em repouso uma luz que se manifesta a qualquer excitação interna ou externa. Semelhantemente, a apreensão do Divino só nos é possível por Deus residir já em nós. — De resto, o encontro de Goethe com Plotino é meramente ocasional, porquanto a estrutura dualista da teoria de Plotino é totalmente oposta à atitude de Goethe. (*V.* K. Viëtor, *op. cit.*, pág. 427).

Cf., em *Maximen und Reflexionen*, o n.º 812 (*GW*, xiv, 354):

Kepler sagte: «Mein höchster Wunsch ist, den Gott, den ich im Äussern überall finde, auch innerlich, innerhalb meiner gleichermassen gewahr zu werden.» Der edle Mann fühlte, sich nicht bewusst, dass eben in dem Augenblicke das Göttliche in ihm mit dem Göttlichen des Universums in genauster Verbindung stand.[66]

MAN KÖNNT... [PODIAM-SE...]. — (*GW*, ii, 227; *HD*, iii, 227; *SA*, iii, 308.) — É o n.º 77 da 4.ª Secção.

Págs. 174–175   VOM VATER HAB ICH DIE STATUR... [A ESTATURA HERDEI-A DE MEU PAI...]. — (*GW*, ii, 250; *HD*, iii, 263; *SA*, iii, 369.) — É o n.º 32, penúltimo da 6.ª Secção. — Pode-se separar, como faz *HD*, em três quadras distintas. — Faz parte de um grupo de 4 *xénias* em que Goethe trata de maneira jocosa o problema da originalidade e da tradição.

---

[66] «Kepler disse: "O meu mais alto desejo é descobrir também no íntimo, como que dentro de mim, o Deus que por toda a parte encontro no exterior." O nobre homem sentia, sem ter a consciência disso, que exactamente nesse momento o Divino dentro dele estava em exatíssima ligação com o Divino do Universo.»

346

NOTAS E COMENTÁRIOS

Gern wär ich Überliefrung los
Und ganz original;
[...]
Wenn ich nicht gar zu wunderlich
Selbst Überliefrung wäre.

[De bom grado me libertara da tradição
E fora totalmente original;
[...]
Se singularmente não fosse
Eu mesmo tradição.]

A *xénia* que nos ocupa concretiza em que medida ele é «tradição» nos traços físicos e psicológicos recebidos dos pais e dos avós. — O Chanceler von Müller regista de uma conversa com Goethe a 17 de Dezembro de 1825:

Gehört nicht alles, was die Vor- und Mitwelt geleistet, dem Dichter von Rechts wegen an? Warum soll er sich scheuen Blumen zu nehmen, wo er sie findet? Nur durch Aneignung fremder Schätze entsteht ein Großes.[67]

Goethe regressa repetidas vezes a este problema durante os últimos anos da sua vida. Das conversas com Eckermann, registamos os dois passos que para o caso nos parecem de maior importância. —

Man spricht immer von Originalität, allein was will das sagen! So wie wir geboren werden, fängt die Welt an, auf uns zu wirken, und das geht so fort bis ans Ende. Und überall! was können wir

---

[67] «Pois não pertence tudo o que o mundo, antes de nós e no nosso tempo, produziu, por direito, ao poeta? Porque é que ele há-de ter receio de tomar flores onde as encontra? Só por apropriação de tesouros alheios é que nasce qualquer coisa de grande.» (Cf. *GW*, II, 463).

347

denn unser Eigenes nennen als die Energie, die Kraft, das Wollen!
— Wenn ich sagen könnte, was ich alles großen Vorgängern und
Mitlebenden schuldig geworden bin, so bliebe nicht viel übrig.([68])

E quando o secretário um dia falava das dúvidas que se punham
à originalidade de algum homem célebre e das fontes da sua cultura,
respondeu Goethe:

Das ist sehr lächerlich! [...] man könnte ebensogut einen wohl-
genährten Mann nach den Ochsen, Schafen und Schweinen fragen,
die er gegessen und die ihm Kräfte gegeben. Wir bringen wohl
Fähigkeiten mit, aber unsere Entwickelung verdanken wir tausend
Einwirkungen einer grossen Welt, aus der wir uns aneignem, was
wir können und was uns gemäss ist. Ich verdanke den Griechen
und Franzosen viel, ich bin Shakespeare, Sterne und Goldsmith
Unendliches schuldig geworden. Allein damit sind die Quellen
meiner Kultur nicht nachgewiesen; es würde ins Grenzenlose gehen
und wäre auch nicht nötig. Die Hauptsache ist, dass man eine Seele
habe, die das Wahre liebt und die es aufnimmt, wo sie es findet.([69])

([68]) «Fala-se sempre de originalidade, mas que é que isso quer dizer?!
Logo que nascemos, começa o mundo a agir sobre nós, e assim continua até
ao fim. E, em geral!, que é que nós podemos chamar nosso que não seja a
energia, a força, o querer?! — Se eu fosse capaz de dizer tudo o que fiquei
devendo a grandes antecessores e contemporâneos, não ficaria muito de
sobra.» — Eckermann, *Gespräche mit Goethe*, 12, v, 1825.

([69]) «Isso é ridículo! [...] De igual modo se podia perguntar a um homem
bem nutrido pelos bois, carneiros e porcos que comeu e que lhe deram forças.
Trazemos em verdade connosco certas aptidões, mas o nosso desenvolvimento
ficamo-lo devendo a mil influências de um grande mundo, do qual nos apro-
priamos do que podemos e nos é conforme. Tenho muito que agradecer aos
Gregos e aos Franceses, fiquei a dever uma infinidade de coisas a Shakespeare,
Sterne e Goldsmith. Mas com isto ainda não estão descobertas as fontes da
minha cultura; isso levaria ao infinito, e também não seria preciso. O essencial
é que se tenha uma alma que ame a verdade e a recolha onde quer que a
encontra.» — *Id., ib.*, 16 de Dezembro de 1828.

NOTAS E COMENTÁRIOS

IHR GLÄUBIGEN!... [Ó CRENTES!...]. — (*GW*, II, 414; *Staiger*, III, 361.) — É o 47.º da 8.ª Secção. Entrou por primeira vez na 2.ª edição desta colectânea, bem como os dois seguintes.

WER WISSENSCHAFT UND KUNST BESITZT ... [QUEM CIÊNCIA E ARTE POSSUI...]. — (*GW*, II, 415; *HD*, III, 297; *SA*, v, 134.) — É o n.º 51 da 8.ª Secção, de publicação póstuma, como os três anteriores. — A exploração da sentença em qualquer sentido agnosticista será abusiva. O que ela contém é simplesmente a afirmação — radical em Goethe — de que a actividade científica e artística já inclui religião, e que, portanto, o cientista e o artista não precisarão, para serem religiosos, de seguir as práticas de qualquer das formas de religião estabelecidas; quem, pelo contrário, não seja dado à arte e à ciência, poderá satisfazer os seus naturais anseios religiosos seguindo qualquer das tradicionais. Há aqui, portanto, duas atitudes diferente, e o crente de qualquer religião positiva não pode dizer que o artista e o cientista, mesmo que a não pratiquem por qualquer acto exterior de culto, não têm religião. (Cf., no mesmo sentido, e mais explicitamente, as *xénias Ihr Gläubigen, rühmt nur nicht euren Glauben* e *Ich habe nichts gegen die Frömmigkeit*, atrás transcritos. — Von Loeper traz oportunamente a cotejo as palavras de Schleiermacher: *«Du hast Religion, wenn du den Sinn für alles Schöne ausbildest»* — «Terás religião se aperfeiçoares o sentido de tudo o que é belo». (Cf. *HD*, III, 297.) — Como exemplo de mordacidade goethiana transcrevemos mais esta *xénia mansa* (*GW*, II, 415–416; *Staiger*, III, 361–362):

> *Niemand soll ins Kloster gehn,*
> *Als er sei denn wohl versehn*
> *Mit gehörigem Sündenvorrat;*
> *Damit es ihm so früh als spat*
> *Nicht mög am Vergnügen fehlen*
> *Sich mit Reue durchzuquälen.*

Págs. 176–177

J. W. GOETHE — *POEMAS*

[Ninguém deve ir pra o convento
Sem os ombros bem carr'gados
Dos competentes pecados:
Não vá faltar-lhe o prazer
Do constante arrepender
E de meter-se a tormento.]

Págs. 176–177   ICH KANN MICH NICHT BEREDEN LASSEN... [NÃO, NÃO ME QUEIRAM CONVENCER...]. — (*GW*, II, 417; *HD*, III, 282; *SA*, V, 141.) — É o n.° 63 da 7.ª Secção, também de publicação póstuma. — Esconde-se aqui uma defesa de Napoleão contra os ataques de que era objecto na Alemanha. Segundo Riemer, teria sido provocado em 5 de Janeiro de 1814 pela leitura da revista *Nemesis*, de Luden, dirigida contra Napoleão e os Franceses. (Cf. *HD*, I, *cit*.).

Págs. 179–213   DO «DIVÃ OCIDENTAL-ORIENTAL» [WEST-ÖSTLICHER DIVAN]. — Não é este apenas «um livro "que se lê"; pertence ao número das obras com que se vive» — escreve Ernst Beutler logo na entrada da sua magnífica edição. Quer-se com isto dizer que o *Divã* pode ser companheiro reconfortante de toda a vida, mas também que toda uma vida será pouca para lhe penetrar e esgotar o sentido profundo. Ainda aqui — ou melhor: sobretudo aqui! —, para tentar o êxito de uma aproximação, teremos de partir da ideia consciente de ser este livro, como todo o labor poético de Goethe, «fragmento de uma grande confissão». Teremos de pôr a descoberto as fundas raízes de experiência cultural e vivência humana que lhe deram a seiva de que se nutriu, para assim podermos medir bem a altura a que se ergueu. Por mais que pese a certo esteticismo «puro» que quer considerar a obra de arte — nomeadamente a de arte poética — desligada e acima de todo o circunstancial, a verdade é que temos de regressar sempre de novo à matéria humana de que se amassa, se quisermos captá-la viva e palpitante. Ainda aqui podemos abonar-nos com o testemunho do nosso Poeta.

NOTAS E COMENTÁRIOS

Para ele, a maior graça que Deus e a Natureza nos concedeu é «a vida, o movimento de rotação da mónada em torno de si mesma»; em seguida, é «o que se vive (*das Erlebte*), o aperceber-se, o intervir da mónada viva e móvel em tudo o que a cerca no mundo exterior, só assim ela se apercebendo de como é intimamente ilimitada e externamente limitada...»; finalmente — e é isto que em especial nos interessa agora —:

Als Drittes entwickelt sich nun dasjenige, was wir als Handlung und Tat, als Wort und Schrift gegen die Außenwelt richten; dieses gehört derselben mehr an als uns selbst, so wie sie sich darüber auch eher verständigen kann, als wir es selbst vermögen; jedoch fühlt sie, dass sie, um recht klar darüber zu werden, auch von unserm Erlebten so viel als möglich zu erfahren habe. Weshalb man auch auf Jugendanfänge, Stufen der Bildung, Lebenseinzelheiten, Anekdoten und dergleichen höchst begierig ist.[70]

Com Goethe, mais que com qualquer outro poeta, é preciso ter sempre presente o que ele escreveu exactamente neste livro:

Alles weg, was deinen Lauf stört!
Nur kein düster Streben!
Eh er singt und eh er aufhört,
Muss der Dichter leben. (WÖD, 14.)

---

[70] «Como terceiro (favor de Deus e da Natureza) desenvolve-se aquilo que, como actuação e acção, como palavra e escrito, dirigimos ao mundo externo; e isto pertence-lhe mais a ele do que a nós mesmos, e ele, melhor do que nós o podemos fazer, pode avir-se com isso; sente, contudo, que, para alcançar plena clareza, tem também de experimentar tanto quanto possível aquilo que por nós foi vivido. Por isso se é tão ávido de conhecer os começos da juventude, os sucessivos graus de cultura, as particularidades da vida, as anedotas e coisas que tais.» — *Maximen und Reflexionen*, n.º 391–393 (*GW*, XIV, 281).

J. W. GOETHE — *POEMAS*

[Fora, tudo o que te venha empecer!
Mas nada de lôbrego aspirar!
Antes que cante e que acabe de cantar
Tem o poeta de viver.]

A falta do conhecimento do *Erlebnis* subjacente ao *Divã* é que retardou de quase um século a sua aceitação e a sua justa compreensão dentro da própria Alemanha, a ponto de ser ainda possível, no começo da primeira Grande Guerra, comprar exemplares da edição original directamente da casa editora. Nem as *Noten und Abhandlungen* que o Poeta apôs ao livro conseguiram dar a chave dele, a despeito de toda a sua riqueza. Continuou a ver-se no *Divã* o capricho de um velho poeta que se compraz na adopção de um disfarce exótico e de uma máscara que lhe não assenta. E a paixão viva que o repassa ficou incompreendida, possivelmente mesmo ridicularizada, apesar da mal-contida vibração das palavras da *nota* ao *Livro de Zuleica:* —

Dieses (Buch) [...] möchte wohl für abgeschlossen anzusehen sein. Der Hauch und Geist einer Leidenschaft, der durch das Ganze weht, kehrt nicht leicht wieder zurück, wenigstens ist dessen Rückkehr wie die eines guten Weinjahres in Hoffnung und Demut zu erwarten. [...] Aber eines größern Mangels rühmt er sich: ihm entwich die Jugend; sein Alter, seine grauen Haare schmückt er mit der Liebe Suleikas, nicht geckenhaft zudringlich, nein! ihrer Gegenliebe gewiss. Sie die Geistreiche, weiß den Geist zu schätzen, der die Jugend früh zeitigt und das Alter verjüngt. [71]

---

[71] «Este (livro) [...] poderá bem considerar-se concluído. O hálito e o espírito de paixão, que sopra através de todo ele, não volta facilmente, quando muito terá de se aguardar o seu regresso, como o de uma boa colheita de vinho, em esperança e humildade. [...] Mas ele (o poeta) gloria-se ainda de uma pobreza maior: fugiu-lhe a juventude; a sua idade, os seus cabelos brancos, enfeita-os com o amor de Zuleica, não com impertinência gaiteira,

NOTAS E COMENTÁRIOS

Mas íamos nós dizendo: — Experiência cultural e vivência humana. Mantemos a distinção, embora saibamos até que ponto os dois conceitos são identificáveis. O que se segue porá a claro a diferença que por agora se estabelece. Não poderemos entrar em pormenores, e de mau grado nos limitamos ao essencial.

O encontro de Goethe com a poesia do Oriente — já o vimos anteriormente, em 1772, preocupado com Maomé, com o Alcorão e com a Bíblia — deu-se sobretudo através da tradução alemã que Joseph von Hammer-Purgstall (1775–1856) publicou em 1812– –1813 do *Divã* de Mohammed Schemsedin, apelidado de *Hafis* (o «conhecedor do Corão»), o grande poeta persa do século XIV. Veio também a série, organizada pelo mesmo orientalista, *Fundgruben des Orients*, e com ela outros poetas, nomeadamente *Firdusi*, outro persa dos séculos X e XI, com a sua epopeia *Schah Nameh* («Livro do Rei»), escrita quase aos 80 anos.

É em Junho de 1814 que Goethe lê Hafis, e a força da sua personalidade, a frescura da sua poesia, e sobretudo as estranhas afinidades entre os destinos de ambos, despertam nele energias poéticas há muito adormecidas.

Ich musste mich dagegen produktiv verhalten, weil ich sonst vor der mächtigen Erscheinung nicht hätte bestehen können.[72]

Goethe, de resto, estava intimamente preparado para este contacto com personalidades e destinos que mostravam com os dele afinidades tão estranhas. Hafis era também velho quando, no meio de um mundo em convulsão, com sábia serenidade ia compondo os

---

não! mas na certeza do amor dela. Ela, tão cheia de espírito, sabe estimar o espírito que no cedo faz sazonar a juventude e no tarde remoça a velhice.» — *WÖD*, 236–327.

[72] Tive de comportar-me produtivamente perante ele, de outro modo não teria podido subsistir ante aparição tão poderosa.» (*Annallen, 1815.*)

seus poemas de amor tardio, de rosas, vinho e rouxinóis.([73]) Levado por ele enceta Goethe a sua *hégira*, a sua *fuga* para o Oriente:

Nord und West und Süd zersplittern,
Throne bersten, Reiche zittern,
Flüchte du, im reinen Osten
Patriarchenluft zu kosten,
Unter Lieben, Trinken, Singen
Soll dich Chisers Quell verjüngen.

(*V.* atrás págs. 180–181.)

Mas se este contacto criou o ambiente propício de «ar patriarcal» para poeticamente reflectir sobre o mundo, a vida, a sabedoria, faltava contudo ainda o abalo emocional que o transportasse a uma «segunda puberdade» que há tempos já sentia aproximar-se, o estremeção que lhe viesse pôr a alma em vibração lírica original e directa. Veio com a viagem a Wiesbaden para uma cura de águas no Verão de 1814, com o regresso ao meio pátrio da juventude após quase vinte anos de ausência, e sobretudo pelo encontro com

---

([73]) Imaginemos Goethe a ler na introdução de Hammer ao *Divã* de Hafis: — «*Honrado de príncipes, amado dos amigos, passou Hafis nos roseirais de Xiraz entre estudos e prazeres os dias da sua vida que coincidiram com um dos séculos mais tempestuosos de toda a história do Oriente. Dinastias, que se odiavam e guerreavam, novas que se erguiam sobre os escombros das velhas e a seguir ruíam também, mantinham aceso o fogo da guerra, até que, pelas conquistas de Timur que tudo arrasaram, a Ásia inteira se pôs em chamas, num vasto e horrível incêndio. Hafis foi apresentado ao conquistador e por ele recebido magnanimamente. [...] Os horrores das tormentas políticas que então abalavam o Oriente formam um estranho contraste com a serenidade imperturbável do poeta. [...] O mostrengo dos tempos teve de dar a um espírito como o de Hafis ainda maior liberdade do que talvez em época mais tranquila.*» (Ap. *Ermatinger, op. cit.*, pág. 222) — Hafis ou Goethe? Europa napoleónica ou Ásia de Timur? Timur ou Napoleão? Timur e Hafis ou Napoleão e Goethe?...

NOTAS E COMENTÁRIOS

Marianne Jung (assim se chamava ela ainda quando por primeira vez se viram em princípios de Agosto).

Und noch einmal fühlet Hatem
Frühlingshauch und Sommerbrand.[74]

[E mais uma vez sente Hatem
Hálito primaveril e ardor de verão.]

Não cabe aqui em pormenor a história das relações de Goethe e Marianne von Willemer.[75] Baste sucintamente o que se segue. — Marianne Jung nasceu em Linz em 1784, ingressou muito nova na carreira teatral como cantora, actriz e bailarina, e desse meio a tirou em 1800 o banqueiro de Francoforte, de longa data relacionado com Goethe, viúvo original e com certas pretensões artísticas, que a levou para casa e a educou com suas próprias filhas. A situação equívoca em que vinham vivendo esclareceu-se finalmente pelo casamento de Marianne com o seu «protector» pouco depois do primeiro encontro com Goethe. Tinha ao tempo 30 anos e lembrava na robustez física e nos traços fisionómicos o tipo de Christiane Vulpius. Ao breve encontro de 1814 seguiu-se nova viagem de

---

[74] *WÖD*, 81. — Hatem é o nome que o Poeta se atribui no livro. Mas aqui, mesmo a rima com *Morgenröte* do 1.º verso da quadra exigiria o seu verdadeiro nome — *Goethe*, como já F. Rückert notou em 1822; mais tarde K. Simrock, na poesia dedicada a Goethe no seu último aniversário, aproveitou com graça a pretensa *gralha*. — V. *WÖD*, 601. — O caso repete-se no diálogo entre Zuleica e Hatem, em que a amada diz: *Also träumt ich. Morgenröte / Blitzt ins Auge durch den Baum, / Sag Poete, sag Prophete! / Was bedeutet dieser Traum?* (*WÖD*, 70.) — *Goethe* seria melhor rima para *Morgenröte* do que *Prophete...*

[75] Leiam-se, sobre o assunto, o minucioso e esplêndido estudo biográfico de Hans Pyritz, *Goethe und Marianne von Willemer*, 2.ª ed., Estugarda, 1943, e *Werner Milch, Bettine und Marianne*, Zurique, 1947. — Não conseguimos ler o outro livro de H. Pyritz, *Marianne von Willemer*, Berlim, 1944.

J. W. GOETHE — *POEMAS*

Goethe às paragens do Reno, iniciada em fins de Maio de 1815. Na *Gerbermühle*, casa de campo dos Willemer nas vizinhanças de Francoforte — ficava a caminho da casa de Lili Schönemann, a noiva de Goethe de há 40 anos[76] —, ou na cidade mesmo, passa Goethe seis semanas como hóspede honrado e festejado do casal, durante os meses de Agosto e Setembro. A amizade travada com Marianne no Verão anterior transforma-se gradualmente em amor mútuo. Quando o Poeta parte para Heidelberga a 18 de Setembro, já feitas as despedidas, eis que o destino o contempla com mais uma visita inesperada dos Willemer que dura de 23 a 26 do mês — e é então que o amor de ambos atinge o ponto máximo na beleza da expressão, com as poesias dela ao Vento Leste e ao Vento Oeste (v. atrás, pág. 198) e com o poema cósmico dele *Wiederfinden* (pág. 200). No ano seguinte — Christiane morrera a 8 de Junho —, empreende Goethe, na companhia do pintor Heinrich Meyer, a 20 de Julho, nova viagem para uma cura de águas em Baden-Baden e para tornar a ver Marianne. A poucas léguas da partida, porém, o cocheiro desastrado faz virar a carruagem, Meyer fere-se na testa, e regressam a Weimar. Goethe vê nisto um sinal reprovativo do seu *daimon* — e nunca mais tornou a ver Marianne, a despeito das frequentes instâncias do próprio Willemer — o marido mais… «compreensivo» que se possa imaginar — e de notícias repetidas de doenças dela. Este amor, de resto, foi desde o princípio mantido por ambos na altura do puro espírito — e é isto que faz a sua grandeza. E ambos se lhe mantêm fiéis, porque ambos nele se realizaram completamente. Da parte de Goethe, o amor por Marianne sobreviveu mesmo ao encantamento de Ulrike e à *Elegia de Marienbad*. Em 1828, em Dornburgo, escreve

---

[76] S. Boisserée nota a 3 de Outubro de 1815 no seu diário: «Velhas recordações; quantas vezes passou pelo caminho da *Gerbermühle* para Offenbach, para casa da Schönemann. As suas canções a Lili.» — *V. Goethes Gespräche Erster Teil*, pág. 843 do vol. XXII da *Gedenkausgabe* de Goethe por E. Beutler, Zurique, 1949.

NOTAS E COMENTÁRIOS

para ela o seu último poema de amor em lembrança da promessa mútua feita em Heidelberga 13 anos antes (*v.* a pág. 92 *Dem aufgehenden Vollmond* e nota respectiva). E no fim da vida, a 10 de Fevereiro de 1832, ao preparar-se para a grande viagem, escreve-lhe esta carta:

Indem ich die mir gegönnte Zeit ernstlich anwende, die gren-zenlosen Papiere [durchzusehen], die sich um mich versammelt haben, um sie zu sichten und darüber zu bestimmen, so leuchten mir besonders gewisse Blätter entgegen, die auf die schönsten Tage meines Lebens hindeuten; dergleichen sind manche von jeher abgesondert, nunmehr aber eingepackt und versiegelt.

Ein solches Paket liegt nun mit Ihrer Adresse vor mir, und ich möcht es Ihnen gleich jetzt, allen Zufälligkeiten vorzubeugen, zusenden; nur würde mir das einzige Versprechen ausbitten, dass Sie es uneröffnet bei sich, bis zu unbestimmter Stunde, liegen lassen. Dergleichen Blätter geben uns das frohe Gefühl, dass wir gelebt haben; dies sind die schönsten Dokumente, auf denen man ruhen darf...[77]

Quando, passada a «hora incerta», Marianne quebrou o lacre do embrulho das suas cartas, veio-lhe, como que do lado de lá da morte, ainda este último poema de Hatem, datado de 3 de Março de 1831:

---

[77] «Ao utilizar a sério o tempo que me é concedido passando revista aos infinitos papéis que se juntaram à minha volta para os apartar e lhes dar destino, uma luz especial vem ao meu encontro de certas folhas que apontam os dias mais belos da minha vida; muitas delas já estavam apartadas desde sempre, mas são agora empacotadas e seladas.

Um destes pacotes está agora em frente de mim com o seu endereço, e desejaria mandar-lho já, prevenindo todas as casualidades; gostava apenas de lhe pedir a promessa única de o deixar fechado até hora incerta. Folhas destas dão-nos a sensação alegre de termos vivido; são os mais belos documentos sobre que se pode repousar...»

357

J. W. GOETHE — *POEMAS*

Vor die Augen meiner Lieben,
Zu den Fingem die's geschrieben, —
Einst, mit heißestem Verlangen
So erwartet, wie empfangen —
Zu der Brust der sie entquollen
Diese Blätter wandern sollen;
Immer liebevoll bereit,
Zeugen allerschönster Zeit.

[Aos olhos da minha Amada,
Aos dedos que as escreveram —
Dantes, com desejo ardente
Esperadas e recebidas —,
Ao peito donde brotaram,
Que regressem estas folhas;
Sempre amorosas e prontas,
Testemunhas do mais belo tempo.]

— Regressemos ao livro e à sua origem.

Ao ambiente oriental, distante e de certo modo artificial e construído, apesar de todas as afinidades de situação e personalidade, que o convívio com o *Divã* de Hafis criara, propício embora à contemplação no alheamento do borborinho geral, à meditação espiritual e à sábia distância, faltava o elemento de *presença vivida*, de calor humano imediato e real que só o amor por esta mulher, vindo no exactíssimo momento, lhe podia dar. Foi ele que lhe transformou a paisagem pátria do Meno e do Reno nos jardins de Xiraz, assim unindo Oriente e Ocidente e tornando possível a conjunção geográfica e a união espiritual que se exprime no título da obra. É Zuleica-Marianne que faz nascer Goethe-Hatem:

NOTAS E COMENTÁRIOS

Da du nun Suleika heißest,
Sollt ich auch benamset sein.
Wenn du deinen Geliebten preisest,
Hatem! das soll der Name sein. (WÖD, 68)

[Já que és agora Zuleica,
Um nome hei-de eu ter também.
Sempre que o amado louves,
Que o nome seja: Hatem![78]*]*

A sua presença corpórea que lhe fazia lembrar Christiane, o *Erotikon* que 25 anos antes completara a experiência da educação dos sentidos em Itália, aliada à viveza intelectual e à espiritualidade, só a podiam tornar mais atraente por mais próxima da essência do velho Poeta de 65 anos. Era a receptividade poética capaz de maravilhosamente se transformar em segunda voz de Goethe, tão autêntica, imediata e perfeita como a do próprio Poeta que com ela entrou em diálogo, um dos mais belos de toda a história do amor e da poesia na humanidade. A simples habilidade literária desta mulher transfigura-se, sublima-se, por um milagre de identificação amorosa, em autêntica e fremente expressão poética, tocada do amor reverente por um grande espírito, *«demuthvoll, respectvoll, liebevoll»*[79].

Denn das Leben ist die Liebe,
Und des Lebens Leben Geist. (V. págs. 196–197.)

---

[78] Ao nome *Hatem* ligava Goethe dois sentidos: «O que se dá» (*«der sich Verschenkende»*) e «o a quem se dá amor» (*«der, dem Gegenliebe geschenkt wird»*) (*WÖD*, 556); ou, como se diz no mesmo poema: *Zu nehmen, zu geben des Glückes Gaben* («receber e dar os dons da ventura»).

[79] «Cheia de humildade, de respeito, de amor.» — De uma carta de Marianne a Goethe, *ap.* W. Milch, *op. cit.*, pág. 67.

J. W. GOETHE — *POEMAS*

Amor que se purifica em espírito, espírito que se veste de palavras tão genuínas e de tanta altura que Goethe as sente como suas próprias, e incorpora na sua obra, nobilitando-os assim por graça majestática do seu génio, os poemas com que a amada responde aos seus ou os suscita. Submete-os a simples retoques de forma com que a autora, em admirável independência de juízo e até segurança de gosto, nem sempre concorda. Todo o *Livro de Zuleica* é a confissão implícita daquilo que claramente se afirma nesta estrofe:

Hast mir dies Buch geweckt, du hast's gegeben;
Denn was ich froh, aus vollem Herzen sprach,
Das klang zurück aus deinem holden Leben,
Wie Blick dem Blick, so Reim dem Reime nach. (WÖD, 87.)

[Este livro despertaste, tu o deste;
Pois o que, alegre, do peito me fluía,
Da tua bela vida ecoar o fizeste;
Como olhar ao olhar, rima à rima seguia.]

E o diálogo entre Hatem e Zuleica (*WÖD*, 85–86), em que o poeta, em vez de louvar, se queixa de que a amada já não canta as dele, mas lhe traz canções novas que ele não conhece mas que contudo lhe não são estranhas, termina, em tom e ritmo muito diferentes do resto da composição:

SULEIKA

War Hatem lange doch entfernt.
Das Mädchen hatte was gelernt,
Von ihm war sie so schön gelobt,
Da hat die Trennung sich erprobt.
Wohl, dass sie dir nicht fremde scheinen;
Sie sind Suleikas, sind die deinen.

NOTAS E COMENTÁRIOS

[ZULEICA:

Muito tempo por longe andou Hatem,
E a sua amada aprendera cousas novas,
Recebera já dele louvores também;
O apartamento veio agora dar as provas.
Que admira que não 'stranhes meu cantar?:
É de Zuleica — é teu, é pra to dar.]

Eis aí está: — Marianne restitui humildemente a Goethe os poemas que o seu amor lhe dera. Quer-se maior clareza e situação mais nítida? — E, contudo, ninguém ao tempo a compreendeu, nem podia compreendê-la.

Agora se vê claramente como o conhecimento deste substrato humano é indispensável para a apreensão do verdadeiro sentido e justa valorização do *Divã Ocidental-Oriental*. Sem ele, é natural que ouvidos menos apurados propendam a considerar Zuleica uma odalisca de ficção, criação ociosa do capricho de um grande poeta. — Ora as reais circunstâncias subjacentes ao livro foram mistério até que, em 1869, Herman Grimm revelou aos leitores dos *Preussische Jahrbüchef* o primeiro retrato autêntico de Marianne von Willemer no artigo *Goethe und Suleika*.[80] É verdade que já anos antes tinham sido publicados os diários e cartas de Sulpiz Boisserée, o jovem companheiro de Goethe durante as férias nas regiões do Reno e do Meno. Mas só a publicação, nove anos depois da sua morte em 1860, das confissões feitas pela «avozinha» Marianne

---

[80] Definitivamente se chama a atenção para os estudos fundamentais de Konrad Burdach sobre o *Divã*, reunidos em *Vorspiel*, vol. II, Halle, 1926. São eles: *Goethes Ghasel auf den Eilfer in ursprünglicher Gestalt, Goethes west-östlicher Divan in biographischer und zeitgeschichtlicher Beleuchtung, Die Kunst und der dichterisch-religiöse Gehalt des west-östlischen Divans, Die Aufnahme und Wirkung des west-östlichen Divans* (é este que trata do assunto que agora nos ocupa, págs. 394 e segs.), e *Zum hundertjährigen Gedächtnis des west-östlichen Divans.*

J. W. GOETHE — *POEMAS*

von Willemer ao jovem H. Grimm é que veio revelar a um público mais largo a verdadeira natureza das suas relações com Goethe. A isto seguiu-se a publicação da correspondência de Marianne com Goethe por Theodor Creizenach e, em segunda edição, por seu filho Wilhelm Creizenach. De então para cá é que, em sucessivos trabalhos de interpretação, investigação arquivística e exegese crítica, se tem aprendido a ver no *Divã* não só um dos mais profundos testemunhos da sabedoria de Goethe e uma das mais completas obras de arte da sua poesia, mas também uma das mais humanas. Resultado desses estudos têm sido as edições comentadas e criticamente estudadas de von Loeper (1871), K. Burdach (a de *SA*, de 1888), H. Düntzer (na *Deutsche National-Litteratur* de Kürschner), e, finalmente, o monumental trabalho interpretativo de Ernst Beutler.

O *West-Östlicher Divan*([81]) está repartido em 12 livros, a que vêm juntar-se várias peças póstumas. Seguem-se as *Noten und Abhandlungen zu besserem Verständnis des West-Ostlichen Divans* («Notas e Dissertações para melhor compreensão do Divã Ocidental-Oriental»). Os títulos dos livros são, por sua ordem: *O Livro do Cantor*, o de *Hafis*, o do *Amor*, o das *Meditações*, o do *Agastamento*, o das *Sentenças*, o de *Timur*, o de *Zuleica*, o da *Taberna*, o das *Parábolas*, o dos *Parses* e o do *Paraíso*.

A nossa selecção incidiu, naturalmente, sobre as peças que se nos afiguram de interesse mais geral ou de mais profundo lirismo. Indica-se sempre o livro a que pertençam. Quando se não diga o contrário, os poemas seleccionados foram publicados na 1.ª edição, que é: *West-Östlicher Divan von Goethe. Stuttgard in der Cottaischen Buchhandlung 1819.* — Mal cuidada, foi substituída pela 2.ª, de 1829, que constitui o vol. v da *Ausgabe letzter Hand.*

([81]) *Divã* quer significar «reunião», «assembleia», no sentido poético sensivelmente o mesmo que «cancioneiro».

NOTAS E COMENTÁRIOS

ZWANZIG JAHRE... [VINTE ANOS ...]. — (*WÖD*, 3; *GW*, III, 21;   *Págs. 180–181*
HD, IV, 1; *SA*, VI, 5.) — «*Belo como a era dos Barmequidas*» é
provérbio árabe referente aos anos prósperos em que os descen-
dentes do persa Giafar Barmek serviram o califa Harun-al-Rachid.
Foram finalmente mandados exterminar pelo soberano. — Em
Noten und Abhandlungen (*WÖD*, 173–174) escreveu Goethe: —
... «Como época do maior brilho continua célebre o tempo em
que os Barmequidas exerceram a sua influência em Bagodá. [...]
Conservaram o fogo sagrado da poesia e da retórica e mantiveram
também pela sua prudência e grandeza de carácter altas dignidades
na esfera política. A era dos Barmequidas significa pois proverbial-
mente uma época de viva actividade local, da qual se pode apenas
esperar que, uma vez passada, só decorridos bastantes anos possa
talvez ressurgir de novo em lugares estranhos sob circunstâncias
semelhantes.»

A quadra é o moto do *Livro do Cantor*.

HEGIRE [HÉGIRA]. — (*WÖD*, 3–4; *GW*, III, 21–22; *HD*, IV, 3–4;   *Págs. 180–183*
SA, VI, 5–6.) — Datada no manuscrito de 24 de Dezembro de
1814, foi publicada no *Taschenbuch für Damen auf das Jahr 1817*,
Tubinga, 1816. — É o poema de entrada do *Livro do Cantor* e dá
de certo modo o tom de toda a obra e o esboço do seu conteúdo,
ao mesmo tempo que nos coloca de um golpe dentro da atmosfera
da sua ficção basilar — o Poeta que se faz viajante e parte para o
Oriente. — *Hégira* é a *fuga* de Maomé de Meca para Medina, início
da era muçulmana. Aqui é a fuga do Poeta, igualmente iniciadora
de nova era, do ambiente de destruição e tumulto que o rodeia
nessa Europa convulsionada— estamos em 1814 ou nos meados
do século XX?... — para o Leste puro; fuga no tempo para salvação
do próprio espírito à busca do rejuvenescimento junto das fontes
da humanidade primitiva, para as regiões em que *Chiser*, o guarda
da *fonte da vida*, apareceu a Hafis e lhe deu de beber da água da
imortalidade. Nesse remoto Oriente, ainda a palavra de Deus era

J. W. GOETHE — *POEMAS*

aceite na sua pureza, sem intérpretes especiosos que lhe torcessem o claro sentido. Viajando em caravanas, percorrerá desertos e cidades, ouvirá os pastores cantar versos de Hafis, amará nas tabernas e cantará o seu amor com fogo tal que se comunique às próprias *huris* no Paraíso, onde finalmente entrará para gozar da vida eterna que nenhuma inveja pode roubar ao puro verbo poético.

Págs. 184–185   IM ATEMHOLEN SIND… [DUAS GRAÇAS HÁ…]. — (*WÖD*, 7; *GW*, III, 24.) — É a última de um grupo de curtas sentenças, sob o título geral de *Talismane*, do *Livro do Cantor*. Fonte é a oração com que o persa Saadi abre o seu *Vergel* que Goethe conheceu através da versão de Adão Olearius, o cronista da viagem à Pérsia de uma missão alemã no século XVII, em plena Guerra dos 30 Anos, de que participou também o poeta Paul Fleming. *V.* o comentário de Beutler em *WÖD*, 330–340, em que se documenta e estuda a ideia de *polaridade*, fundamental na atitude mental e científica de Goethe. — A presente estrofe não figura na 1.ª edição desta colectânea.

Págs. 184–185   LIED UND GEBILDE [CANÇÃO E FORMA]. — (*WÖD*, 13–14; *GW*, III, 30; *DH*, IV, 15–16; *SA*, VI, 22.) — Do *Livro do Cantor*. Impossível de datar pelos manuscritos, só indirectamente se lhe pode fixar a origem em Agosto de 1816, quando Goethe leu a edição de Jacob Grimm do *Pobre Henrique* de Hartmann von der Aue. Nela se lia, transposta do campo moral para a arte, a seguinte sucinta versão da lenda hindu: — «*Mit ihren reinen Händen können sie [die größten Dichter aller Zeiten], wie nach einer indischen Sage unschuldige Seelen, das Wasser zu Kugeln ballen, welches andre, um es zu tragen, in irdische Gefässe schütten müssen.*»[82]

---

[82] «Com as suas mãos puras podem eles [os maiores poetas de todos os tempos], como, segundo uma lenda hindu, as almas sem culpa, fazer bolas da água que outros, para as poderem levar, têm de deitar em vasilhas de barro.» Cf. *WÖD*, 367.

NOTAS E COMENTÁRIOS

Embora a lenda de Mariatale[83] lhe fosse conhecida desde 1783, ano em que leu a *Viagem às Índias Orientais e à China* de Sonnerat, que lhe forneceu também o tema da balada *Der Gott und die Bajadere* (v. *GW*, I, 128–130), o livro de Grimm, aparecido em 1815, é que lha deve ter trazido de novo à memória. No decorrer de 1822 e em Julho de 1823, retomou Goethe o tema na trilogia *Paria* (v. *GW*, II, 84–89), cuja segunda peça (*Legende*) se inicia assim:

> *Wasser holen geht die reine*
> *Schöne Frau des hohen Brahmen,*
> *Des verehrten, fehlerlosen,*
> *Ernstester Gerechtigkeit.*
> *Täglich von dem heiligen Flusse*
> *Holt sie köstlichstes Erquicken; —*
> *Aber wo ist Krug und Eimer?*
> *Sie bedarf derselben nicht.*
> *Seligen Herzen, frommen Händen*
> *Ballt sich die bewegte Welle*
> *Herrlich zu krystallner Kugel;*
> *Diese trägt sie, frohen Busens,*
> *Reiner Sitte, holden Wandelns,*
> *Vor den Gatten in das Haus.*

> *[Água vai buscar a pura*
> *Bela esposa do alto Brâmane*
> *Venerado e impecável,*
> *Da mais severa justiça.*
> *Dia a dia do rio santo*
> *Tira refresco precioso; —*
> *Mas que é da bilha, do jarro?*
> *— Para quê, se os não precisa?!*

---

[83] Pode ler-se integralmente em *WÖD*, 366 e seg.

A peito santo e mãos pias
A onda agitada faz-se
Bela e cristalina bola;
E leva-a, de ânimo alegre,
Alma casta, belo andar,
A seu esposo pra casa.]

Cf., neste ponto, o poema de Goethe com o hino de Hölderlin *Aos Poetas* ou *O Fogo do Céu* (*Wie wenn am Feiertage...*), e o comentário que escrevemos, em Hölderlin, *Poemas*, Lisboa, 1945, págs. 60–62 e 183 e segs.

O que o nosso poema me parece querer significar é a capacidade, peculiar aos verdadeiros poetas, de dar forma plástica mesmo à matéria fluida, como é a da poesia oriental, e, de maneira geral, a da poesia romântica, quando comparada com a consistência moldável da poesia grega. Não há aqui, ao que me quer parecer, repúdio da lição do classicismo; há, sim, aplicação da energia formativa do clássico à inapreensível matéria romântica.

Em 11 de Janeiro de 1815, escrevia Goethe a Rnebel:

So habe ich mich die Zeit her meist im Orient aufgehalten, wo denn freilich eine reiche Ernte zu finden ist. Mann unterrichtet sich im Allgemeinen und Zerstückelten wohl von so einer grossen Existenz; geht man aber einmal ernstlich hinein, so ist es vollkommen, als wenn man ins Meer geriete.

Indessen ist es doch auch angenehm, in einem so breiten Elemente zu schwimmen und seine Kräfte darin zu üben.[84]

---

[84] «Assim me tenho demorado todo este tempo no Oriente, onde em verdade se pode encontrar rica colheita. A gente lá se vai instruindo no geral e no fragmentário de uma tão grande existência; mas quando se entra nela a sério, é exactamente como se se fosse dar ao mar. — No entanto, também é agradável nadar num elemento tão vasto e exercitar nele as próprias forças.»

NOTAS E COMENTÁRIOS

SELIGE SEHNSUCHT [NOSTALGIA DE BEM-AVENTURANÇA]. — (*WÖD*, 17; *GW*, III, 32–33; *HD*, IV, 20–21; *SA*, VI, 28.) — É a penúltima composição do *Livro do Cantor*. Escrita em Wiesbaden, a 31 de Julho de 1814, intitulada *Selbstopfer* («*Auto-Sacrifício*»); publicada, sob o título *Vollendung* («*Consumação*»), no *Taschenbuch für Damen auf das Jahr 1817*. — Na base do poema está o 1.º *Gasel* do *Livro Sad* do *Divã* de Hafis, na tradução de von Hammer, integralmente reproduzido em *WÖD*, 382–384, de onde o transcrevemos:

Págs. 184–187

Keiner kann sich aus den Banden / Deines Haars befreien; / Ohne Furcht vor der Vergeltung / Schleppst du die Verliebten. / Bis nicht in des Elends Wüsten / Der Verliebte wandert, / Kann er in der Seele Inners / Heiligstes nicht dringen. // Wie die Kerze brennt die Seele / Hell an Liebesflammen / Und mit reinem Sinne hab'ich / Meinen Leib geopfert. / Bis du nicht wie Schmetterlinge / Aus Begier verbrennest, / Kannst du nimmer Rettung finden / Von dem Gram der Liebe. // Du hast in des Flatterhaften / Seele Glut geworfen, / Ob sie gleich längst aus Begierde / Dich zu schauen tanzte. / Sieh', der Chymiker der Liebe / Wird den Staub des Körpers, / Wenn er noch so bleiern wäre, / Doch in Gold verwandeln. / O Hafis! kennt wohl der Pöbel / Grosser Perlen Zahlwert? / Gib die köstlichen Juwelen / Nur den Eingeweihten.

[Ninguém pode libertar-se / Dos laços do teu cabelo; / Sem receio da desforra, / Arrastas os namorados, / Até que os ermos da miséria / O namorado não corra, / Não poderá penetrar / No mais íntimo e santo da alma. // Como a vela arde a alma / Em claras chamas de amor / E com puro sentido eu / Sacrifiquei o meu corpo, / Enquanto como as borboletas / Não arderes de desejo, / Nunca acharás salvação / Do tormento do amor. / Lançaste brasas na alma / Do inconstante, / Posto ela há muito dançasse / De desejo de te olhar. / Olha, o químico do amor / Transformará em ouro / O pó do corpo, / Por mais de chumbo que ele fosse. / Ó Hafis! conhece o vulgo / O valor das grandes pérolas? / Dá as jóias preciosas / Somente aos iniciados.]

J. W. GOETHE — *POEMAS*

Com o motivo central da borboleta deste poema de Hafis é aparentada a parábola que Saadi (1184–1291), outro persa que Adão Olearius traduziu para alemão no século XVII, conta do mosquito apaixonado pela luz da vela no seu *Vergel Persa*. Porque Goethe conhecia a tradução de Olearius, vertemos de *WÖD*, 380:

«Assim falou uma vez um homem para o mosquito: "Pobrezinho! Busca alguém para amares que seja da tua igualha. Mete por caminho donde possas ter a sorte de sair de novo. Tu e a luz, a tua amada, estais tão longe um do outro como a noite do dia. Como é que a vela, pobre bichinho, pode aceitar-te por amante, quando para ela se erguem os olhos de reis e príncipes?! Não julgues a vela tão tola como isso!" Respondeu o mosquito apaixonado: "Que é que isso importa? Se morrer, sou igual a Abraão. Tenho fogo dentro do coração. As centelhas da vela parecem-me flores. Não é por vontade que me atiro ao fogo, são os laços do meu amor pela vela que para ele me atraem. Quando estava longe dela, já eu ardia, e não apenas agora que vês as centelhas voar à minha volta. Disse um dia um homem sábio: O amor é como fogo soprado por vento forte. Assim que me tenha rendido ao amor pela vela, o meu coração afasta-se logo das coisas do mundo. Só os que assim fazem é que são verdadeiros amantes, e não aqueles que a si mesmos se amam. O meu fado oculto e desconhecido há-de-me matar um dia. Não é então melhor eu morrer às mãos da vela minha amada, já que me está escrito na fronte que algum dia hei-de morrer?"»

Vejamos agora: — Em face do característico misticismo oriental das suas fontes, que traz de ocidental o poema de Goethe, justamente considerado um dos mais altos momentos de todo o *Divã?* — Ou não trará nada, e será ele tão-somente a expressão da desistência do ocidental perante a difusa riqueza dos persas, o mergulhar

NOTAS E COMENTÁRIOS

definitivo na mística da dissolução da individualidade no mar da transcendência, do aniquilamento voluntário da personalidade no seio da Divindade? — Por outras palavras: — Que quer significar precisamente aquele *Stirb und werde!* («Morre e devem!») da última estrofe, tantas vezes citado na ignorância da sua proveniência e abusivamente explorado fora do contexto que o enquadra e lhe circunscreve o sentido?

Uma coisa é evidente: — é a ideia, nuclearmente goetheana, da *Steigerung*, da *sublimação*. Mas — note-se! — essa sublimação não se dá fora do mundo, da «terra», — e este regresso à terra é que é caracteristicamente goetheano e ocidental. O constante rejuvenescimento — (Goethe atravessa ao tempo, como vimos, uma fase de *widerholte Pubertät*, de «puberdade repetida», de regresso ao clima e à energia da juventude, sem perda, aliás, do enriquecimento que os anos lhe haviam trazido) —, a superação de fases já vencidas e gastas, sem dúvida: — mas na vida, para clarificação gradual do «turvo conviva» e das «trevas da terra». —Nada, pois, de misticismo dissolvente da personalidade, nada de dispersão e de perda. O título primitivo *Selbstopfer* («auto-sacrifício») não foi gratuitamente rejeitado. Equívoco como era, também a sua substituição por *Vollendung* («consumação») não era satisfatória por implicar qualquer coisa de definitivo, de conquista final, incompatível com a outra ideia basilar de Goethe da *metamorfose*. *Selige Sehnsucht* — saudade, aspiração constante e nunca plenamente satisfeita de ventura por contínua *renovação*, repetido *rejuvenescimento*. «Morre e devem!» «Morre» nos estádios gastos e ultrapassados da tua personalidade, para cada vez «devires» mais tu mesmo, na ânsia que te arrebata para mais alta união — não simples conjunção amorosa, mas identificação vital-total.

— Será?... — Pelo menos assim nos parece. E a estrofe pouco conhecida que figura num dos manuscritos em penúltimo lugar no poema (cf. *SA*, VI, 353) suponho que confirma esta opinião:

Lange hab ich mich gesträubt
Endlich gab ich nach!
Wenn der alte Mensch zerstäubt,
Wird der neue wach!

[Muito tempo resisti,
Mas acabei por ceder!
Quando o homem velho se faz pó.
Vai o novo acordar!]

Goethe retomou o tema da vela ardente noutro pequeno poema do *Divã* (*WÖD*, 33):

Die Liebe behandelt mich feindlich!
Da will ich gern gestehn,
Ich singe mit schwerem Herzen.
Sieh doch einmal die Kerzen,
Sie leuchten indem sie vergehn.

[O amor é meu inimigo!
E confesso de bom grado:
Canto de coração pesado.
Ora olha para as velas:
Alumiam e vão morrendo.]

Aqui se encontra com Goethe o poeta António Botto na canção em que diz:

Sou como as velas do altar
Que dão luz e vão morrendo.

V. 6. — O adjectivo da nossa tradução, introduzido por excepcional concessão à rima, embora da nossa exclusiva responsabilidade, não altera fundamentalmente o sentido.

NOTAS E COMENTÁRIOS

Selige Sehnsucht foi musicada por Zelter, A. Mendelssohn e outros.

SEI DAS WORT... [QUE A PALAVRA SEJA...]. — (*WÖD*, 18; *GW*, III, 34; *HD*, IV, 23; *SA*, VI, 31.) — É o moto do *Livro de Hafis*. — A mesma ideia se exprime no verso do poema *Nachbildung* do mesmo livro (*WÖD*, 22):

Págs. 186–187

Erst werd ich Sinn, sodann auch Worte finden.

[Primeiro acharei sentido, depois também palavras.]

LESEBUCH [LIVRO DE LEITURA]. — (*WÖD*, 28; *GW*, III, 42; *HD*, IV, 40–41; *SA*, VI, 51.) — Do *Livro do Amor*. — Escrita em fins de 1815 ou princípios de 1816, é a transposição para a situação amorosa de uma poesia mística do poeta turco Nichani, incluída nas *Denkwürdigkeiten von Asien* (1811–1815) de H. F. von Diez. Goethe confunde (*V.* 11) o nome do poeta turco com o do persa Nisami.

Págs. 186–189

DSCHELÂL-EDDÎN RUMI SPRICHT [DSCHELÂL-EDDÎN RUMI DIZ] e SULEIKA SPRICHT [ZULEICA RESPONDE]. — (*WÖD*, 45; *GW*, III, 57; *HD*, IV, 65–66; *SA*, VI, 90–91). — São as duas últimas composições do *Livro das Meditações*. — Ao pessimismo do poeta persa que só tem olhos para a caducidade das coisas, responde Zuleica com a certeza da sua beleza em que, embora momentaneamente, se espelha a beleza eterna de Deus.

Págs. 188–189

HERRLICH IST DER ORIENT... [MAGNÍFICO, O ORIENTE...]. — (*WÖD*, 63; *GW*, III, 72.) — É do *Livro das Sentenças*. Figura por primeira vez na 2.ª edição desta colectânea.

Págs. 190–191

IST'S MÖGLICH... [QUE ASSIM TE AFAGUE...]. — (*WÖD*, 70; *GW*, III, 79; *HD*, IV, 112; *SA*, VI, 149.) — Com esta quadra, entramos

Págs. 190–191

J. W. GOETHE — *POEMAS*

finalmente no *Livro de Zuleica*, o coração do *Divã*. — Mesmo que, como parece (v. *GW*, III, 320), o pequenino poema tenha sido composto antes do fim de Janeiro de 1815, antes, portanto, da paixão de Goethe por Marianne, o facto da sua inclusão no *Livro de Zuleica* estabelece voluntariamente por parte do autor uma relação com a amada. — Os comentadores aduzem o seguinte passo de um poema de Hafis: «*O rouxinol está a cantar, para ver se pode fazer da rosa sua amiga: foi da rosa que o rouxinol aprendeu o canto.*» (Cf. *GW*, III, 320.) Não me parece, contudo, que o simples facto de rouxinol e rosa aparecerem nos dois poemas seja bastante para estabelecer entre eles qualquer relação. — Também me parece que não deve haver relação alguma entre o poema de Hafis ou o de Goethe e o de António Feijó: *O Rouxinol e a Rosa*.

Págs. 190–191   GINGO BILOBA. — (*WÖD*, 72; *GW*, III, 81; *HD*, IV, 114–115; *SA*, VI, 152.) — Do *Livro de Zuleica*. — Esta estranha árvore *Ginkgo biloba*, importada nos meados do século XVIII do Japão para a Europa, onde se pode ver nos parques e jardins botânicos[85], é o único sobrevivente da ordem das *Ginkgoales*, família das gimnospermas, outrora muito espalhada, até ao Terciário, por toda a

---

[85] Há dois belos exemplares na avenida superior do Jardim Botânico de Coimbra, à esquerda de quem entra pelo portão principal. Foi um deles que fez nascer a seguinte nota de Miguel Torga: — «*Passeio no jardim botânico. Cedros, acácias, palmeiras, eucaliptos, e tudo me pareceu mais ou menos bem. Mas de repente surgiu qualquer coisa a perturbar a harmonia. Vi melhor, e era uma Ginkgo Biloba, que estava ali, trémula, delicada, aflita, como uma deusa verdadeira num templo falso de exposição. Aterrei-me. Que tenho isto: diante de uma bananeira, de uma araucária, ou de qualquer outra planta assim quente e distante, sinto-me em paz. No meu sangue, os Incas, os Aztecas, os Guaranis, os Hotentotes, os Senegaleses, e todas as outras raças de que a história seiscentista reza, estão de facto conquistadas. Mas, com respeito aos Japoneses, sinto que o tiro do Zeimoto não chegou. Por isso, sempre que me aparece diante dos olhos um leque ou uma árvore assim a sugerir outra arquitectura, outra música, outra pintura e outra alma, é como se visse o demónio em pessoa diante de mim.*» — *Diário*, II, Coimbra, 1943, págs. 64–65.

NOTAS E COMENTÁRIOS

terra até à Gronelanda, especialmente na região do Jura. É árvore sagrada entre os Chineses, que a plantam em volta dos templos. A folha, de nervuras paralelas, como que formada pela concrescência de várias agulhas, é cordiforme, o que lhe dá o aspecto de ser a união de duas independentes. À medida que se caminha para os climas do Sul, o fundo corte a meio do rebordo vai-se esbatendo, e perde-se o característico aspecto compósito. Toma no Outono uma cor amarela-clara, muito viva, que faz de toda a árvore uma só mancha vibrante de sol. Foi uma folha assim que deu origem ao nosso poema.

A 15 de Setembro de 1815, escrevia S. Boisserée no seu diário: — *«Goethe tinha mandado da cidade a Frau Willemer uma folha de Ginkgo biloba como símbolo da amizade. Não se sabe se é uma que se divide em duas, ou duas que se unem numa. Era este o conteúdo dos versos.»*[86]

Assim nasceu a estância intermédia do poema, alargado pouco depois para a forma definitiva em Heidelberga, de onde o Poeta a enviou a Rosette Städel, filha de Willemer, e, evidentemente, a Marianne. A primeira estrofe, resultante de uma conversa com Creuzer[87] sobre o duplo significado dos mitos gregos, exprime exactamente a interpretação recôndita que os iniciados dão a todos os mistérios. A última, finalmente, responde às perguntas da segunda e dirige-se a Marianne. Unidade e duplicidade — no amor que une os amantes; unidade e duplicidade também — nas próprias canções do livro que o Poeta invoca como testemunhas, ao tempo só compreensíveis para Goethe e Marianne, pois só eles conheciam o segredo de que várias eram da autoria dela.

---

[86] *V.* a ed. de *Gespräche* atrás cit., págs. 834–835.

[87] *V.* em *Gespräche* cit., pág. 852, o relato de G. Parthey sobre esta conversa. Goethe, interessado na exposição de Creuzer, teria parado diante da *ginkgo biloba* que havia no parque do castelo e, tomando uma folha da árvore, teria dito: «Mais ou menos portanto como esta folha: una e dupla!»

J. W. GOETHE — *POEMAS*

Em *A Midsummer-Night's Dream* de Shakespeare, III, II, 208–210, encontramos comparação semelhante:

So we grew together,
Like to a double cherry, seeming parted,
But yet an union in partition.

Págs. 192–193   SULEIKA *(Die Sonne kommt!...)* [ZULEICA (*Lá vem o sol!...*)]. — (*WÖD*, 73; *GW*, III, 82; *HD*, IV, 116; *SA*, VI, 154.) — Composto em 22 de Setembro de 1815 em Heidelberga, enquanto Goethe esperava impaciente a visita dos Willemer. — Mais um exemplo flagrante de como a compreensão e correspondente valorização estética de um poema dependem, sobretudo em Goethe, do conhecimento da particularidade que o suscitou, sem que isso venha de qualquer maneira minorar — bem pelo contrário! — o seu valor artístico. O aparente enigma esclarece-se e sobe mesmo à beleza simbólica com tal conhecimento circunstancial. — Marianne von Willemer adquiriu um dia na feira de Outono de Francoforte a condecoração turca que representa o disco solar envolvido pelos braços do crescente da lua. Fez presente da paradoxal insígnia ao Poeta, como se se tratasse de homenagem de um mercador turco. Uma semana depois, em Heidelberga, Goethe tira o sentido profundo do jocoso episódio, e faz da ordem otomana o símbolo do seu amor. — *V.* sobre o poema e as circunstâncias que lhe deram origem: K. Burdach, *Zum hundertjährigen Gedächtnis des West-Östlichen Divans*, em *Vorspiel*, II, pág. 417–420.

Págs. 192–193   SULEIKA *(Volk und Knecht...)* [ZULEICA (*Povo e servo...*)]. — (*WÖD*, 78–79; *GW*, III, 86–87; *HD*, IV, 124–125; *SA*, VI, 162–163.) — É de 26 de Setembro de 1815, dia da partida dos Willemer de Heidelberga. — Poderia legitimamente e sem esforço admitir-se, como precedendo este diálogo poético entre Zuleica e Hatem, conversa sobre tema idêntico entre Marianne e Goethe. Mesmo

NOTAS E COMENTÁRIOS

sem isso, certo é que teremos de ater-nos mais uma vez à situação real dos dois amantes, se quisermos evitar erros e exageros de duas interpretações tradicionais do poema. — Os dois versos finais da primeira quadra andam na boca de toda a gente como uma das mais célebres sentenças da sabedoria de Goethe, na maioria dos casos sem que os que dela se utilizam como tal tenham bem presente o contexto de que é arrancada. Acontece por vezes mesmo que o conjuntivo do último verso («*sei*») toma, na boca de muitos que julgam falar com Goethe, valor de imperativo, como se se tratasse de incitamento por parte do Poeta ao culto individualista da personalidade. Manifestamente abusiva tal interpretação, se é que assim se pode chamar, com toda a possível condescendência, ao que não passa de grosseira deturpação. — Trata-se de um diálogo entre os dois amantes, e é da boca de Zuleica que a sentença vem como fórmula de sabedoria geral: — Toda a gente confessa que a «maior ventura» dos homens — dos «filhos da terra» — está só na personalidade, na fidelidade ao que verdadeiramente somos. — A isto responde Hatem — o *amante* Hatem — à *amada*, com certas restrições: — Pode bem ser como dizes, mas para mim a ventura de toda a terra está em ti; só por ti e pelo teu amor é que a minha personalidade se completa. — É isto que fundamentalmente se diz na versão original que acaba com a quarta estrofe. Ora, isto de maneira nenhuma se pode tomar como negação ou rotunda rejeição da personalidade ou do seu valor. E como seria isso possível em Goethe? — Trata-se é da ventura amorosa, e essa, evidentemente, só pela união com a pessoa amada se conquista, e só com tal conquista se realiza plenamente a personalidade; sem ela, ou pelo apartamento definitivo da amada, a personalidade corre risco de perder-se. — O poema, portanto, terá de ser interpretado exclusivamente como poema de amor, sem alargar a sua significação ao valor total da personalidade, que esse não está em causa. E não esqueçamos que não é Goethe quem fala — é Hatem, ou, quando muito, Goethe-Hatem. — Para conservar o amor de Zuleica — diz

J. W. GOETHE — *POEMAS*

com auto-ironia em acrescento posterior, já quando de facto se dera a renúncia definitiva a esse amor —, Hatem sente-se capaz de várias encarnações, aliás, sempre de *personalidades* bem marcadas e significativas: Ferduzi, o poeta persa, Motanabbi, o célebre poeta árabe, ou... ao menos o Imperador... — Leia-se, sobre o poema: *WÖD*, 593–596; K. Burdach, I, *cit.*, págs. 415–416; e o longuíssimo, mas nem por isso convincente, ensaio interpretativo de R. Harder — *Goethe: Höchstes Glück der Erdenkinder* — em *Gedicht und Gedanke, Auslegungen deutscher Gedichte herausgegeben von H. O. Burger*, Halle, 1942, págs. 152–166.

Págs. 194–196 SULEIKA (*Nimmer will ich dich verlieren!*) [ZULEICA (*Nunca mais quero perder-te!*)]. — (*WÖD*, 82; *GW*, III, 89–90; *HD*, IV, 130; *SA*, VI, 169.) — É manifestamente resposta ao poema precedente no *Divã* (*Locken, haltet mich gefangen...*); não há, porém, razão para os considerar a ambos como partes de um só diálogo, como faz, por exemplo, *HD*. — Não repugna aceitar a opinião de K. Burdach (*SA*, VI, 421) de que o poema seja da autoria de Marianne von Willemer. Não me parece que se deva tomar rigorosamente à letra a declaração de Marianne em carta a H. Grimm, de 5 de Abril de 1856: — «*Ausser dem "Ost"- und "Westwinde" habe ich nichts auf meinem Gewissen als allenfalls noch "Hochbeglückt in deiner Liebe" und "Sag, du hast wohl viel gedichtet"*»[88]. O poema *Wie mit innigstem Behagen* (*WÖD*, 85–86), que também não consta da lista de Marianne, é-lhe, contudo, atribuído, com excepção da 3.ª estrofe, pela investigação moderna. O facto de se conservar ainda um manuscrito do punho de Goethe com três versos do presente poema, como se refere em *GW*, III, 323, pode interpretar-se, não

---

[88] «Além dos poemas "Ao Vento Leste" e "Ao Vento Oeste" [*Was bedeutet die Bewegung*, (*WÖD*, 88) e *Ach, um deine feuchten Schwingen* (*V.* págs. 198–201)], nada mais me pesa na consciência, a não ser ainda *Hochbeglückt in deiner Liebe* [*WÖD*, 69] e *Sag, du hast wohl viel gedichtet*» [*WÖD*, 72–73].

NOTAS E COMENTÁRIOS

como projecto do poema, mas como tentativa, não levada a cabo, de retoque do texto de Marianne. Aliás, o nosso poema corresponde bem ao retrato que Goethe nos dá de Zuleica, *die Geistreiche*, que «sabe estimar o espírito que no cedo faz sazonar a juventude e no tarde remoça a velhice» (cf. pág. 353). — *V. W. Milch, 1. cit.*, pág. 57. — Foi musicado por H. Wolf.

BIST DU VON DEINER GELIEBTEN GETRENNT... [SE DA AMADA ESTÁS *Págs. 196–197*
AUSENTE...]. — (*WÖD*, 82; *GW*, III, 90; *HD*, IV, 130; *SA*, I, 171.) — Datada, no manuscrito, de Weimar, 31 de Janeiro de 1816. — A fonte, indicada pelo próprio poeta, são as *Denkwürdigkeiten* de Diez, vol. II, págs. 231–232. Trata-se da expedição do almirante Kjatibi-Rumi, de 1553 a 1556, que comandava uma frota de galeras turcas contra os Portugueses nos mares da índia. Quando regressava a pé para Bagodá, aconselharam-no a esperar pela primavera, pois Bagodá era longe e os Russos ameaçavam as vizinhanças. A isto respondeu o almirante com a citação:

Inda que de ti à tua amada seja tão longe como do Oriente ao Ocidente, Caminha, meu coração!, que para os amantes Bagodá não é longe.

— V. WÖD, 611.

AN VOLLEN BÜSCHELZWEIGEN... [EM RAMOS TUFADOS, CHEIOS...]. *Págs. 196–199*
— (*WÖD*, 84; *GW*, III, 91–92; *HD*, IV, 133–134; *SA*, VI, 176.) — Tem no manuscrito a data de 24 de Setembro de 1815. — Suscitada por um passeio com Marianne através da alameda de castanheiros que leva ao castelo de Heidelberga. O espectáculo dos ouriços a abrir deixando cair em abundância as castanhas maduras é para o Poeta imagem da rica colheita lírica destes dias de alta ventura amorosa. — E. Beutler (*WÖD*, 616), levado no seu zelo de esquadrinhar todas as fontes orientais do *Divã* de Goethe, quer ver semelhança,

ou mesmo dependência imediata, do nosso poema em relação com uma estrofe do persa Djami que traduzimos:

> *A palmeira de Maria é a pena*
> *De Diami, que, ao mover-se,*
> *Derramou tâmaras frescas*
> *Do ramo para o regaço da amiga.*

A imagem reporta-se ao que no cap. XIX do Alcorão se conta da palmeira seca que reverdeceu e deixou cair tâmaras maduras à voz do anjo para consolação de Maria puérpera. — A semelhança, como se vê, é muito vaga e longínqua, e a aproximação muito forçada. Beutler, no entanto, descobre aqui não sei que maravilhosa ajuda para a boa compreensão do nosso poema, que assim estaria repassado de orientalismo encoberto, e estabelece relações entre a velhice de Djami e a idade avançada de Goethe... Revela ainda que Goethe leu na *Geschichte der schönen Redekunst Persiens* de Joseph von Hammer-Purgstall, aparecia em 1818 (!), a estrofe do persa que tão vivamente o impressionou e lhe acorreu prontamente à memória à vista dos castanheiros do parque de Heidelberga, em Setembro de 1815! — *Quandoque bonus...*[89]

Págs. 198–201   SULEIKA (*Ach, um deine feuchten Schwingen...*) [ZULEICA (*Ai vento Oeste, que inveja...*)]. — (*WÖD*, 90–91; *GW*, III, 96–97; *HD*, IV, 141–142; *SA*, VI, 187.) — É o poema de despedida de Marianne ao regressar de Heidelberga a Francoforte, a 25 de Setembro

---

[89] É verdade que na carta a Cotta de 16 de Maio de 1815 (repr. em *SA*, VI, 315 e segs.) fala Goethe do manuscrito que von Hammer teria enviado para Gotinga, mas daí não pode inferir-se que tivesse conhecimento do seu conteúdo. A não ser que no resumo aparecido em *Göttinger gelehrte Anzeigen* de 17 de Setembro desse ano esteja incluído o passo em questão, o que não pudemos verificar.

NOTAS E COMENTÁRIOS

de 1815 (*v.* pág. 347). — Com o poema paralelo ao Vento Leste (*Was bedeutet die Bewegung?* — *WÖD*, 88), é a coroa de glória de Marianne von Willemer como poetisa. Ambos chegam, só por si, para justificar o juízo de F. Gundolf: — *Ihre Gediche [...] gehören zu den menschlich vollsten und reinsten die es von Frauen gibt, und wenn sie dabei auch nur als Medium Goethes gesungen hat, so ist es schon Ruhm genug in solcher Weise Goethes Medium sein zu können.*[90]

Ao contrário do que aconteceu com o outro, que Goethe alterou para mal[91], possivelmente por tê-lo reproduzido de memória, como supõe Beutler (*WÖD*, 628), a sua intervenção foi mínima neste.

Se, no poema ao Vento Leste, o mensageiro é despedido por inútil, pois Zuleica vai avistar-se com o amado, aqui é o Vento Oeste encarregado da mensagem de despedida e de esperança de novo encontro.

Como Goethe, Marianne lia assiduamente Hafis; trocavam — a prática foi iniciada por ela — mesmo epístolas cifradas, em que ambos se reportavam a determinados passos particularmente

---

[90] «Os seus poemas [...] pertencem ao que de humanamente mais pleno e mais puro jamais foi escrito por mulheres, e se neles ela cantou apenas como *médium* de Goethe, é já glória bastante poder ser desta maneira o *médium* de Goethe.» (*Goethe*, pág. 632.)

[91] Foi a propósito dessa alteração que Marianne escreveu a H. Grimm: — «*Foi só uma única* [estrofe] *que Goethe alterou, e eu não sei realmente porquê, acho a minha, na verdade, mais bela*» (*v. SA*, VI, 425). — Para se ver como ela tinha razão, basta o simples confronto: — Escreveu Marianne: *Und mich soll sein leises Flüstern / Von dem Freunde lieblich grüssen, / Eh noch diese Hüget düstern, / Sitz ich still zu seinen Füssen.* [«E o seu manso ciciar / Traz-me doces saudações do amigo, / Antes que estas colinas escureçam / Estarei calma a seus pés.»] O que Goethe alterou para: *Und mir bringt sein leises Flüstern / Von dem Freunde tausend Grüsse; / Eh noch diese Hügel düstern, / Grüssen mich wohl tausend Küsse.* [«E o seu manso ciciar / Traz-me mil saudações do amigo: / Antes que estas colinas escureçam / Mil beijos me saudarão.»] — A alteração na estância seguinte também não é mais feliz. Cf. *WÖD*, 628.

expressivos do *Divã* do persa (V. o poema *Geheimschrift, WÖD,* 93–94). Na base das duas últimas estrofes do poema presente, está a de Hafis, vol. II, pág. 582:

Ostwind, sag, ich bitte dich, ihm ganz geheim die Künde,
Hundertfache Zung spreche den Herzensbrand aus.
Sprich es nicht traurig, um ihn nicht auch zur Trauer zu stimmen,
Sage zwar das Wort, aber du, sag's mit Bedacht!

[Vento Leste, dá-lhe, peço-te, a nova muito em segredo,
Cem línguas digam do ardor do meu coração.
Mas não o digas com tristeza, pra que ele não entristeça também,
Diz-lhe a palavra, sim, mas diz-lha com cautela!]

O problema da colaboração de Marianne von Willemer e o da legitimidade da inclusão dos seus poemas no *Divã*, aparentemente sem menção especial, foram definitivamente estudados e resolvidos por K. Burdach no estudo que dedicou ao centenário do livro (*Vorspiel*, II, págs. 402 e segs.). — A carta de Goethe a Mariaune de 9 de Maio de 1824 exprime bem a posição do Poeta no passo que diz: «*Als ich des guten Eckermanns Büchlein*[92] *aufschlug fiel mir S. 279 zuerst in die Augen*[93]*; wie oft hab ich nicht das Lied singen hören, wie oft dessen Lob vernommen und in der Stille mir lächelnd angeeignet was denn auch wohl im schönsten Sinne mein eigen genannt werden durfte.*»[94]

A 18 de Outubro do ano anterior, enviara Goethe a Marianne o livro de Eckermann, acompanhado da quadra que a seguir

---

[92] *Beiträge zur Poesie*, Stuttgart, 1823.

[93] Fala-se aí da Canção ao Vento Oeste.

[94] «*Ao abrir o livrinho do bom Eckermann caiu-me logo sob os olhos a pág. 279; quantas vezes não ouvi eu já cantar a canção, quantas vezes não ouvi o seu louvor, e sorrindo em silêncio me não tenho apropriado do que, no mais belo sentido, se poderia também chamar meu!*»

NOTAS E COMENTÁRIOS

transcrevemos e de «uma grinalda entretecida de murta e loureiro como símbolo de dois amantes que à compita amassem e poetassem como Hatem e Zuleica» (Goethe: *Inschriften, Denk-und Sendeblätter*). Os versos eram destinados «a página 279»:

> *Myrt und Lorbeer hatten sich verbunden;*
> *Mögen sie vielleicht getrennt erscheinen,*
> *Wollen sie, gedenkend sel'ger Stunden,*
> *Hoffnungsvoll sich abermals vereinen.*

> *[Tinham-se unido outrora louro e murta;*
> *E embora talvez pareçam divididos,*
> *Querem, ao pensar na passada ventura,*
> *Ver-se de novo em esperança unidos.]*

O nosso poema foi musicado por Zelter, K. Eberwein, Schubert, Felix Mendelsson e vários outros.

WIEDERFINDEN [REENCONTRO]. — (*WÖD*, 91–92; *GW*, III, 97–98; *HD*, IV, 142–144; *SA*, VI, 188–189.) — Escrito no parque do castelo de Heidelberga a 24 de Setembro de 1815, na manhã seguinte à chegada dos Willemer. — *Wiederfinden* não é apenas o cume lírico de todo o *Divã*: é também um dos tais altos momentos de toda a lírica de Goethe, com o que implicitamente se diz: de toda a poesia ocidental. Em grandiosidade e amplitude cósmica só se lhe podem comparar certos poemas da hínica juvenil, como *Ganymed*; em frémito interior não fica atrás da *Elegia de Marienbad*. Quando o confrontamos com o hino da juventude, notamos que à ânsia de expansão cósmica do *eu* juvenil corresponde aqui, com a vantagem suprema da contensão e do domínio da expressão, um refluir dos cosmos no *eu*, condicionado pela firmeza, ao fim vitoriosa, de uma concepção naturalística que só a idade pôde trazer. Ao lado da *Elegia* que há-de nascer oito anos mais tarde, supera-a pela

Págs. 200–203

sobriedade do arranjo arquitectónico, sem, como já disse, perder em vibração lírica. F. Gundolf (*Goethe*, pág. 670) vê neste poema, em *Selige Sehnsucht* e na *Elegia* «os três milagres ameaçadores da lírica de Goethe na velhice», pela «nova irrupção da vida escura no mundo da luz firmemente defendido», ou pelo «recair do mundo da luz no caos original e criador através da Morte e do Amor». — Subjugado pelo *furioso* ataque de juvenilidade inopinada, todo o mundo do espírito do Poeta, arduamente conquistado, cede por um momento e parece vacilar perigosamente ante a incomportável veemência do reencontro com a amada. E há, de facto, uma recaída no caos, donde de novo há-de nascer um mundo de harmonia, em tremendo esforço criador. Outra vez o regresso à confusão primeva, e Deus ordena a nossos olhos o supremo acto de criação: «Faça-se!» Ouve-se um ai! imenso de doloroso apartamento — e tudo irrompe do seio divino para a vida desregrada e feroz, libérrima e anárquica das realidades, em que cada elemento rigidamente se vive só a si mesmo, perdidas todas as amarras que o prendiam aos seus pares. Deus, inconsolável na tremenda solidão em que o deixou o cumprimento do seu alto desígnio — «SÓ POR PRIMEIRA VEZ!» —, cria a Aurora, que o vem confortar com a oferta do espectáculo sinestésico de cores «sonoras». Pelo acto primeiro de criação, a luz e as trevas, até então fundidas na mesma unidade no seio divino, cindiram-se agora, divorciaram-se. A luz, porém, não é visível em si, mas tão-só como cor — e esta, na teoria óptica de Goethe, só surge quando a luz atravessa e se funde com um meio «turvo» (*trüb*). É a diversa relação dos dois componentes — claro e escuro — que determina a escala das cores. A ideia de *polaridade*, estrutural no pensamento de Goethe, é aqui patente. O mundo das cores surge, pois, pela reunião de luz e trevas — e assim volta ao amor primitivo o que antes se separara, a harmonia regressa, está superada a polaridade, o Cosmos surge por obra do Amor. — Platão, Plotino, J. Böhme, reminiscências bíblicas e o Alcorão —, tudo isto, mas sobretudo Goethe, se funde na maravilhosa cosmogonia. É o mito platónico do

NOTAS E COMENTÁRIOS

andrógino alargado a toda a criação. Tudo busca o que lhe pertence e havia perdido — e são agora as criaturas os criadores, tornando supérflua nova intervenção de Alá. São elas que, pelo Amor, criam o seu mundo. A união dos amantes torna-se indissolúvel fusão, e, modelares (*musterhaft*) — não no sentido moralizante, mas simplesmente como exemplos *típicos*, porque atravessaram a dor e o prazer —, ousadamente proclamam definitiva e irregogável essa união, indestrutível mesmo por um segundo acto criador da vontade divina.

O poema foi musicado por Zelter.

DIE WELT DURCHAUS IST LIEBLICH ANSZUSCHAUEN [QUE MARAVILHA É VER TODO ESTE MUNDO!]. — (*WÖD*, 96–97; *GW*, III, 102; *HD*, IV, 149–150; *SA*, VI, 196.) — É de Weimar, 7 de Fevereiro de 1815. Do *Livro de Zuleica*, como os anteriores.

Págs. 204–205

SULEIKA (*In tausend Formen...*) [ZULEICA (*Inda que em mil formas...*)]. — (*WÖD*, 97, *GW*, III, 102–103). — Na organização poemática do *Divã* colocou Goethe estes versos no final do *Livro de Zuleica*. Quis assim conferir-lhe valor simbólico, despedindo-se da amada como corporização de todas as manifestações divinas na Natureza. O poema foi escrito em Weimar, a 16 de Março de 1815. É, pois, muito anterior a vários outros que no livro o antecedem, e reveste-se também de especial importância quando considerado do ponto de vista histórico-genético. Isto põe problemas vários de valorização e de interpretação, sobretudo no que respeita à relação entre a *poesia* e a *verdade* da vivência amorosa com Marianne von Willemer, problemas esses tratados com grande argúcia no livro de H. A. Korff, *Die Liebesgedichte des west-östlichen Divans in zeitlicher Folge mit Einführung und entstehungsgeschichtlichem Kommentar*, S. Hirzel Verlag Zürich, 1949. Todo o livro deverá ser estudado e ponderado em pormenor, o que evidentemente não cabe neste lugar. Mas aí fica a indicação para os eventuais interessados. —

Págs. 204–207

J. W. GOETHE — *POEMAS*

Goethe regressa aqui ao tema do *Allerliebstes* do poema *Einladung* com que abre o *Livro de Zuleica* (*V. WÖD*, 67). Assim se fecha e se arredonda, deliberadamente, o ciclo poético da amada dentro do *Divã*.

O poema é construído, aliás, liberrimamente, sobre o modelo oriental do *gazel* ou *gazal* (ár. *Ghasel* = «teia»), composição de 10–13 versos iguais de qualquer cadência, que começa por uma parelha e mantém a mesma rima, pelas mesmas palavras, nos versos pares, enquanto os ímpares seguem não rimados (*aa, ba, ca...*). O seu grande cultor na poesia persa foi Hafis. A liberdade de Goethe em face do modelo manifesta-se pelo arranjo estrófico em quadras de rima alternada, com manutenção das palavras de rima nos versos pares: *abab, cbcb, dbdb;* alteração das primeiras palavras de rima a partir da 4.ª estrofe: *ebe(b), f(b)f(b), g(b)g(b).* Com isto, dá ao poema um fecho e um arredondamento decididos, libertando-o da tendência rimática indefinida da prática original persa.

A ideia dos «cem nomes de Alá», que andam ligados ao rosário árabe, foi Goethe buscá-la ao 4.º vol. das *Fundgruben des Orients* (*V. WÖD*, 652).

Embora este seja o último poema expressamente dedicado a Zuleica (Marianne) no *Divã*, a figura da amada não desapareceu, como já vimos, da vida do Poeta. Cf. o poema *Dem aufgehenden Vollmond* (págs. 92–95) e respectiva nota.

Figura por primeira vez na 2.ª ed. da nossa antologia.

Foi musicado por Zelter e K. Eberwein.

Págs. 206–207 SITZ ICH ALLEIN... [SE ESTOU SOZINHO...]. — (*WÖD*, 98; *GW*, III, 104; *HD*, IV, 155; *SA*, VI, 202.) — Do *Livro da Taberna*. — Cf. atrás, pág. 268. Complete-se a sextilha com os versos seguintes (*WÖD*, 99):

Für Sorgen sorgt das liebe Leben
Und Sorgenbrecher sind die Reben.

NOTAS E COMENTÁRIOS

Damos a tradução completa:

Ébrios todos nós temos de ser!
Juventude sem beber;
Se, bebendo, o velho volta à juventude,
É isso então admirável virtude.
De criar cuidados lá cuida a vidinha,
E de os matar cuida a vinha.

JENE GARSTIGE VETTEL… [AQUELA VIL E LASCIVA…]. — (*WÖD*, *Págs. 206-209*
104; *GW*, III, 109; *HD*, IV, 164–165; *SA*, VI, 214.) — É datada de
25 de Outubro de 1815. Do *Livro da Taberna.* — O mundo, como
informa Diez nas suas *Denkwürdigkeiten von Asien*, é para os poetas
persas uma velha marafona que mata todos os seus amantes sem lhes
conceder o menor favor (*WÖD*, 678–679). Recorde-se também a
Frau Welt, a *Dona Mundo* dos poetas e dos escultores medievais.
— Note-se o jogo com as três virtudes cardiais — a Fé, a Esperança,
o Amor. Uma vez que por Zuleica recuperou o amor e a fé, e por
Zaqui, o efebo copeiro — (o *Banquete* de Platão é indispensável
à compreensão de todo o *Schenkenbuch*) —, o entusiasmo que dá
o vinho e o «sentimento magnífico do presente», o Poeta já não
precisa da esperança, pois lhe chega a actual realidade.

EINLASS [INGRESSO]. — (*WÖD*, 122–123; *GW*, III, 125–126; *HD*, *Págs. 208-211*
IV, 197–198; *SA*, VI, 253–254.) — Já depois de publicada a primeira
edição do *Divã*, escreve Goethe, durante uma viagem para Karlsbad
na Primavera de 1820, uma série de quatro poemas que foram
depois incluídos no *Livro do Paraíso* na *Ausgabe letzter Hand.*
O presente é um deles; escrito em Hof a 24 de Abril desse ano de
1820, foi publicado no anúncio da última edição citada, com data de
Weimar, 1 de Março de 1826 (v. *SA*, VI, 357). — Só com esta série
de novos poemas é que o *Divã* atinge o seu arredondamento final,
levando à execução temas já anunciados ou implícitos no poema

Hegire com que abre o *Livro do Cantor* e com ele todo o ciclo. Releiam-se as duas últimas estrofes desse poema (págs. 182–183) para boa compreensão do que agora nos ocupa e dos outros da série a que pertence.

A humaníssima e compreensiva ironia com que, no resto deste último livro do *Divã*, é tratada a ideia que o muçulmano faz das delícias do paraíso esbate-se aqui em sinceridade um tanto grave. Subjacente ao diálogo entre o *Poeta* e a *Huri* está o que se conta do persa Firdusi, autor do *Schah Nameh*: — Tendo cantado liberrima-mente no seu livro a religião de Zaratustra, reinante na Pérsia sob os Sassânidas antes do advento do Islão, o sacerdote maometano recusou-lhe, ao morrer, enterro ritual; mas, nessa noite, teve o limitado e rígido defensor da ortodoxia uma visão que lhe mostrou Firdusi magnificamente coroado no paraíso, onde entrara por obra e graça dos seus versos (v. *WÖD*, 732). — Semelhantemente no nosso poema, a Huri que está de guarda às portas do paraíso tem as suas bem fundadas desconfianças sobre a fé do Poeta que acaba de chegar. Por outro lado, porém, já o facto do seu aparecimento a perturba; por isso lhe pede que mostre as feridas ganhas em defesa da fé moslemita que legitimem o seu ingresso e a comparticipação das delícias paradisíacas. Responde o Poeta confiante com a confissão da sua estreme humanidade, mostrando as feridas que, em luta constante, a vida e o amor lhe deixaram no peito — essa vida que ele aceitou plenamente, esse amor que lhe deu fé para cantar as suas canções à amada e as belezas do mundo. Com os seus versos ganhou o amor das almas belas, com o seu agir conquistou a confiança dos mais ilustres da Terra. Pode, pois, a Huri aceitá-lo desde já por esposo celeste e deixar que ele vá contando pelos seus belos dedos os eões de delícias que tem direito a gozar.

Nos poemas seguintes, a Huri toma as feições de Zuleica e confessa ter ouvido frequentemente às portas do paraíso

NOTAS E COMENTÁRIOS

> *...ein wunderlich Gesäusel,*
> *Ein Ton- und Silbengekräusel,*
> *Das wollte herein;*
> *Niemand aber ließ sich sehen,*
> *Da verklang es klein zu klein;*
> *Es klang aber fast wie deine Lieder,*
> *Das erinnr' ich mich wieder.* (WÖD, 124.)

> > *[...um estranho sussurro,*
> > *Mistura singular de sons e sílabas,*
> > *Que queria entrar;*
> > *Mas ninguém deixava ver-se,*
> > *E tudo se desvaneceu a pouco e pouco;*
> > *Soava porém quase como as tuas canções,*
> > *Disso me lembro eu de novo.]*

E o poeta confirma:

> *Was auch in irdischer Luft und Art,*
> *Für Töne lauten,*
> *Die wollen alle herauf;*
> *Viele verklingen da unten zu Hauf;*
> *Andere mit Geistes Flug und Lauf,*
> *Wie das Flügelpferd des Propheten,*
> *Steigen empor und flöten*
> *Draußen an dem Tor.*

> > *[Todas as melodias que acaso ressoem*
> > *No ar e ao modo da Terra,*
> > *Todas querem subir até cá;*
> > *Muitas esvaem-se em massa, lá em baixo,*
> > *Outras, com voo e carreira do espírito,*
> > *Como o cavalo alado do Profeta,*
> > *Elevam-se ao céu e vêm tocar flauta*
> > *Lá fora em frente da porta.]*

J. W. GOETHE — POEMAS

A imagem final do nosso poema é retomada noutro (*WÖD*, 128):

HURI

Wieder einen Finger schlägst du mir ein!
Weißt du denn, wie viel Äonen
Wir vertraut schon zusammen wohnen?

DICHTER

Nein! — Will's auch nicht wissen. Nein!
Mannigfaltiger frischer Genuss,
Ewig bräutlich keuscher Kuss! —
Wenn jeder Augenblick mich durchschauert,
Was soll ich fragen wie lang es gedauert!

[A HURI:

Mais uma vez me dobras outro dedo!
Sabes acaso há quantos eões
Vivemos nesta íntima união?

O POETA:

Não! — Nem quero sabê-lo. Não!
Gozo diverso e sempre novo,
Eterno beijo casto de noivado! —
Se cada instante me faz estremecer,
Pra que hei-de perguntar quanto durou!]

É o momento belo que se faz eternidade — a realização do sonho do Fausto. — E a Huri, que sabe que o seu Poeta «não desfaleceu no seio do universo» e se aventurou até às «profundezas de Deus»,

NOTAS E COMENTÁRIOS

sabe também que ele, mesmo no paraíso, não alcançará mais do que o que já conquistou na Terra; e por isso lhe pede:

Sing mir die Lieder an Suleika vor:
Denn weiter wirst du's doch im Paradies nicht bringen.

[Canta-me as canções que cantaste a Zuleica:
Pois no paraíso não as farás melhores.]

Eis Hatem definitivamente unido a Zuleica, no gozo eterno da beleza que na vida terrena para ela construiu.

NICHT MEHR AUF SEIDENBLATT... [SOBRE FOLHA DE SEDA...]. *Págs. 212–213*
— (*WÖD*, 143–144; *GW*, III, 142–143; *HD*, IV, 149, *nota: SA*, VI, 293.) — É um dos poemas do *Divã* que Goethe deixou inéditos e que foram depois publicados por Eckermann e Riemer. Fosse qual fosse o motivo que tivesse levado o Poeta a excluí-los do livro, a verdade é que há entre eles alguns belíssimos, como o presente e *Lasst mich weinen! umschränkt von Nacht* (*WÖD*, 142). — K. Burdach (*Vorspiel*, II, 432) data-o, com boas razões, do fim de Dezembro de 1818 ou de Janeiro seguinte. — Note-se o regresso aos ritmos livres do *Sturm und Drang*, como também em *Jene garstige Vettel* (págs. 206–208), para que chamámos já a atenção na pág. 264.

PARÁBOLAS, SENTENÇAS, PROVÉRBIOS. — Submetemos a esta rubrica *Págs. 215–223*
produções de proveniência vária a que só o carácter reflexivo dá certa unidade. Cristalizações poéticas da sabedoria da velhice de Goethe não podiam faltar, embora em diminuta proporção, na nossa antologia.

GEDICHTE SIND GEMALTE FENSTERSCHEIBEN! [POEMAS SÃO COMO *Págs. 216–217*
VITRAIS PINTADOS]. — (*GW*, II, 163; *HD*, II, 271; *SA*, III, 171). — Da terceira parte de *Gedichte*, secção *Parabolisch*. Publicado em 1827 no vol. III, pág. 179, da *Ausgabe letzter Hand*.

389

J. W. GOETHE — *POEMAS*

Págs. 216-219 EIN GLEICHNIS [COMPARAÇÃO]. — (*HD*, II, 284; *SA*, IV, 151.) — Publicada no *Morgenblatt* de 20 de Março 1828. — Suscitada pela colectânea *Poésies de Goethe*, 1825, em tradução de Madame Panckoucke (*HD*, *loc. cit.*). Cf. a canção *Gefunden*, págs. 86–89.

Págs. 218-219 UND WENN MICH AM TAG DIE FERNE... [E QUANDO DE DIA A LONJURA...]. — (*Staiger*, II, 153). — Faz parte da secção *Kunst* dos Poemas de Goethe e anda normalmente ligado à quadra *Schwebender Genius über der Erdkugel.* Na edição de Staiger está, no entanto, separado, e nós como tal o consideramos e traduzimos. Note-se, porém, que não figura no índice independentemente. Na *Gedenkausgabe der Werke, Briefe und Gespräche... herausg. von Ernst Beutler*, Artemis-Verlag Zürich, no 2.º vol. de *Sämtliche Gedichte*, 1953, pág. 144, aparece efectivamente como continuação da referida quadra, na secção *Kunstgedichte und Gedichte zu Bildern*. A favor da independência, fala, no entanto, a composição *Wenn am Tag Zenit und Ferne*, que parece ser outra versão do mesmo poema.

Págs. 218-219 BESCHILDETER ARM [BRAÇO ESCUDADO]. — (*HD*, III, II, 92; *SA*, IV, 135.) — É a primeira de três sentenças sob o mesmo título. Refere-se à protecção das artes e ciências em tempo de guerra.

Págs. 220-221 Os cinco *Sprüche* a partir de *Wie? Wann? und Wo?...* são extraídos da secção *Gott, Gemüt und Welt* de *Gedichte* (*GW*, II, 35, 36; *HD*, II, 289, 290, 291; *SA*, II, 216, 217, 218). — Com o primeiro cf. o passo seguinte de *Dichtung und Wahrheit*:

Das Was liegt in uns, das Wie hängt selten von uns ab, nach dem Warum dürfen wir nicht fragen, und deshalb verweist man uns mit Recht aufs Quia.[95]

---

[95] «O *quê* está em nós, o *como* raras vezes depende de nós, pelo *porquê* não devemos perguntar, e por isso com razão nos remetem para o *quia.*»

NOTAS E COMENTÁRIOS

Os quatro *provérbios* a partir de *Ein Kranz...* pertencem à secção *Págs. 220–223* *Sprichwörtlich* de *Gedichte* (*GW*, II, 40, 44, 58, 59; *HD*, II, 296, 300, 315, 316; *SA*, II, 224, 230, 247, 248). — *Erkenne dich!...* aparece em *HD* fundido num só com o provérbio seguinte, que diz:

> *Als wenn ich auf den Maskenball käme*
> *Und gleich die Larve vom Angesicht nähme.*

> [*Como se fosse a um baile de máscaras,*
> *E tirasse logo a máscara da cara.*]

O provérbio é testemunho da aversão de Goethe por toda a excessiva heautognose, impeditiva da acção profícua. A mesma ideia é desenvolvida no passo seguinte da *Allgemeine Naturlehre*:

> *Hiebei bekenn ich, dass mir von jeher die große und so bedeutend klingende Aufgabe: Erkenne dich selbst! immer verdächtig vorkam, als eine List geheim verbündeter Priester, die den Menschen durch unerreichbare Forderungen verwirren und von der Tätigkeit gegen die Außenwelt zu einer innern falschen Beschaulichkeit verleiten wollten. Der Mensch kennt nur sich selbst, insofern er die Welt kennt, die er nur in sich und sich nur in ihr gewahr wird. Jeder neue Gegenstand, wohl beschaut, schließt ein neues Organ in uns auf. Am allerfördersamsten aber sind unsere Nebenmenschen, welche den Vorteil haben, uns mit der Welt aus ihrem Standpunkt zu vergleichen und daher nähere Kenntnis von uns erlangen, als wir selbst gewinnen mögen.*[96]

---

[96] «Com isto confesso que a grande tarefa: Conhece-te a ti mesmo!, que soa como tão importante, sempre me pareceu suspeita, como um ardil de padres secretamente coligados que quisessem perturbar o homem por meio de exigências inatingíveis e desviá-lo da actividade no mundo externo para uma falsa contemplação interior. O homem só se conhece a si mesmo na medida em que conhece o mundo que ele só em si mesmo descobre, como também

J. W. GOETHE — *POEMAS*

Cf. também os n.ᵒˢ 98 e 657 de *Maximen und Reflexionen*, GW, XIV, 238 e 329.

Págs. 225–253 ÚLTIMOS POEMAS DO AMOR, DE DEUS E DO MUNDO. — É da nossa exclusiva responsabilidade a formulação da rubrica a que submetemos as peças escolhidas da lírica e da poesia reflexiva dos últimos anos da vida de Goethe. O próprio Poeta, no entanto, parcialmente nos autoriza, quando reúne sob a designação geral *Golt und Welt* («Deus e Mundo») o núcleo de poemas a que pertencem todos os desta nossa última secção, exceptuada a *Triologia da Paixão*[97]. E esta, só por si, cume do lirismo de Goethe na velhice, justifica o alargamento que demos à fórmula.

Amor, Deus, Mundo — não são acaso em Goethe orquestrações do mesmo tema fundamental, diferentes *Urworte* a exprimirem o mesmo mistério único? — Leia-se o *Proémio*, medite-se o poema órfico das *Palavras-Mãe*, veja-se como pelo Amor se chega à resolução do Enigma Inominado na grande *Elegia* — e a identidade unificadora patentear-se-á com meridiana claridade. O que, aliás, não surpreenderá quem tenha presentes os versos do *Faust*, que já vêm da versão primitiva:

> *Der Allumfasser,*
> *Der Allerhalter,*
> *Fasst und erhält Er nicht*
> *Dich, mich, sich selbst?*
> *Wölbt sich der Himmel nicht dadroben?*

---

só nele a si mesmo se descobre. Cada novo objecto, bem observado, abre em nós um novo órgão. Do máximo proveito neste sentido são, porém, os nossos semelhantes que têm a vantagem de nos compararem com o mundo a partir do seu ponto de vista e por isso atingem melhor conhecimento de nós do que nós mesmos podemos alcançar.»

[97] Cf. adiante nota ao poema das págs. 242–245.

NOTAS E COMENTÁRIOS

Liegt die Erde nicht hierunten fest?
Und steigen freundlich blickend
Ewige Sterne nicht herauf?
Schau ich nicht Aug in Auge dir,
Und drängt nicht alles
Nach Haupt und Herzen dir
Und webt in ewigem Geheimnis
Unsichtbar-sichtbar neben dir?
Erfüll davon dein Herz, so groß es ist,
Und wenn du ganz in dem Gefühle selig bist,
Nenn es dann, wie du willst:
Nenn's Glück! Herz! Liebe! Gott!
Ich habe keinen Namen
Dafür!

(Vv. 3438–3456)

[O que tudo contém, que tudo anima,
A mim, a ti e a si contém e anima.
Dos céus não vês além curvar-se a abóbada?
E firme a nossos pés não jaz a terra?
Com amoroso olhar astros eternos
Não se elevam? Não cravo nos teus olhos
Os meus, e penetrar em ti não sentes.
Na mente e coração todo o Universo,
Que, arcano insondável, se desdobra
Visível e invisível de ti junto?
Com esse sentimento o peito inunda;
E, quando nele imersa te sentires,
O nome então lhe dá que mais quiseres:
Ventura! Coração! Amor! ou — Deus!
Nome não acho!]

(Trad. A. d'Ornellas.)

J. W. GOETHE — *POEMAS*

Mais uma vez se desrespeitou a cronologia na ordenação das peças. A sua seriação quer ser de carácter puramente poemático — abre-se com os grandes poemas da paixão, seguem-se as meditações dos mistérios de Deus e da Natureza, e logicamente se acaba com o *Testamento.*

Págs. 226–241 TRILOGIE DER LEIDENSCHAFT [TRILOGIA DA PAIXÃO]. — (*GW*, II, 89-95; *HD*, II, 95–103; *SA*, III, 19–27.) — Publicada em conjunto em 1827, vol. III da *Ausgabe letzter Hand* 19–30. —A ordem por que se apresentam os três poemas é exactamente a inversa da cronologia da sua génese. Poeta ao escrevê-los, Goethe foi, ao ordená-los, sobretudo artista. Quer dizer: — Seriou-os de maneira a poderem comunicar, pelo seu arranjo de conjunto, uma gradação emotiva que pode esquematizar-se assim: — Resignação auto-irónica no poema *An Werther*, com a confissão final de que o poeta canta para evitar a morte que a partida traz (Vv. 47–48); daqui se passa, no poema central, ao desespero quase aniquilador da despedida; vem, finalmente, a catarse musical de *Aussöhnung.*

Esta, ao que nos quer parecer, a intenção artística global da *Trilogia.* Mas ela só se manifesta claramente a quem esteja na posse dos factos biográficos da vivência subjacente à *Elegia*, que é, em máximo grau, *poesia de circunstância* naquele sentido que Goethe deu à expressão na conversa com Eckermann de 17 de Setembro de 1823, em Iena, exactamente ao regressar de Marienbad, registada no dia imediato:

«*O mundo é tão grande e tão rico e a vida tão variada que nunca faltarão motivos para poemas. Mas hão-de ser sempre poemas de circunstância, quer dizer, a realidade terá de fornecer-lhes a ocasião e a matéria. Um caso particular torna-se geral e poético exactamente pelo facto de um poeta o tratar. Todos os meus poemas são poemas de circunstância, foram suscitados pela realidade e nela têm o seu fundamento e o terreno de que se mantêm. Não dou nada por poemas*

NOTAS E COMENTÁRIOS

arrancados do ar.» (J. P. *Eckermann*, Gespräche mit Goethe, *18 de Setembro de 1823).*

Em que medida a *Elegia* é «poema de circunstância», revela-no-lo outra conversa com Eckermann, de 16 de Novembro do mesmo ano:

«Vê aí o produto de um estado da mais alta paixão [...]; quando nele estava enredado, nem por quanto há no mundo gostaria de me ver privado dele, e agora por preço nenhum desejaria cair nele de novo. — Escrevi esse poema logo depois de partir de Marienbad e quando me encontrava ainda plenamente sob a influência do sentimento recente do que tinha vivido. Às oito horas da manhã, na primeira paragem, escrevi a primeira estrofe, e assim continuei poetando na carruagem, escrevendo de estação em estação o que ia retendo na memória, de modo que à noitinha estava pronto no papel.[98] *Tem por isso um certo carácter imediato e é como que de um só jacto, o que talvez resulte proveitoso para o conjunto. [...] Joguei sobre o presente como se joga uma quantia importante sobre uma carta, e busquei fazer subir a parada o mais possível sem exagero.»* (Id., *ib.*)

Necessário se torna, pois, para uma exegese segura, recordar, ainda que sumariamente, o que se passou à volta destes singulares sucessos de Marienbad.[99]

---

[98] Os factos, como adiante se verá, não foram tão simples nem tão rápidos como a conversa os apresenta.

[99] Quem se interesse pelos pormenores poderá ler, além dos capítulos respectivos nas biografias de Goethe: — Geneviève Bianquis, *L'Élégie de Marienbad*, em Goethe, *Études publiées pour le Centenaire de sa Mort par l'Université de Strasbourg*, Paus, 1932, págs. 387 e segs.; Charles du Bos, *Le Dernier Amour, Goethe et l'Élégie de Marienbad*, em *Goethe*, Paris, 1949, págs. 357 e segs.; e a «miniatura» literária de Stefan Zweig, *Die Marienbader Elegie* em *Sternstunden der Menschheit*, Insel-Bücherei Nr. 165, págs. 23 e segs., de que há tradução portuguesa.

J. W. GOETHE — *POEMAS*

Em princípios de Julho de 1823, chegava a Marienbad, pequena estância balnear da Boémia, sua Excelência o Ministro von Goethe, conselheiro privado do Arquiduque Carlos Augusto de Sachsen--Weimar, grave e circunspecto, empertigado até na sua característica atitude de caminhar de mãos cruzadas atrás das costas, a personificação mesma da sabedoria superior e da respeitabilidade gloriosa, com aquela imponente «cabeça de Júpiter Stator» que impressionou por esta altura o Grão-Duque Nicolau da Rússia. Era o terceiro Verão consecutivo que ali ia, e já se resmungava que o velho septuagenário estava prestes a resvalar do seu sólido pedestal olímpico para a vulgar planura do ridículo, por amor da graciosa netinha da Senhora von Broesigke, Ulrike von Levetzow. Na estação anterior, já o comissário da «real e imperial» polícia austríaca, Kopfenberger, de olho de espião cravado nos grandes que frequentavam os banhos, mandara para Viena um relatório secreto em que o seu amo, o Príncipe de Metternich, pôde ler:

«Goethe, o mestre dos escritores alemães actualmente vivos, mantém ainda na sua velhice aquela seriedade e grave respeitabilidade que predomina nos seus escritos. Tranquilo e retraído, dá-se apenas com poucos membros da sociedade de banhistas... Passa quase sempre as noites em companhia da família von Levetzow; e principalmente ao lado da filha mais velha, a menina Ulrike v. L., que o entretém com o seu canto ou com divertidas conversas, parece esquecer por instantes as iniquidades que tem de sofrer por causa do seu fracassado matrimónio com a antiga governanta, conhecida pelo nome de Madame Vulpius.»[100]

Mal informado andava o espião, pois Christiane morrera já em 1816; mas vê-se que a aristocrática má-língua continuava a retalhar

---

[100] *V. El último amor de Goethe*, por Karl L. Mayer, na colectânea de estudos *Goethe*, publicada pela Universidade de Cuyo, Mendoza, 1949, pág. 116.

NOTAS E COMENTÁRIOS

a casaca do velho conselheiro de Weimar, e ainda não esmoera de todo o «escândalo» daquela união. Não sei — nem me importa — o que é que o chanceler imperial pensou ao ler o relatório do bufo; mas não custa adivinhar-lhe o sorriso sardónico...

Goethe atravessara, no princípio desse ano, uma doença grave, uma pericardite que por pouco o não prostrou. Chegou mesmo a correr a nova da sua morte. Mas a crise foi vencida e dela saiu numa euforia de reconvalescente que quase foi um rejuvenescimento. Augusta von Stolberg, a amiga nunca vista e confidente de há meio século, com quem deixara de corresponder-se em Novembro de 1782, viera, meses antes, numa carta alarmada, pregar-lhe Deus e tentar salvar-lhe a alma como que *in extremis*: — «*Oh! peço-lhe, suplico-lhe, querido Goethe, que abandone tudo o que o mundo tem de mesquinho, de vão, de terrestre e de mau, e que volte os olhos e o coração para o que é eterno. [...] Quantas vezes me tem doído encontrar nos seus escritos coisas com que facilmente pode causar dano a outrem!*»[101]

Seis meses depois, a 17 de Abril de 1823, envia-lhe Goethe a resposta, que é, na sua soberana ironia e calma confiança na vida, uma das mais belas cartas que jamais escreveu:

«*[...] Viver muito tempo é sobreviver a muitas coisas, a pessoas amadas, odiadas, indiferentes, a reinos, capitais, mesmo a florestas e árvores que semeámos e plantámos na juventude. Sobrevivemos a nós mesmos, e até ficamos gratamente reconhecidos quando já só nos restam alguns dons do corpo e do espírito. Aceitamos com agrado tudo o que é efémero; e basta já que o eterno nos seja presente em cada momento para não sofrermos com o tempo que passa. [...] Não nos preocupemos com o futuro! No reino do nosso Pai há muitas províncias, e já que ele cá na terra nos proporcionou morada tão*

---

[101] Integralmente reproduzida em *Goethe-Briefe, herausgegeben von Philipp Stein*, Berlim, 1924, vol. VIII, págs. 15–20.

agradável, com certeza além haverá alguém que cuide de nós; talvez então consigamos o que até agora nos foi negado: conhecermo-nos face a face e amarmo-nos tanto mais profundamente. [...] Agora que acabo de regressar à vida de uma doença mortal, quero que esta carta vá ter consigo para lhe dizer isto directamente: que o Todo-Poderoso me concede poder ver ainda a bela luz do seu sol. Que o dia lhe apareça também amigável! [...] Possa tudo reencontrar-se nos braços do Pai que tudo ama.»

É assim, intimamente rejuvenescido, enamorado e ávido da vida de novo conquistada que parte mais uma vez para Marienbad para o «círculo encantado da Boémia»[102]. A euforia que a convalescença lhe trouxe fê-lo também mais sensível, de uma hiperestesia musical que é nova nele. A música *faltet ihn auseinander* («abre-o, desdobra-o»), como um punho cerrado que se espalma em gesto amigável; e quando aparece a «bela, adorável polaca» Maria Szymanowska, uma «pianista incrível» (carta cit. a Zelter), e a cantora Frau Milder-Hauptmann não resiste ao sortilégio da música, entrega-se-lhe com deleite e sem a defesa costumada, e deixa mesmo que ela lhe arranque algumas lágrimas. E não só lágrimas — versos também: exactamente as três estrofes do poema *Ausssöhnung*, que fecha a *Trilogia da Paixão* e que foi originariamente inscrito no álbum da pianista, a 18 de Agosto de 1823, como se lê no respectivo registo do diário.[103]

---

[102] *«Der böhmische Zauberkreis»* — Carta a Zelter, 24 de Agosto de 1823.

[103] Assim o poema figura duplamente em *Gedichte*: — uma vez na *Trilogia*, outra na secção *Inschriften, Denk- und Sendeblätter*, sob a epígrafe-dedicatória *An Madatne Marie Szymanowska*, no vol. IV da *Ausgabe letzter Hand*, com a nota: «...não podia faltar aqui, porque foi originariamente suscitado pela alta arte de Madame Szymanowska, a excelente pianista, em época e hora delicadas, e a ela foi de princípio dedicada.» — Sobre as relações da música com o poema, *v.* também a carta a Zelter de 9 de Janeiro de 1824.

NOTAS E COMENTÁRIOS

Como é belo, enternecedor e aflitivo a um tempo ver este velho de 74 anos, que durante a sua longa vida se defendeu sistemática e ciosamente do poder dionisíaco da música que lhe ameaçava a lucidez e o controlo de si mesmo, entregar-se-lhe agora indefeso e deleitado, e buscar razões para explicar o fenómeno «maravilhoso» da «força prodigiosa» com que nestes dias o subjuga! — Fala da música como de um «prazer superior» que faz «sair o homem de si e o eleva acima de si mesmo, e a um tempo o arranca ao mundo e o põe acima dele. — Como seria belo, como seria necessário poder estar agora a teu lado! Tu poderias, sob a tua direcção e por provas graduais, curar-me duma sensibilidade doentia que é verdadeiramente a causa daquele fenómeno, e tornar-me-ias a pouco e pouco capaz de receber em mim toda a plenitude da mais bela revelação de Deus.» E acrescenta, como que pressentindo as agruras que se aproximam: «Assim tenho de ver como hei-de atravessar um Inverno mudo e informe de que de certo modo já sinto medo.» (Carta cit. a Zelter.)

Quem, porém, queira fazer ideia exacta da frescura juvenil e da vivacidade de Goethe neste Verão, leia o delicioso relato do diário de Lili Parthey, a bela aluna de Zelter, que de Berlim lhe veio trazer a Marienbad saudações do amigo. — Quando o Poeta já descia a escada, eis que a mocinha ganha ânimo e o segue para completar o recado:

— «*Er wandte sich zu mir, ich stand ein paar Stufen höher und sagte mit bewunderungswürdiger Kühnheit: Zelter hätte mir nicht nur einen Gruss aufgetragen, sondern auch, was sich darauf reimt. — Er verstand das augenblicklich, und ich bekam einen sehr schönen —, so dass ich noch mehr als sonst die arme Friederike bedauerte, und dann sagte er gar: Mein schöner Engel, Millionen Dank sage ich Ihnen. — Dabei wollte er mir die Hand küssen, was ich natürlich nicht litt, sondern ihm ebenso natürlich den Mund hinhielt. — Den dritten müssen Sie nun in Berlin holen,*

J. W. GOETHE — *POEMAS*

sagte die Gräfin.— Würde ich ihn bekommen? O gewiss, mehr als einen.»[104]

Como se vê, é quase a cena que vamos encontrar na estrofe 9 da *Elegia*.

Ulrike von Levetzow tinha 17 anos quando Goethe a conheceu dois anos antes. Acabara então de sair de um colégio francês de Estrasburgo. Vinha enfardelada de Voltaire e dos clássicos franceses, mas não sabia quem era Goethe. Sem ser nenhuma beleza, era, no entanto, esbelta, viva e juvenilmente alvorotada, gostava de rir e de cantar. Lembrava possivelmente ao velho Poeta os encantos da mãe, Amalie von Levetzow, que conhecera jovem em 1806, em Karlsbad, e que lhe deu talvez o modelo da sua Pandora.[105]

---

[104] «Ele voltou-se para mim; eu estava alguns degraus mais acima e disse com admirável atrevimento que Zelter me tinha encarregado não só de lhe dar cumprimentos (*einen Gruss*), mas também a rima respectiva (*Kuss* — «beijo»). — Ele entendeu imediatamente, e eu recebi um belíssimo —, de maneira que fiquei ainda com mais pena da pobre Friederike, e então ele disse ainda: Meu lindo anjo, dou-lhe milhões de graças. — E com isto queria beijar-me a mão, o que eu naturalmente não consenti, mas antes, também naturalmente, lhe ofereci a boca. — O terceiro tem de ir buscá-lo a Berlim, disse a Condessa. — E dava-mo? Oh, decerto, mais do que um.» — *V. Goethe im Gespräch* cit., págs. 119–120. Relato completo págs. 113–132. A este episódio se refere Goethe na carta a Zelter atrás citada.

[105] É pelo menos neste sentido que normalmente se interpretam os passos do diário de 27 de Junho de 1806 — «*Frau von Broesigke und Frau von Levetzow in Carlsbad. Pandora*» — e de fim do mesmo mês — «*Flucht der Pandora*» («Fuga da Pandora»). — Os versos 694 e segs. de *Pandora* (*GW*, VIII, 538–539), que nos mostram Pandora fugindo com as duas filhas, Epimeleia e Elpore, dão possivelmente a imagem da partida de Amalie von Levetzow de Karlsbad, com as duas filhinhas que tinha ao tempo. *V.* o estudo cit. de G. Bianquis, pág. 388. Onde aí se lê 1808 deve emendar-se para 1806. — Na carta de Goethe a Ulrike de 9 de Janeiro de 1823, o Poeta refere-se-lhe nestes termos: — «[…] *die besten Wünsche und Grüsse der guten Mutter, deren ich, als eines glänzenden Sterns meines früheren Horizonts, gar gerne gedenke*» — «[…] os melhores votos e saudações a sua boa mãe, de quem gosto de lembrar-me como de uma estrela brilhante do meu horizonte de outrora».

NOTAS E COMENTÁRIOS

A difusa e universal amorosidade de Goethe, esta espécie de indefinida espectação amorosa como de terra lavrada que espera semente, vem finalmente concentrar-se — «precipitar-se» seria o termo justo — com toda a veemência e inconsideração de uma paixão de adolescente, na figurinha amável e porventura insignificante, a despeito da sua frescura primaveril, de Ulrike. É ela que passa a ser o centro único de atracção e de atenção deste «ano climatérico», como lhe chamou Charles du Bos, desta *wiederholte Pubertät* que, segundo Goethe, é apanágio das naturezas geniais.([106])

Levar-nos-ia muito longe o desfiar minucioso dos episódios deste romance grandioso e grotesco do encontro de uma senectude genial, que por última vez reverdece e se enflora de Primavera, com uma juventude estuante de real seiva de vida. Pode o curioso de pormenores ler a esplêndida conferência de Charles du Bos, na qual encontrará traduzidos e ordenados os principais documentos. O essencial para o nosso propósito é pôr bem em evidência o estado de ânimo do Poeta e recordar tão-somente os factos capitais.

Ao amor de «avôzinho» de 1821, sucede-se, no ano imediato, o amor «paterno». Inconsciente ou não confessado, no fundo, o verdadeiro calor de erotismo juvenil que agora irrompe com toda a violência.

A 17 de Agosto Frau von Levetzow — quem sabe se para se furtar à incomodidade e ao ridículo de uma situação que se ia tornando equívoca — abandona Marienbad e vai com as filhas para Karlsbad. É então que Goethe sente bem ao vivo a impossibilidade de suportar a ausência de Ulrike. Enquanto se não junta a ela e à

([106]) «Homens destes» (os que em idade avançada conservam ainda a energia e mobilidade juvenis necessárias para a condução de negócios de grande responsabilidade) «são naturezas geniais sujeitas a regras particulares; experimentam uma *puberdade repetida*, ao passo que as outras pessoas apenas são jovens uma vez na vida.» — J. P. Eckermann, *Gespräche mit Goethe*, 11 *de Março de 1828.*

família, parte para Eger, escrevendo na véspera, 19 de Agosto, para Weimar à esposa do filho, Ottilie con Goethe:

«Assim, parto de Marienbad, que deixo completamente vazio [...]. Tudo o que me fazia viver partiu também, e é duvidosa a esperança de um novo encontro.»

E vêm, como sucedera já em cartas anteriores, alusões à ventura vivida, suficientemente claras para alarmarem os familiares a quem naturalmente não agrada a perspectiva de um casamento que os viria prejudicar na herança.

Entretanto, o Grão-Duque Carlos Augusto, que ao fazê-lo não deixaria de sentir certo regozijo ao ver o amigo e companheiro dos excessos juvenis de há 50 anos recair da sua gravidade já proverbial nas loucuras da mocidade, toma sobre si o encargo do pedido formal da mão de Ulrike von Levetzow para o seu Conselheiro e Ministro Wolfgang von Goethe. Faz promessas generosas no sentido de assegurar a vida social e material da futura esposa do amigo. A recusa, pelo que se vê do relato de Ulrike, deve ter sido imediata; mas para Goethe tudo fica envolto numa correcta e deferente indecisão que não exclui a esperança que só no ano seguinte vem a desvanecer-se totalmente. Entretanto, por combinação prévia, Goethe vai para Karlsbad, onde passa, como hóspede das Levetzow, os dias que medeiam entre 25 de Agosto e 5 de Setembro. — O que Ulrike nos transmitiu do sucedido durante este tempo, com bailes em que Goethe dançou com todas as raparigas presentes (entrou a dançar no 75.º ano da sua vida...), com uma festa do aniversário do Poeta em Ellbogen, onde se desenrolou todo um doloroso jogo social de escondidas, com trocas de presentes e palavras decerto bem intencionadas mas pungentes, que o velho aguentou com heróica e sorridente compostura — tudo isto é grotesco e aflitivo. — E só quando Goethe, na manhã de 5 de Setembro, entra na carruagem que o vai afastar definitivamente da amada que a si quis ligar num

NOTAS E COMENTÁRIOS

sonho divino de perene juventude é que vem o colapso de todo o mundo de beleza que criou. E não há, na literatura de todos os tempos e de todos os povos, poema mais directo, mais vivo e possivelmente mais belo do que esta *Elegia* que ele vai compondo pelo caminho, escrevendo rapidamente a lápis essas estâncias imortais que à noite, nas estalagens de muda, vai copiando e polindo. Porque — e isto é que é o maravilhoso! — aqui não há destempero nem desequilíbrio; nestes verbos, a profundidade da dor a sangrar alia-se à nobreza e à beleza inultrapassável da forma. É bem, como disse Stefan Zweig, uma *Sternstunde der Menschheit*. Aqui atinge a humanidade um dos seus raros cumes «siderais», nesta hora em que um altíssimo Poeta, que até então se julgara e de certo modo fora «o dilecto dos deuses», se torce de dor e de desespero humaníssimos ao ver que afinal esses deuses — tudo eles dão, os infinitos, aos que amam, por inteiro... — lhe negaram o que eles ciosamente guardaram só para si — o segredo da Juventude Eterna.

Ulrike von Levetzow, que não teve (porque não pôde ter...) a coragem deste amor, nem sequer o reconheceu no Poeta: *Es war keine Liebschaft..., keine Liebschaft war es nicht.* («Não houve amor..., não foi nenhuma paixão.») Assim o disse na sua velhice. Não há mesmo a certeza de ela ter lido jamais o poema que inspirou. Pelo menos não fala nele. Morreu solteira (nisto partilhou o destino da outra amada de Goethe, mas essa também grande amante — Friederike Brion), com 95 anos, em 1899.

O que se passa depois do regresso de Goethe a Weimar, se interessa para a história do coração humano, já só externamente interessa para a compreensão do poema. Mas é justo recordá-lo em súmula. — A *Elegia* passa a ser para Goethe uma espécie de «santuário» (*Heiligtum*), como diz Eckermann. Por sua mão escreve, logo ao chegar, uma cópia caligráfica que ele mesmo encaderna amorosamente e tem sempre diante de si. É cioso da sua leitura que só faculta aos amigos mais íntimos. Quando estala a inevitável tempestade familiar, fica prostrado, e só a leitura repetida do poema o reconforta e anima. A 24 de Novembro chega Zelter a Weimar para o visitar. E eis o que escreve no seu diário:

Chego a Weimar e paro à porta. Fico um minuto na carruagem. Ninguém vem ao meu encontro. Franqueio a porta, uma cara de mulher espreita da cozinha, vê-me, torna a recolher-se. Stadelmann (o criado de Goethe) vem, deixa cair a cabeça, encolhe os ombros. Pergunto — nenhuma resposta. Estou ainda à porta da entrada. Será melhor ir-me embora? Morará aqui a morte? Onde está o Senhor? — Olhos turvos. — Onde está Ottilie? — Para Dessau. — Onde está Ulrike?[107] *— Na cama. Vem o Conselheiro de Câmara (August von Goethe): — O Pai não está — bem; doente, bastante doente. — Morreu! — Não, não morreu, mas está muito doente. Vou entrando, «e estátuas de mármore fixam em mim o olhar». Subo. Os degraus cómodos parecem recuar. Que irei encontrar eu? Que encontro? Alguém que parece ter no corpo o amor, todo o amor com todo o tormento da juventude.*

E a 28 de Novembro:

A família, em vez de lhe mostrar interesse, recebeu as suas ideias de casamento de maneira indelicada e dura. Diz-se que o filho foi muito duro com ele. Ottilie teve ataques. Estava tudo em desespero. Não é esta a maneira de lhe acalmar o coração. Por natureza, a resistência endurece-o. Não sei como é que isto acabará.

Noutro lugar, finalmente:

No fim do Outono de 1823, sobreveio uma doença grave, e os médicos de Weimar esperavam a morte de Goethe. Já por duas vezes tinha encontrado o amigo em estado semelhante, à beira da morte, e

---

[107] Ulrike von Pogwisch, irmã de Ottilie von Goethe.

NOTAS E COMENTÁRIOS

vira-o por assim dizer ressurgir a meus olhos. Desta feita, como que comandando a cura, vi-o, a partir dessa hora, para admiração dos médicos, reerguer-se tão depressa que em meados de Dezembro o pude deixar já de plena saúde.[108]

É durante este período de abatimento extremo que Zelter lhe lê repetidas vezes a *Elegia*, como recorda na carta que depois lhe escreve, a 9 de Janeiro de 1824:

O facto de tu me teres comunicado o poema com tal fidelidade, pela tua íntima participação no meu estado, foi propriamente apenas repetição do que há tanto tempo me vens dando através das tuas composições; mas era estranho ver como tu gostavas de o ler sempre de novo e me fazias ouvir repetidas vezes na tua voz delicada e sauve aquilo que me é querido num grau que nem gosto de confessar a mim mesmo, e que agora me pertence ainda mais desde que sinto que tu te apropriaste dele. Não posso largá-lo das mãos, mas se vivêssemos juntos havias de mo ler e cantar tantas vezes até que o soubesses de cor.

A sedução da música continua e como que recrudesce com a visita a Weimar de Maria Szymanowska e da irmã, a cantora Casimira Wolowska, de 25 de Outubro a 5 de Novembro. Soret[109] dá notícia de uma reunião a 14 de Outubro em que «*M. de Conseiller de Régence Schmidt a joué avec un grand talent quelques beaux morceaux de Beethoven*». E a 24 de Outubro, dia imediato ao da chegada da pianista polaca: — «*Entendu Madame Szymanowska jouer du piano chez Goethe; celui-ci paraissait l'écouter avec une agitation extréme, surtout pendant ses improvisations. J'en prends*

---

[108] V. *Goethe-Briefe* cit., vol. VIII, págs. 57–58, nota.

[109] Frédéric Soret, *Conversations avec Goethe*. Éditions Montaigne, Paris, 1932, pág. 24.

J. W. GOETHE — *POEMAS*

note, parce que cette séance a sans doute inspiré la pièce de vers adressée à cette habile musicienne dans la Trilogie des passions.» — Já sabemos que não é exacto o que o Suíço afirma no final da sua nota, que deve ser acrescento posterior. Como é que ele podia registar a origem de *Aussöhnung* e a sua ligação com a *Trilogia* no próprio dia em que o poema teria nascido e quando ainda não havia trilogia nenhuma? — Mas, se cronologicamente não está certo, é psicologicamente verdadeiro. Goethe revive a experiência da Boémia, e o poder «reconciliante» da música tem agora dobrada justificação. Os concertos e as recepções repetem-se, e é manifesto o encanto que a bela polaca exerce sobre o Poeta, não só como artista, mas também como mulher. — O Chanceler F. v. Müller deixou-nos o relato do que se passou na ceia em honra da artista na casa *am Frauenplan*, na noite de 4 de Novembro, depois do concerto de despedida. Como alguém tivesse erguido um brinde «à recordação», Goethe explode violentamente nas seguintes admiráveis palavras:

Ich statuiere keine Erinnerung in eurem Sinne, das ist nur eine unbeholfene Art sich auszudrücken. Was uns irgend Großes, Schönes, Bedeutendes begegnet, muss nicht erst von außenher wieder er-innert, gleichsam erjagt werden, es muss sich vielmehr gleich von Anfang her in unser Inneres verweben, mit ihm eins werden, ein neues besseres Ich in uns erzeugen und so ewig bildend in uns fortleben und schaffen. Es gibt kein Vergangenes, das man zurücksehnen dürfte, es gibt nur ein ewig Neues, das sich aus den erweiterten Elementem des Vergangenen gestaltet, und die echte Sehnsucht muss stets produktiv sein, ein neues Besseres erschaffen. Und, setzte er mit grosser Rührung hinzu, — haben wir dies nicht alle in diesen Tagen an uns selbst erfahren? Fühlen wir uns nicht alle insgesamt durch diese liebenswürdige, edle Erscheinung, die uns jetzt wieder verlassen will, im Innersten erfrischt, verbessert, erweitert? Nein, sie kann uns nicht entschwinden, sie ist in unser innerstes Selbst übergegangen, sie

NOTAS E COMENTÁRIOS

lebt in uns mit uns fort, und fange sie es auch an wie sie wolle, mir zu entfliehen, ich halte sie immerdar fest in mir.([110])

Isto dizia um velho de 74 anos nos tempos *saudosos* de 1823! Eis aí temos bem vivo diante de nós o homem que, três dias depois da partida de Karlsbad, escrevia a um amigo: — *«nach dem Texte der Heiligen Schrift muss mir viel verziehen werden, denn ich habe viel geliebt»*([111]).

F. v. Müller deixou-nos também um impressionante relato da despedida da Szymanowska no dia seguinte. — Goethe, a despeito de todos os esforços para se refugiar no humorismo e no calembur, não conseguiu dominar totalmente a sua emoção, e, depois de a artista ter desaparecido ao fundo da longa fieira de salas, disse para o amigo: — «Tenho muito que agradecer a esta bela mulher; o tê-la conhecido e o seu admirável talento foi o que de novo me restituiu a mim mesmo.»([112])

([110]) «Eu não admito a recordação no mesmo sentido que vós lhe dais; isso não passa de uma maneira desajeitada de se exprimir. Tudo o que nos acontece de grande, de belo, de significativo, não precisa de ser *re-cordado* do exterior, como se andássemos a dar-lhe caça; pelo contrário, há-de logo desde o princípio entretecer-se no nosso íntimo, unificar-se com ele, fazer nascer em nós um novo *eu* melhor, e assim ficar em nós vivendo e criando, continuando a formar-nos eternamente. Não há passado a que possamos regressar na saudade, há tão-somente um eterno novo que se forma dos elementos ampliados do passado; e a autêntica saudade há-de ser sempre produtiva, criar sempre um novo melhor. E, acrescentou ele com grande emoção, não tivemos nós todos ocasião de experimentar isto mesmo em nós próprios nestes últimos dias? Não nos sentimos todos nós, sem excepção, no nosso íntimo, rejuvenescidos, melhorados e engrandecidos por esta amável e nobre aparição que agora nos quer deixar? Não, ela não nos pode desaparecer, passou a fazer parte do nosso ser mais íntimo, continua a viver connosco dentro de nós, e faça ela o que quiser para me escapar, eu conservá-la-ei para sempre presa dentro de mim.» — *Goethe im Gespräch*, pág. 141.

([111]) «Segundo o texto da Sagrada Escritura, muito terá de me ser perdoado, porque muito amei.» — Carta a Ch. L. F. Schultz, de Eger, 8 de Setembro de1823.

([112]) *Goethe im Gespräch*, pág. 143.

Em Janeiro, na carta a Zelter há pouco citada, confessa-se grato àquela sua estranha sensibilidade à música que, apesar de perigosa, lhe dera afinal aquele poema, «ao contacto do qual o sentimento e a fantasia gostam de quando em quando de cobrar novo alento».

A 21 de Dezembro, com a viragem do sol, vem também a mudança decisiva da sua disposição, como registou Soret: — *«L'humeur de Goethe est redevenue brillante. Nous avons atteint le plus court des jours de l'année. Maintenant, l'espérance de les voir bientôt recroitre semble lui donner un gage de santé et il m'a salué joyeusement ce matin, en me disant: "Voilà Ia renaissance du soleil"...»* (L. cit., pág. 29).

Goethe continua, pois, obediente ao seu astro protector e retoma heroicamente a construção da alta pirâmide da sua vida.

Em 1824, faz 50 anos que o *Werther* foi publicado pela primeira vez. É para comemorar esse jubileu que escreve o poema *An Werther*, de que faz menção na nota do diário de 25 de Março e que lê a Ottilie a 13 de Abril. É com ele que abre a edição jubilar do romance que a *Weygandsche Buchhandlung* de Leipzig publica com data de 1825.

Na carta a Zelter de 30 de Outubro de 1824, aparece-nos por primeira vez, segundo creio, a ideia do agrupamento dos poemas em sucessão:

Das einleitende Gedicht zu dem wieder auflebenden Werther *las ich mir neulich in stiller Betrachtung vor, und gleich hinterdrein die* Elegie, *die sich ganz löblich anschliesst...*[113]

Goethe expôs um dia a Eckermann as regras a que, em seu entender, devia obedecer o tratamento de um motivo em forma de

---

[113] «Li há dias só para mim em voz alta, em calma meditação, o poema de introdução ao *Werther* de novo ressuscitado, e logo a seguir a *Elegia* que se lhe vem juntar de maneira muito agradável...»

NOTAS E COMENTÁRIOS

trilogia: — a primeira peça deveria ser uma espécie de *exposição*, a segunda conteria a *catástrofe*, e a terceira, finalmente, *«einen versöhnenden Abschluss»* (*«um fecho reconciliante»*). E continua:

Meine sogenannte Trilogie der Leidenschaft [...] ist ursprünglich nicht als Trilogie konzipiert, vielmehr erst nach und nach und gewissermaßen zufällig zur Trilogie geworden. Zuerst hatte ich, wie Sie wissen, bloß die Elegie als selbständiges Gedicht für sich. Dann besuchte mich die Szymanowska, die denselbigen Sommer mit mir in Marienbad gewesen war und durch ihre reizenden Melodien einen Nachklang jener jugendlich-seligen Tage in mir erweckte. Die Strophen, die ich dieser Freundin widmete, sind daher auch ganz im Versmaß und Ton jener Elegie gedichtet und fügen sich dieser wie von selbst als versöhnender Ausgang.([114]) *Dann wollte Weygand eine neue Ausgabe meines Werther veranstalten und bat mich um eine Vorrede, welches mir denn ein höchst willkommener Anlass war mein Gedicht an Werther zu schreiben. Da ich aber immer noch einen Rest jener Leidenschaft im Herzen hatte, so gestaltete sich das Gedicht wie von selbst als Introduktion zu jener Elegie. So kam es denn, dass alle drei jetzt beisammenstehenden Gedichte von demselbigen liebesschmerzlichen Gefühle durchdrungen worden und jene Trilogie der Leidenschaft sich bildete, ich wusste nicht wie.*([115])

([114]) De novo se inverte aqui a cronologia dos dois poemas.

([115]) «A minha chamada *Trilogia da Paixão* [...] não foi originariamente concebida como trilogia, antes se transformou em trilogia pouco a pouco e como que por acaso. Primeiro tinha, como sabe, apenas a *Elegia* como poema por si independente. Depois veio visitar-me a Szymanowska, que tinha estado nesse mesmo Verão comigo em Marienbad e que com as suas encantadoras melodias despertou em mim um eco daqueles dias de ventura juvenil. As estrofes que dediquei a esta amiga são por isso feitas também no mesmo metro e no mesmo tom daquela elegia e adaptam-se-lhe, como que de per si, como desfecho reconciliante. Weygand, então, que queria organizar uma nova edição do meu *Werther*, pediu-me um prefácio, o que foi para mim felicíssimo pretexto para escrever o meu poema a Werther. Mas continuava a ter ainda no coração um resto daquela paixão, e o poema tomou assim como

J. W. GOETHE — *POEMAS*

Págs. 242-245 BEI BETRACHTUNG VON SCHILLERS SCHÄDEL [AO CONTEMPLAR O CRÂNIO DE SCHILLER]. — (*GW*, II, 126-127; *HD*, II, 123-125; *SA*, III, 93-94.) — Publicado em 1829, sem título, no vol. XXIII da *Ausgabe letzter Hand*, no final do Livro 3.º de *Wilhelm Meisters Wanderjahre*; nas edições posteriores, a partir de 1833, com o título presente, mas incluído na rubrica *Vermischte Gedichte*[116]; sob a rubrica *Gott und Welt*, onde indubitavelmente cabe, a despeito do seu carácter pessoal, só a partir da edição de von Loeper. O manuscrito tem, riscado, o título *Zum 17.Sept.1826.* Rejeitado este, Goethe parece ter-lhe destinado o de *Die Reliquien Schillers*[117] que algumas edições modernas adoptaram.

Schiller tinha sido enterrado no cemitério da Jakobskirche em Weimar. Quando, em Março de 1826, se tornou necessária a remoção das ossadas ali existentes, projectou-se para o dia 17 de Setembro — (daqui o título primitivo) — a solenidade da colocação da caveira do poeta no pedestal do seu busto por Dannecker na Biblioteca de Weimar. Tarefa um tanto difícil, pois na mesma cripta se encontravam vários esqueletos. Foram para esse efeito levadas as caveiras para o ossuário, onde os peritos procederam ao exame. Goethe, no entanto, julgou poder confirmar a conclusão a que estes chegaram, reconhecendo o crânio do amigo, nomeadamente, pela bela posição horizontal dos dentes superiores. No dia 24 desse

---

que por si mesmo a forma de uma introdução à elegia. Assim sucedeu que todos os três poemas que andam agora juntos foram repassados do mesmo sentimento de dor amorosa, e que se tenha formado aquela Trilogia da Paixão sem eu saber como.»

[116] Restrinja-se neste sentido o que dissemos atrás, na nota introdutória à última rubrica.

[117] A 24 de Outubro de 1827, escreve Goethe a Zelter, lamentando que este tenha partido de Weimar sem ele lhe ter podido comunicar o mais importante: — «*Die Reliquien Schillers solltest du verehren, ein Gedicht das ich auf ihr Wiederfinden* al Calvario *gesprochen...*» («Queria que venerasses *as Relíquias de Schiller*, um poema que eu disse quando elas foram reencontradas *al Calvario...*»)

NOTAS E COMENTÁRIOS

mesmo mês, mandou que lhe levassem a caveira, e foi na noite de 24 para 25 que o poema nasceu, como mostra a data no final do manuscrito (*SA*, III, 399).

Ideia central do poema é a de que o espírito colabora na construção do próprio corpo, e aquela «piedade natural» que reconhece em toda a matéria organizada não só a acção da mesma lei da Natureza, mas também a revelação de uma ideia divina, uma *gottgedachte Spur* — «signo de Deus pensado» — e a beleza de uma forma que albergou o próprio espírito que ajudou a criá-la. — Como mostra Günther Müller no seu denso estudo sobre o poema e as suas relações com o mundo das ideias de Goethe[118], o n.º 999 de *Maximen und Reflexionen* deve ter nascido na mesma altura e exprime a sua ideia fundamental:

Höchst merkwürdig ist, dass von dem menschlichen Wesen das Entgegengesetzte übrig bleibt: Gehäus' und Gerüst, worin und womit sich der Geist hienieden genügte, sodam aber die idealen Wirkungen, die in Wort und Tat von ihm ausgingen.[119]

PROÖMION [PROÉMIO]. — (*GW*, II, 116–117; *HD*, III, 17–18; *SA*, III, 73–74.) — Juntos sob este título, que lhe advém de ser o poema de abertura da secção, e na rubrica *Gott und Welt*, apareceram estes três *Sprüche* em 1827 no vol. III da *Ausgabe letzter Hand*. A primeira parte (Vv. 1–14), escrita em 1816, apareceu no ano imediato, sem título, como moto do escrito *Zur Naturwissenschaft überhaupt*; a segunda (Vv. 15–6) foi publicada em *Goethe's Werke*, 1815–1819, vol. II, na rubrica *Gott, Gemüt und Welt*, em sexto e sétimo lugares, onde se mantém também nas edições posteriores (*GW*, II, 34–35).

Págs. 244–247

---

[118] Em *Gedicht und Gedanke* cit., págs. 141–151.

[119] «Singularíssimo é que do ser humano fique restando o que se opõe: casca e carcaça, nas quais e com as quais o espírito se contentou cá em baixo, mas também aquelas influências que dele partiram pela palavra e pela acção.» — *GW*, XIV, 377.

Para dilucidação completa das 4 estrofes seria necessário entrar a fundo na exposição das ideias de Goethe como cientista e da sua filosofia de Deus e do Mundo, o que manifestamente se não pode fazer aqui.([120]) Limitar-nos-emos, pois, forçadamente ao essencial. —

Deus e *Mundo* são para Goethe conceitos correlativos. O Mundo é o Divino realizado. É na Natureza que Deus se nos revela (por isso, no poema anterior, o Poeta cunhou a extrema concentração da fórmula espinosana *Deus sive natura* na expressão *Gott-Natur — Deus-Natureza)*, ou então no espírito do homem. Tudo o que o olhar alcança, tudo o que o ouvido apreende, é a realização do espírito de Deus. O Deus mesmo, porém, é inapreensível pelos sentidos, e tudo o que o nosso espírito consegue ver é apenas *Gleichnis* («parábola») e *Bild* («imagem»), ou, como se diz no segundo *Fausto* (v. 4727), *Abglanz* («reflexo»). —

A 9 de Junho de 1785, escrevia Goethe de Ilmenau a F. H. Jacobi, que acabara de publicar as suas cartas a M. Mendelsohn sobre a doutrina de Espinosa, a propósito da sua exposição:

Tu reconheces a altíssima realidade que é fundamento de todo o Espionosismo, sobre que assenta tudo o mais e de que tudo o mais deriva. Ele não prova a existência de Deus, a existência é Deus.

([120]) Damos a bibliografia sumária de que de momento dispomos: — Sobre a posição científica de Goethe e as ideias centrais da sua filosofia, leia-se o livro de Hans Leisegang, *Goethes Denken*, Leipzig, 1932. Em língua francesa: R. Berthelot, *Science et Philosophie chez Goethe*, Paris, 1932; R. Berthelot, *La Sagesse de Shakespeare et de Goethe*, Paris, 1930; L. Daudet, *Goethe et la Synthèse*, Paris, 1932; H. Lichtenberg, *Goethe*, 2 vols., Paris, 1937, 1939. — Da bibliografia mais recente indicamos: W. Flitner, *Goethe im Spätwerk, Glaube / Weltsicht / Ethos*, Hamburgo, 1947; Jean Boyer, *Pour connaître la pensée de Goethe*, 1949; H. Trevelyan, *Goethe as Thinker*, em *Essays on Goethe edited by W. Rose*, Londres, 1949, págs. 121–140; R. d'Harcourt, *La Religion de Goethe*, Estrasburgo e Paris, 1949; L. Klages, *Goethe als Seelenforscher*, 3.ª ed., Zurique, 1949.

NOTAS E COMENTÁRIOS

E quando outros por isso o insultam de ateu, eu desejaria chamar-lhe e louvá-lo como theissimum, *mesmo* christianissimum. *[...] Perdoa-me que eu goste assim de calar quando se fala de um Ser divino que eu apenas reconheço nas, e através das,* rebus singularibus *para cuja mais próxima e profunda contemplação ninguém nos pode animar mais do que exactamente Espinosa, embora todas as coisas isoladas pareçam a seus olhos desaparecer. [...] Aqui vivo nos montes e entre os montes, e busco o Divino* in herbis et lapidibus.

Eis que, em 1812, seguindo o seu natural pendor metafísico, Jacobi publica o seu escrito *Von den göttlichen Dingen und ihrer Offenbarung.* Goethe sente-se *ziemlich indisponiert* («bastante indisposto» — carta a Jacobi de 10 de Maio de 1812) pelas ideias expendidas, e escreve a Karl von Knebel, a 8 de Abril:

Tinha previsto há muito tempo que Jacobi havia de acabar nisto [...]. Quem não consegue meter na cabeça que espírito e matéria, alma e corpo, pensamento e extensão, ou (na expressão genial de um francês recente) vontade e movimento foram, são e serão os necessários ingredientes duplos do Universo, ambos os quais podem exigir para si iguais direitos e podem por isso bem ser ambos considerados como representantes de Deus — quem não consegue erguer-se à altura desta ideia, já há muito tempo deveria ter desistido de pensar [...]. E pelo que diz respeito à bondade de coração e à excelência de carácter, digo apenas isto: nós propriamente só agimos bem na medida em que nos conhecemos a nós mesmos; a obscuridade sobre nós mesmos não nos permite facilmente que façamos o bem, e assim isso equivale a como se o bem não fosse bom. Mas a presunção e a jactância levam-nos de certeza ao mal [...], sem que todavia se possa dizer que o homem que procede mal seja mau. [...] Este amigo, sob contínuos protestos de amor e amizade, tem ignorado, retardado e embotado a acção dos meus melhores esforços [...].

J. W. GOETHE — *POEMAS*

As duas últimas estrofes do *Proémio* são a resposta poética do Deus imanente e do panteísmo de Goethe às ideias de Jacobi sobre o seu Deus pessoal e transcendente.

Proömion, de resto, exprime apenas um aspecto, aliás, fundamental, da complexa atitude religiosa de Goethe — o da sua *Naturfrömmigkeit*, a sua piedade ante o Deus-Natureza. Noutra carta a Jacobi, de 6 de Janeiro de 1813, por certo réplica à resposta do amigo àqueloutra em que abertamente lhe dissera da sua «indisposição», definiu ele essa multímoda atitude ao confessar que, dadas as variadas facetas da sua índole e da sua actividade, se não podia contentar com uma só maneira de pensar; por isso era, como poeta e artista, politeísta, mas panteísta como investigador da natureza, e uma coisa tão decididamente como a outra. Se, como ser moral, a sua personalidade tinha também necessidade de um Deus, também esse existia. «As coisas do céu e da terra são um reino tão vasto que só os órgãos de todos os seres juntos o poderão abarcar.» — Mais concisamente, em *Maximen und Reflexionen*, n.º 807: — *«Wir sind naturforschend Pantheisten, dichtend Polytheisten, sittlich Monotheisten.»*[121]

A sua atitude ante o Cristianismo e as religiões reveladas passou por várias fases. Característico do eclectismo dos últimos decénios da sua vida me parece ser, porém, o que, a 22 de Março de 1831, escreveu ao seu amigo católico S. Boisserée sobre os *Hipsistários*, os *Adoradores do Altíssimo*, adeptos daquela comunidade religiosa que viveu na Capadócia no século IV:

[...] Nenhum homem poderá furtar-se ao sentimento religioso; mas, porque lhe é impossível elaborá-lo e esmoê-lo sozinho dentro de si, trata de buscar ou de fazer prosélitos.

---

[121] «Investigando a natureza somos panteístas, poetando, politeístas, moralmente monoteístas.» — *GW*, XIV, 353.

NOTAS E COMENTÁRIOS

*Esta última actividade nunca foi do meu feitio, mas a primeira
tenho-a levado fielmente a cabo; e desde a criação do mundo não
achei nenhuma confissão a que pudesse aderir plenamente. E é agora,
nos dias da minha velhice, que venho a saber da existência de uma
seita dos Hipsistários, os quais, entalados entre Pagãos, Judeus e
Cristãos, declaravam estimar, admirar, venerar e, na medida em que
isso estivesse em próxima relação com a Divindade, adorar o Melhor,
o Mais-Perfeito que chegasse ao seu conhecimento. E eis como, lá de
uma cidade escura, me surgiu uma luz alegre, pois senti que durante
toda a vida me tinha esforçado para me qualificar como Hipsistário:
e isto não é esforço assim tão pequeno: pois como é que a gente, na
limitação da sua individualidade, chega a descobrir o Excelente?*([122])*

Leiam-se, também, os dois admiráveis colóquios com Eckermann,
de 31 de Dezembro de 1823 e de 11 de Março de 1832, onze dias
antes da morte de Goethe.

No verso 19, ressoa o passo dos *Actos dos Apóstolos*, XVII, 28,
que reza assim na tradução de Lutero: — *Denn in ihm leben, weben
und sind wir...*

URWORTE. ORPHISCH [PALAVRAS-MÃES. POEMA ÓRFICO]. — (*GW*, *Págs. 246–251*
II, 127–129; *HD*, III, 31–32; *SA*, III, 95–96.) —Escritas a 7 e 8 de
Outubro de 1817, foram estas estâncias, que o próprio Poeta
classificou de *uralte Wundersprüche über Menschen-Schicksale*
(«antiquíssimas sentenças mágicas sobre destinos humanos» — a
Boisserée, 21 de Maio de 1818), publicadas em 1819 no 2.º caderno
de *Zur Morphologie*, só com os títulos gregos; também com os títulos
alemães e acompanhadas do comentário que adiante traduzimos,
em *Über Kunst und Altertum*, vol. II, 3. —

A 1 de Outubro de 1817, escreve Goethe a G. F. Creuzer, o hele-
nista que já conhecemos (pág. 373), a agradecer-lhe o exemplar da

---

([122]) Cf., sobre os Hipsistários, *WÖD*, 321–322.

sua correspondência com G. Hermann *Über Homer und Hesiodus vorzüglich über die Theogonie:*

Obrigou-me a penetrar com o olhar numa região de que sempre costumo conservar-me medrosamente afastado. Nós-outros poetas--imitadores temos de venerar a herança dos nossos antepassados — Homero, Hesíodo e outros — como velhos livros canónicos; inclinamo-nos perante eles como perante inspirados do Espírito Santo e não nos atrevemos a perguntar de onde é que vêm nem para onde vão. Pressupomos-lhes de bom grado uma velha crença popular, mas a pura personificação característica vale para nós tudo, sem reserva nem alegoria; o que é que depois os sacerdotes fizeram do escuro, o que os filósofos trouxeram a claro, isso não o devemos nós ter em conta. É assim que reza a nossa profissão de fé.

Quando se vai ainda mais longe e se nos aponta, do círculo helénico de deuses e homens, para todas as regiões da terra para ali se descobrirem semelhanças em palavras e imagens, aqui os gigantes de gelo, além os Bramas de fogo: então a nossa dor excede-nos e de novo fugimos para a Iónia, onde demónicos deuses das fontes se acasalam amorosos para gerarem Homero...

É a defesa do reservado poético e mítico ante a curiosidade irreverente de filólogos e mitólogos... E, no entanto, é pela mão deles que Goethe entra agora na primeira obscuridade órfica, pelo estudo da *Symbolik* de Creuzer, de *Orphica* de Hermann e de outros escritos sobre mitologia grega[123], para de lá trazer estas cinco oitavas mágicas em que está concentrado o melhor da sua sabedoria do homem e da vida.

---

[123] «Por intermédio de Hermann, Creuzer, Zoega e Welcker, vim dar à mitologia grega, até mesmo às escuridões órficas. É um mundo maravilhoso que aqui se nos abre, mas, infelizmente, nem mesmo com os esforços de homens tão ilustres ele se clarifica totalmente, pois o que um esclarece, vem outro logo que o escurece.» — A Knebel, 9 de Outubro de 1817.

NOTAS E COMENTÁRIOS

Sempre que um poeta fala para fazer a sua própria exegese, é dever do crítico calar-se e ouvir. Raras vezes Goethe o faz, e muitas das suas alusões às próprias obras, em conversas e cartas, fazem crescer as nossas perplexidades, como se soberanamente, com a sua ironia reticente, se quisesse deleitar a ver-nos espernear na dúvida. É como se tivesse sempre prontas aquelas palavras que disse, a propósito do *Faust*, a Jenny von Pappenheim: — *Ja, ja, Kind! Da habe ich viel hineingeheimnist* («Sim, sim, minha menina! Meti lá dentro muitos segredos»). E é bom também não esquecer a sentença que gostava de escrever nos álbuns: — *Gott gibt die Nüsse, aber er beißt sie nicht auf* («Deus dá-nos as nozes, mas não no-las quebra»). Que cada um ponha à prova a rijeza dos próprios dentes… — Mas quando excepcionalmente quer explicar-se, então é ele ainda o seu melhor comentador. É o caso do que escreveu sobre as estâncias órficas, que passamos a traduzir. —

As cinco estâncias seguintes apareceram já no segundo fascículo da «Morphologie», mas merecem bem ser conhecidas de um público mais largo; além disso alguns amigos manifestaram o desejo de que se fizesse alguma coisa que pudesse servir de ajuda para a sua compreensão, de modo que o que nelas quase só se deixa pressentir se abra também a uma concepção clara e a um conhecimento puro.

Procurou-se concentrar aqui e apresentar sob forma lacónica, poético-compendiosa, o que nos foi transmitido das antigas e modernas doutrinas órficas. Estas poucas estrofes contêm muitas coisas significativas numa sequência que, uma vez conhecida, facilita ao espírito as considerações mais importantes. [Segue-se a estrofe Δαίμων, Demónio.]

A relação do título com a estrofe requer esclarecimento. O demónio significa aqui a individualidade necessária, imediatamente expressa à nascença, limitada, da pessoa, a característica pela qual o indivíduo se distingue de todos os outros, por maior que seja, de resto, a semelhança que entre eles exista. Tal determinação era atribuída ao astro que

J. W. GOETHE — POEMAS

exercera a sua acção, e a infinita diversidade de movimentos e relações dos corpos celestes entre si e com a terra podia-se pôr em conveniente relação com as múltiplas variedades dos nascimentos. Daqui devia, pois, partir também o futuro destino do homem, e, uma vez isto concedido, podia-se admitir que a força e a particularidade nativas determinavam, mais que todo o resto, o destino ao homem.[124]

Por isso esta estrofe protesta repetidamente a imutabilidade do indivíduo. O carácter individual, por mais pronunciado que seja, pode bem ser destruído como coisa finita, mas, enquanto se aguentar na sua essência, não pode ser estilhaçado nem despedaçado, mesmo através de gerações.[125]

Este ser firme, tenaz, que só se desenvolve a partir de si mesmo, é claro que entra em contactos múltiplos graças aos quais o seu carácter primitivo e originário sofre entraves nas suas actuações, impedimentos nas suas tendências, e ao que agora surge chama-lhe a nossa filosofia Τύχη, Casualidade. [Segue-se a respectiva estrofe.]

Não é, contudo, casual que alguém provenha desta ou daquela nação, tribo ou família: pois que as nações espalhadas pela terra, bem como as suas numerosas ramificações, devem ser encenadas como indivíduos, e a tyche *só pode intervir pela mistura ou pelo cruzamento. Vemos o importante exemplo de pertinaz personalidade de tais tribos na raça judaica; nações europeias, transferidas para outros continentes, não depõem o seu carácter, e, volvidos vários séculos, na*

---

[124] Lembrem-se os períodos de entrada de *Dichtung und Wahrheit*: «*A 28 de Agosto de 1749, mesmo ao bater do meio-dia, vim eu ao mundo em Francoforte-do-Meno. A constelação era feliz: o Sol estava no signo da Virgem e culminava nesse dia; Júpiter e Vénus olhavam-no amigáveis, Mercúrio sem hostilidade; Saturno e Marte mostravam-se indiferentes; só a Lua, que há pouco fora cheia, exercia a força da sua oposição, tanto mais que a sua hora planetária começara ao mesmo tempo. Por isso ela se opôs ao meu nascimento, que não pôde dar-se até que essa hora não passasse.*» — GW, xv, 7. — Coteje-se com a estância primeira do poema.

[125] «*Ninguém pode modificar uma só fibra do seu ser, embora possa formar muitas coisas dentro de si.*» — A Jacobi, 31 de Março de 1784.

NOTAS E COMENTÁRIOS

América do Norte, o Inglês, o Francês, o Alemão serão perfeitamente reconhecíveis; mas por outro lado, graças aos cruzamentos, os efeitos da tyche *fazem-se notar, como o mestiço se reconhece pela cor mais clara da pele. Na educação, quando ela não é pública e nacional, afirma a* tyche *os seus variáveis direitos. A ama e a criada, o pai e o tutor, o mestre e o prefeito, bem como os primeiros ambientes — companheiros de brincadeira, meio rural ou citadino —, tudo condiciona o carácter particular do indivíduo no seu primeiro desenvolvimento, já retardando-o, já acelerando-o; é verdade que o* demónio *se mantém através de tudo isto, e é isso que constitui a natureza própria, o velho Adão, ou como se lhe queira chamar, e, por mais vezes que o expulsem, regressa sempre indomável.*

Neste sentido de uma individualidade necessariamente erguida, atribuiu-se a cada homem o seu demónio, *que em dada ocasião lhe vem segredar ao ouvido o que deve fazer, e foi assim que Sócrates escolheu a taça da cicuta, porque era a morte que lhe convinha.*

No entanto, a tyche *não desiste, e continua a agir principalmente sobre a juventude, que, pelos seus pendores, jogos, passatempos sociais, se atira ora para aqui ora para acolá, sem encontrar firmeza ou satisfação em parte alguma. É então que com o avançar do tempo nasce uma inquietação mais grave, uma saudade mais funda; e espera-se a vinda de uma nova divindade. [Segue-se a estância* Ἔρως, Amor.]

Nisto está incluído tudo o que se possa imaginar, desde a mais leve inclinação à mais apaixonada loucura; aqui se unem o demónio *individual e a* tyche *sedutora; parece o homem obedecer só a si mesmo, deixar reinar o seu próprio querer, abandonar-se ao seu impulso; e, no entanto, são circunstâncias fortuitas que vêm subpor-se, qualquer coisa estranha que o desvia do seu caminho; supõe que agarra e é agarrado, crê ter ganhado e está já perdido. Também aqui faz a* tyche *o seu jogo, atrai o transviado para novos labirintos, e não há aqui limite para o extravio — porque o próprio caminho é já um erro. Corremos agora o perigo de nos perdermos, na suposição de que o que parecia destinado ao que há de mais particular, em realidade flutua e se desfaz*

J. W. GOETHE — *POEMAS*

no universal. Por isso o brusco aparecimento das duas últimas estrofes quer dar-nos aviso decisivo sobre a única maneira de escaparmos deste labirinto e de nos defendermos com segurança para o resto da vida.

Pois só agora é que o demónio *mostra aquilo de que é capaz; ele, que é independente e egoísta, que entrou no mundo com um querer absoluto e que viu sempre com enfado que a* tyche, *aqui ou além, se lhe atravessasse no caminho, ei-lo que sente agora que não é só determinado e marcado pela natureza; agora adverte ele no seu íntimo que se pode determinar a si mesmo, que lhe é possível não só agarrar com força o objecto que o destino lhe proporciona, mas também apropriar-se e, o que é mais ainda, abraçar um segundo ser como a si mesmo com uma inclinação eterna, indestrutível.*

Apenas dado este passo, eis que, por livre decisão, se abdica da liberdade; duas almas devem unir-se num só *corpo, dois corpos numa só alma, e, enquanto um tal acordo se está iniciando, eis que uma terceira se vem juntar a esta dupla obrigação amorosa; pais e filhos têm de novo de constituir-se num todo, grande é o contentamento comum, mas maior é a necessidade. O corpo, composto de tantos membros, adoece, conforme o destino terreno, em uma das suas partes; e eis que, em vez de se alegrar no todo, vem a sofrer na parte atingida; e, apesar disso, acha-se uma tal relação não só desejável, mas necessária. A vantagem a todos atrai, e por isso todos estão dispostos a arcar com os inconvenientes. Junta-se família a família, tribo a tribo, forma-se assim um povo, e este apercebe-se de que o que o indivíduo decidiu é também proveitoso para o todo, e faz irrevogável essa decisão por meio da lei; tudo o que a inclinação amorosa concedeu por um acto voluntário, eis se transforma agora em dever que faz nascer muitos deveres; e para que tudo fique bem decidido para o tempo e para a eternidade, nem o Estado nem a Igreja nem a Tradição são escassos em cerimónias. Todas as partes tratam de garantir pelos contratos mais explícitos, pelas maiores publicidades, que o todo não seja posto em perigo, nem na sua mínima parte, pela inconstância ou pelo arbítrio.*

[Segue-se a estrofe ’Ανάγχη, Necessidade.]

NOTAS E COMENTÁRIOS

*Esta estrofe não necessita de mais explicações; não há ninguém
a quem a experiência não forneça notas bastantes para um tal texto,
ninguém que se não sinta dolorosamente constrangido ao chamar à
memória situações tais: e muitos haverá capazes de desesperar quando
o presente os mantém assim encadeados. E é com alegria que nos
apressamos por isso a entrar nos últimos versos, aos quais toda a sensi-
bilidade apurada de bom grado se encarregará de fazer o comentário
moral e religioso.* [Segue-se a oitava 'Ελτίς, Esperança.]([126])

VERMÄCHTNIS [TESTAMENTO]. — (*GW*, II, 120–121; *DH*, III, 22–24;   *Págs. 250–253*
SA, III, 82–83.) — Publicado em 1829, vol. XXII da *Ausgabe letzter
Hand*. No colóquio de 12 de Fevereiro desse ano, Eckermann dá o
poema como escrito recentemente. — Goethe, ao ler-lho, teria dito
ser ele uma «contradição» dos versos

> *Denn alles muss zu Nichts zerfallen,*
> *Wenn es im Sein beharren will.*

> *[Pois tudo tem de desfazer-se em nada,*
> *Se quiser permanecer no Ser.]*

do poema *Eins und Alles* (*GW*, II, 119–120), de 1821, porque os
considerava «tolos» (*dumm*), e os seus amigos de Berlim o tinham
arreliado ao transcrevê-los em letras de ouro para os expor por
altura de uma reunião de naturalistas.

Os dois poemas, aliás, não são opostos nem contraditórios,
mas sim complementares. Comum a ambos é a afirmação que no
v. 22 de *Eins und Alles* se exprime exactamente como no v. 2 de
Vermächtnis: — *Das Ew'ge regt sich fort in allen*. Em todos os seres,

---

([126]) *GW*, XV, 411–415. — Leiam-se, sobre o *demónio* em Goethe, as
belas páginas de Ch. du Bos, *op. cit.*, págs. 28 e segs., 33 e seg.; e também o
ensaio, aliás, inaceitável, de H. Loiseau em *Goethe, études publiées [...] par
l'Université de Strasbourg*, Paris, 1932, págs. 129–145.

421

o Ser universal se agita e se manifesta eternamente. A força criadora que enche o Universo povoa-o de inumeráveis seres individuais e perpetuamente os impele e os anima, sem lhes conceder repouso, eternamente *gestaltend umgestaltend*, formando e transformando, em contínuo agir, em constante alternar de *morte* e *devir*, infinda metamorfose. Para persistir no Ser, os seres individuais terão de dissolver-se, desfazer-se no nada, identificar-se assim com a *Weltseele* — a «alma do Universo» que vem «penetrar-nos». Esta dissolução, este *Sich-Aufgeben*, esta renúncia do ser individual para identificar-se com o Ser universal, é que será *Genuss*, «gozo», e porá termo ao «ardente desejar», ao «feroz querer», ao «importuno exigir» e ao «severo dever». — Por outro lado, porém, a este Cosmos exterior corresponde um universo interior — *Im Innern ist ein Universum auch*, lemos há pouco no *Proömion* —, e nada pode destruir a *geprägte Form* que cada um de nós é. O homem, como substância espiritual, como *entelequia*, é indestrutível.[127] À velha verdade da organização cósmica achada pelos sábios que desde Aristarco de Samos a Copérnico (que é o *Sábio* do v. 10) se irmanam no seu reconhecimento, corresponde uma não menos verdadeira organização interior, um gravitar de astros em volta de um centro que é o Sol do nosso universo moral — a consciência independente. E aqui se encontra Goethe com Kant, quando este afirma, na conclusão da *Crítica da Razão Prática*:

Zwei Dinge erfüllen das Gemüt mit immer neuer und zuneh-mender Bewunderung und Ehrfurcht [...]: der bestirnte Himmel über mir und das moralische Gesetz in mir.[128]

---

[127] «Não duvido da nossa duração, pois a Natureza não pode dispensar a entelequia. Mas não somos todos imortais do mesmo modo, e para de futuro alguém se manifestar como grande entelequia, precisa primeiro de ser uma entelequia.» — Para Eckermann, a 1 de Novembro 1829.

[128] «Duas coisas enchem a alma de admiração e respeito sempre novos e crescentes [...]: o céu estrelado por cima de mim e a lei moral dentro de mim.»

NOTAS E COMENTÁRIOS

Mas logo na estrofe seguinte, ao voltar-se para o mundo exterior, Goethe se afasta do Filósofo ao admitir a veracidade do testemunho dos sentidos: — *Die Sinne trügen nicht, aber das Urteil trügt* («Os sentidos não enganam, mas o juízo engana»), disse ele algures. — Os prazeres e os dons da vida hão-de ser gozados com moderação, e a Razão sempre a presidir, desperta. A posse plena do momento presente será eternidade, como um dia disse a Eckermann, em 1823: — «Agarre-se sempre ao presente. Cada situação, mesmo cada momento é de valor infinito, pois que é o representante de toda uma eternidade.» — Na estância seguinte, consegue o pragmatismo de Goethe a sua mais concisa formulação: — só o que é fecundo é que é verdadeiro. A verdade tem de provar-se na prática, pensar e agir hão-de mutuamente condicionar-se. É no último dia deste mesmo ano de 1829 que ele confessa a Zelter só aceitar como verdadeira a ideia que venha juntar-se, acrescentando-o sem o desviar, ao resto do seu pensar, e que lhe traga algum benefício. Assim também no poema: a verdade terá de provar-se como tal na vida diária, pelos frutos que venha a dar. — Só no recolhimento, na secreta tranquilidade, é que se criam e amaduram as grandes obras dos Poetas e dos Filósofos, que, para o serem, hão-de ser obras de amor, obras que sejam estrelas por onde se orientem os grandes espíritos, as «almas nobres».

APÊNDICE

TRADUÇÕES DISPERSAS

HOLZHAUER

(treten ein, ungestüm und ungeschlacht)

Nur Platz! nur Blöße!
Wir brauchen Räume,
Wir fällen Bäume,
Die krachen, schlagen;
Und wenn wir tragen,
Da gibt es Stöße.
Zu unserm Lobe
Bringt dies ins reine;
Denn wirkten Grobe
Nicht auch im Lande,
Wie kämen Feine
Für sich zustande,
So sehr sie witzten?
Des seid belehret!
Denn ihr erfröret,
Wenn wir nicht schwitzten.

Faust, II. Teil, Akt 1

OS LENHADORES

(entram, violentos e grosseiros)

Arreda! Lugar!
Queremos espaço!
Derrubamos árvores
Que estalam e caem;
E, quando as carregamos,
Lá vai encontrão!
Pra nosso louvor,
Vede se entendeis: —
Pois que se os grosseiros
Nunca trabalhassem,
Como se arranjavam
Sós os delicados,
Por mais que engenhassem?
Sabei isto bem:
De frio morríeis
Se nós não suássemos!

Fausto, II Parte, Acto I.

SPRACHE

Was reich und arm! Was stark und schwach!
Ist reich vergrabner Urne Bauch?
Ist stark das Schwert im Arsenal?
Greif milde drein, und freundlich Glück
Fließt, Gottheit, von dir aus!
Fass an zum Siege, Macht, das Schwert,
Und über Nachbarn Ruhm!

A LÍNGUA

Qual rica ou pobre? qual forte ou fraca?
É rico o ventre da urna sepultada?
É forte a espada do arsenal?
Enterra bem a mão, e fortuna amiga
Verte Divindade de ti!
Agarra pra o triunfo a força, a espada,
E sobre a glória dos vizinhos.

DAS ALTER

Das Alter ist ein höflich' Mann:
Einmal über's andre klopft er an;
Aber nun sagt niemand: «Herein!»
Und vor der Türe will er nicht sein.
Da klinkt er auf, tritt ein so schnell,
Und nun heißt's, er sei ein grober Gesell.

A VELHICE

Velhice — que dama cortês!:
Bata à porta uma e outra vez,
E ninguém lhe diz: «Queira entrar!»
Lá fora é que não vai ficar:
Calca na aldraba — entra ligeira —
Vai depois dizem «Que grosseira!»

AUS DEN «ZAHMEN XENIEN»

«So still und so sinnig!
Es fehlt dir was, gesteh es frei.»
Zufrieden bin ich,
Aber mir ist nicht wohl dabei.

DAS «XÉNIAS MANSAS»

«Tão calado e pensativo!
Diga, amigo, o que é que tem?»
Contente vivo,
Mas… não me sinto bem.

AUS DEN «VENEZIANISCHEN EPIGRAMMEN»

Eine Liebe hatt ich, sie war mir lieber als alles!
 Aber ich hab sie nicht mehr! Schweig, und ertrag den Verlust!

DOS «EPIGRAMAS VENEZIANOS»

Um amor tive outrora, que me era mais querido que tudo!
Mas já não o tenho! Cala-te e suporta a perda!

KATECHISATION

Lehrer:
Bedenk, o Kind! woher sind diese Gaben?
Du kannst nichts von dir selber haben.

Kind:
Ei! alles hab ich vom Papa.

Lehrer:
Und der, woher hat's der?

Kind:
                                        Vom Großpapa.

Lehrer:
Nicht doch! Woher hat's denn der Großpapa bekommen?

Kind:
Der hat's genommen.

CATEQUIZAÇÃO

Mestre:
Pensa lá, menino! estes dons, onde foste tu buscá-los?
De ti mesmo não pudeste tu tirá-los.

Menino:
Oh! Foi o Papá que mos deu!

Mestre:
E ele — de quem os recebeu?

Menino:
                                    Do Avôzinho.

Mestre:
Ora, ora! E onde é que o Avôzinho os arranjou?

Menino:
Foi ele que os tomou.

LASST FAHREN...

Laßt fahren hin das allzu Flüchtige!
Ihr sucht bei ihm vergebens Rat;
In dem Vergangnen lebt das Tüchtige,
Verewigt sich in schöner Tat.

Und so gewinnt sich das Lebendige
Durch Folg aus Folge neue Kraft,
Denn die Gesinnung, die beständige,
Sie macht allein den Menschen dauerhaft.

So löst sich jene große Frage
Nach unserm zweiten Vaterland;
Denn das Beständige der ird'schen Tage
Verbürgt uns ewigen Bestand.

DEIXAI IR...

Deixai ir o que é fugitivo!
Nele buscais conselho em vão;
O válido só no passado é vivo,
Eterniza-se em bela acção.

E assim o que vive vai ganhando
Forças novas da sucessão;
Pois só a convicção com firmeza
Dá ao homem duração.

Assim se resolve a grande questão
Da nossa pátria segunda;
Pois a constância na vida terrena
Assegura eterna duração.

WILLIAM

Lida! Glück der nächsten Nähe,
William! Stern der schönsten Höhe,
  Euch verdank ich, was ich bin;
Tag' und Jahre sind verschwunden,
Und doch ruht auf jenen Stunden
  Meines Wertes Vollgewinn.

WILLIAM

William, 'strela da mais alta altura,
Lida, que foste a mais próxima ventura,
   A vós agradeço quanto sou!
Os anos e os dias lá passaram,
Mas foram essas horas que geraram
   O alto prémio que a Vida me outorgou.

ÍNDICE

[*Os números entre parênteses indicam o lugar das* Notas e Comentários *aos respectivos poemas ou grupos de poemas.*]

Nota prévia à presente edição
    por António Sousa Ribeiro 7
Dedicatória.................................. 11
Nota Prévia à 1.ª edição 13
Nota Prévia à 2.ª edição 17
Nota Prévia à 3.ª edição 19

GOETHE * POEMAS

An die Günstigen............................ 23
Aos Leitores Amigos.......................... 23 (259)

I. RITMOS LIVRES, ODES, HINOS 25 (259)

Wanderers Sturmlied......................... 26
Canção do Viandante sob a Tempestade 27 (264)
Mahomets Gesang 36
Cântico de Maomé 37 (269)

J. W. GOETHE — *POEMAS*

Prometheus. 42
Prometeu 43 (273)
Ganymed 48
Ganimedes. 49 (274)
An Schwager Kronos 52
A Cronos Auriga 53 (277)
Gesang der Geister über den Wassern. 56
Canto dos Espíritos sobre as Águas 57 (280)
Meine Göttin 60
A minha Deusa 61 (282)
Grenzen der Menschheit 66
Limites da Humanidade 67 (283)
Das Göttliche 70
O Divino 71 (284)
Das Lied der Parzen 76
A Canção das Parcas. 77 (286)

II. CANÇÕES 81 (287)

Willkommen und Abschied. 82
Boas-Vindas e Despedida 83 (290)
Heidenröslein. 84
Rosinha do Silvado 85 (292)
Gefunden 86
Achado. 87 (295)
Gleich und Gleich 88
Igual com Igual 89 (296)
Mailied 88
Canção de Maio. 89 (296)
Glücklich allein 92
Feliz só será 93 (297)
Auf dem See 94
No Lago. 95 (298)

ÍNDICE

Mut	96	
Ânimo	97	(300)
Der Becher	96	
A Taça	97	(301)
Nachtgedanken	98	
Pensamentos Nocturnos	99	(303)
An den Mond	100	
À Lua	101	(304)
Wonne der Wehmut	102	
Deleite na Tristeza	103	(313)
Wanderers Nachtlied	102	
Canção Nocturna do Peregrino	103	(313)
Ein gleiches	104	
Outra	105	(314)
Eigentum	104	
Propriedade	105	(316)
Alles geben die Götter	106	
Tudo os Deuses dão	107	(316)
Meeresstille	106	
Calmaria	107	(317)
Glückliche Fahrt	106	
Feliz Viagem	107	(317)
Elfenlied	108	
Canção dos Elfos	109	(318)
Menschengefühl	108	
Sentimento Humano	109	(318)
An seine Spröde	110	
À Amada Esquiva	111	(318)
Symbolum	110	
Símbolo	111	(319)
Dem aufgehenden Vollmonde	112	
À Lua cheia a nascer	113	(320)

J. W. GOETHE — *POEMAS*

III. DO «WILHELM MEISTER» 117 (321)

Migon (Heiss mich nicht reden...)................. 118
Mignon (Não me mandes falar...) 119 (321)
Mignon (Nur wer die Sehnsucht kennt...).......... 118
Mignon (Só quem conhece a Nostalgia...)......... 119 (322)
Lied des Harfners (Wer nie sein Brot...)........... 120
Canção do Harpista (Quem nunca comeu...) 121 (322)
Mignon (Kennst du das Land...)................. 122
Mignon (Conheces o País...) 123 (323)

IV. DO «FAUSTO» 125 (325)

Der König in Thule 126
O Rei de Thule 127 (326)
Mater Dolorosa........................... 128
Mater Dolorosa 129 (327)
Mater Gloriosa........................... 132
Mater Gloriosa 133 (328)
Lied des Lynkeus 132
Canção de Linceu 133 (328)

V. DE «ELEGIAS ROMANAS».................. 135 (329)

Elegia I........................... 137
Elegia II........................... 139 (332)
Elegia III 141 (334)
Elegia V 141 (335)
Elegia VII........................... 143 (335)
Elegia IX 145
Elegia X 147 (336)
Elegia XI 147 (336)
Elegia XVI........................... 149

ÍNDICE

VI. EPIGRAMAS, VENEZA, 1790 . . . . 151 (336)

1. *Sarkophagen und Urnen*	152
Sarcófagos e Urnas	153 (340)
8. *Diese Gondel.*	154
Comparo esta Gôndola	155
14. *Diesem Amboss.*	154
A esta bigorna.	155
17. *Not lehrt beten*	154
Miséria ensina a rezar.	155
28. *Welch ein Mädchen*	154
Que amada	155
29. *Vieles hab ich versucht*	156
Tentei muitas coisas	157 (341)
34. *Oft erklärtet ihr euch*	156
A miúdo vos dissestes	157
35. *Eines Menschen Leben*	158
A vida de um homem.	159 (342)
48. *«Böcke, zur Linken mit Euch!»*	158
«Bodes, para a esquerda!».	159 (343)
54. *Tolle Zeiten.*	160
Loucos tempos	161
57. *Jene Menschen sind toll*	160
Aqueles homens são loucos	161
59. *«Seid doch nicht so frech...»*	160
«Que descarados...»	161
65. *Ist denn so gross*	160
É pois tão grande	161
71. *Heilige Leute.*	162
Diz-se que os santos	163
74. *Frech wohl bin ich geworden*	162
Fiz-me atrevido.	163
76. *Was mit mir das Schicksal gewollt?*	162
Que quis fazer o Fado de mim?.	163 (343)

J. W. GOETHE — *POEMAS*

79. *«Alles erklärt sich wohl»* 162
    «Tudo se explica bem» 163
90. *Welch ein lustiges Spiel.* 164
    Que jogo engraçado 165 (343)

SUPLEMENTO AOS «EPIGRAMAS»:

4. *Warum willst du den Christen...»* 164
    «Porque queres roubar...» 165
8. *Dicht betriegt der Staatsmann.* 164
    Engana-te o homem de Estado 165
13. *«Juden und Heiden hinaus!»* 166
    «Fora Judeus e Pagãos!» 167
24. *Immer glaubt ich.* 166
    Sempre pensei 167
26. *Wenn du schelten willst* 166
    Se queres censurar 167
28. *Brachtet ihr jene Löwen* 168
    Trouxestes esses leões 169
31. *«Hat dich Hymen geflohn?»* 168
    «Fugiu de ti Himeneu?» 169
55. *Weit und schön ist die Welt* 168
    Grande e belo é o mundo 169 (344)

VII. XÉNIAS MANSAS 171 (344)

«Ein alter Mann ist stets ein König Lear!» 172
«Um velho é sempre um rei Lear!» 173 (345)
«Du hast dich dem allerverdriesslichsten Trieb...» ... 172
«Ao mais quezilento dos instintos...» 173 (345)
Wär nicht das Auge sonnenhaft. 172
Se os olhos não fossem sol 173 (345)
Man könnt erzogene Kinder gebären. 172
Podiam-se parir meninos educados 173 (346)

ÍNDICE

Vom Vater hab ich die Statur.	174	
A estatura herdei-a de meu pai	175	(346)
Ihr Gläubigen! rühmt nur nicht.	174	
Ó Crentes! não gabeis	175	(349)
Wer in der Weltgeschichte lebt	174	
Quem vive na história do mundo	175	
Ich habe nichts gegen die Frömmigkeit	174	
Nada tenho contra a piedade	175	
Wer Wissenschaft und Kunst besitzt	176	
Quem Ciência e Arte possui	177	(349)
Ich kann mich nicht bereden lassen	176	
Não, não me queiram convencer	177	(350)
VIII. DO «DIVÃ OCIDENTAL-ORIENTAL»	179	(350)
Zwanzig Jahre liess ich gehn.	180	
Vinte anos deixei passar	181	(363)
Hegire.	180	
Hégira	181	(363)
Im Atemholen sind	184	
Duas graças há.	185	(364)
Lied und Gebilde.	184	
Canção e Forma.	185	(364)
Selige Sehnsucht.	184	
Nostalgia de Bem-Aventurança	185	(367)
Sei das Wort.	186	
Que a palavra seja	187	(371)
Lesebuch.	186	
Livro de Leitura.	187	(371)
Dschelâl-Eddîn Rumi spricht	188	
Dschelâl-Eddîn Rumi diz	189	(371)
Suleika spricht	188	
Zuleica responde	189	(371)

J. W. GOETHE — POEMAS

Herrlich ist der Orient	190	
Magnífico, o Oriente	191	(371)
Ists möglich	190	
Que assim te afague.	191	(371)
Gingo Biloba	190	
Gingo Biloba	191	(372)
Suleika (Die Sonne kommt!)	192	
Zuleica (Lá vem o sol!)	193	(374)
Suleika (Volk und Knecht...).	192	
Zuleica (Povo e servo...)	193	(374)
Suleika (Nimmer will ich dich verlieren!)	194	
Zuleica (Nunca mais quero perder-te!)	195	(376)
Bist du deiner Geliebten getrennt	196	
Se da amada estás ausente.	197	(377)
An vollen Büschelzweigen	196	
Em ramos tufados, cheios	197	(377)
Suleika (Ach, um deine feuchten Schwingen...)	198	
Zuleica (Ai, vento Oeste, que inveja...)	199	(378)
Wiederfinden	200	
Reencontro	201	(381)
Die Welt durchaus ist lieblich	204	
Que maravilha é ver	205	(383)
Suleika (In tausend Formen...)	204	
Zuleica (Inda que em mil formas...).	205	(383)
Sitz ich allein	206	
Se estou sozinho	207	(384)
Jene garstige Vettel.	206	
Aquela vil e lasciva	207	(385)
Einlass	208	
Ingresso	209	(385)
Nicht mehr auf Seidenblatt	212	
Sobre folha de seda	213	(389)

ÍNDICE

IX. PARÁBOLAS, SENTENÇAS, PROVÉRBIOS.....   215   (389)

Parabel (Gedichte sind gemalte Fensterscheiben!) ...   216
Parábola (Poemas são como vitrais pintados)   217   (389)
Ein Gleichnis.............................   216
Comparação.............................   217   (390)
Und wenn mich am Tag die Ferne...............   218
E quando de dia a lonjura....................   219   (390)
Beschildeter Arm   218
Braço escudado   219   (390)
Wie? Wam? und Wo?.......................   220
Como? Quando? e Onde?   221   (390)
Willst du ins Unendliche schreiten   220
Se queres caminhar pra o Infinito................   221
Willst du dich am Ganzen erquicken..............   220
Se no Todo te queres dessedentar   221
«Was will die Nadel nach Norden gekehrt?»   220
«Que quer a agulha sempre ao Norte voltada?»   221
Magnetes Geheimnis.......................   220
Mistério do magnete   221
Ein Kranz ist gar viel leichter binden..............   220   (391)
Mais fácil é tecer uma coroa bela   221
Du trägst sehr leicht.......................   220
Leve carga levas..........................   221
«Hat man das Gute dir erwidert?»   222
«O bem que fizeste, alguém to pagou?».........   223
Erkenne dich!............................   222
Conhece-te a ti mesmo!.....................   223   (391)

X. ÚLTIMOS POEMAS DO AMOR, DE DEUS
E DO MUNDO...........................   225   (392)

Trilogie der Leidenschaft:.....................   226
Trilogia da Paixão: 227   (394)

451

J. W. GOETHE — POEMAS

An Werther	226	
A Werther	227	(394)
Elegie	230	
Elegia	231	(394)
Aussöhnung	240	
Reconciliação	241	(398)
Bei Betrachtung von Schillers Schädel	242	
Ao contemplar o crânio de Schiller	243	(410)
Proömion	244	
Proémio	245	(411)
Urworte. Orphisch	246	
Palavras-Mães. Poema órfico	247	(415)
Vermächtnis	250	
Testamento	251	(421)

NOTAS E COMENTÁRIOS	255

POEMAS OU FRAGMENTOS INCLUÍDOS NAS NOTAS

Trunken müssen wir alle sein	267
Ébrios todos nós temos de ser	267
Mahomet (Teilen kann ich euch nicht...)	270
Maomé (Não posso repartir...)	271
De *Iphigenie auf Tauris*, 4.º Acto:	
Vor meinen Ohren tönt das alte Lied	286
A meus ouvidos soa a canção velha	287
An Lida (A Lida)	303
Da *13.ª Elegia Romana*	330
Elegia II (1.ª versão)	332
Epigrama 3	339
Epigrama 34 b	339
De *Hermann und Dorothea* (IX, 46 segs.)	341

ÍNDICE

Memento mori! Há que farte .... 341 (nota)
Die deutsche Sprache (de Klopstock) 342
A Língua Alemã................................ 342
Epigrama 48 (1.ª versão) 343
Gern wär ich Überliefrung los... (frag.) 347
De bom grado me libertara da tradição 347
Niemand soll ins Kloster gehen 349
Ninguém deve ir pra o convento 350
Alles weg, was deinen Lauf stört! (WÖD) 351
Fora, tudo o que te venha empecer!.............. 352
Vor die Augen meiner Lieben 358
Aos olhos da minha amada..................... 358
Da du nun Suleika heissest....................... 359
Já que és agora Zuleica 359
Hast mir dies Buch geweckt...................... 360
Este livro despertaste, tu mo deste............... 361
War Hatem lange doch entfernt................... 360
Muito tempo por longe andou Hatem 361

APÊNDICE

TRADUÇÕES DISPERSAS.................... 425

Holzhauer.................................... 426
Os lenhadores 427
Sprache...................................... 428
A língua 429
Das Alter 430
A velhice 431
Aus den «Zahmen Xenien» 432
Das «Xénias Mansas» 433

J. W. GOETHE — *POEMAS*

Aus den «Venezianischen Epigrammen»   434

Dos «Epigramas Venezianos»   435

Katechisation   436

Catequização   437

Lasst fahren....   438

Deixai ir.   439

William   440

William   441